Altium Designer를 활용한 3D PCB 설계

Printed Circuit Board

PCB Artwork

송재진, 김은원, 김송민, 이상학 공저

BM (주)도서출판 성안당

국내 산업에서 전자산업이 차지하는 비중은 국가의 경쟁력을 좌우하리만큼 크다 할 수 있다. 전자회로를 설계하고 구현하는 과정에서 PCB 설계는 이제 빠질 수 없는 도구가 되었고 그만큼 PCB 설계(PCB Artwork)가 전자회로 구현을 위한 도구로서의 가치가 높다 하겠다. PCB 설계를 사용하고 작은 chip 부품으로 공간을 절약하고, 배치한 부품에 최적의 배선을 하여 PCB 기판으로 제작하고 여기에 SMT를 사용하여 조립하는 전자제품 모든 생산 공정에서 PCB 설계의 데이터가 활용되고 있다. 전자회로의 제품 개발 주기가 빨라지고 그 기능을 더할수록 산업현장에서 최적화된 PCB 설계의 중요성은 높아지고 있다.

이러한 사항을 기반으로 'PCB Artwork' 교과목의 교육의 목표는 컴퓨터를 사용하여 PCB 설계와 제작에 관한 기초 지식과 기능을 습득하여 전자 분야의 실무능력을 높이는데 중점을 두었다.

국내에서 보급된 EDA 소프트웨어 중에서 사용자들로부터 많은 호평을 받은 'P-CAD'와 세계 최초로 Windows 기반으로 개발된 'Protel-CAD'를 통합한 'Altium Designer'는 앞으로 Windows용 EDA Tool로서 국내외에서 많이 활용되고 있으며, Altium Designer는 DXP Platform 기반으로 여러 소프트웨어를 통합하여 안정적인 기반으로 제공하고 있는 소프트웨어이다. 회로설계 및 분석, FPGA 설계 및 해석, PCB 설계 및 분석, 3D PCB 설계 및 기구적인 설계를 Ecad 내에서 실현할 수 있는 기반을 가지고 있는 강력한 소프트웨어이다.

저자는 다년간의 교육과 다양한 프로젝트를 수행하면서 얻은 경험을 살려 전자회로설계 분야에 종사하는 엔지니어와 학생들에게 보다 편리한 길잡이가 될 수 있는 기능 및 기술들을 본서에 서술함으로써 반도체/PCB 설계 분야의 실무 능력을 높이는데 중점을 두었다.

특히, 전문계 고등학교에서 '전자캐드 기능사' 및 '전국 기능대회'를 준비하는 학교에서는 보다 편리하고 손쉽게 설계를 완성하는데 중점을 두어 수검자 및 선생님들의 두려움을 없애는데 의의를 두고 있다.

Altium Designer는 '국제기능올림픽대회' 정식 후원업체로 공식적으로 선수들 기준장비에 포함되어 있는 소프트웨어이다. 앞으로 국내 '전국, 지방기능대회'에서도 공식적으로 후원할 계획이라고 알고 있다.

PCB 설계에 관련 지식을 전반적으로 정확하게 기술하고자 하였으나 부족한 부분이 많으리라 생각한다. 다소나마 우리나라의 PCB에 관련된 인력 양성에 이바지할 수 있는 길잡이가 되기를 바랄 뿐이다.

끝으로 본 교재가 독자의 업무에 조금이나마 도움이 될 수 있기를 바라면서, 이 교재가 나오기까지 수고해주신 김은원 교수님 그리고 성안당 최옥현 편집장님을 비롯한 편집자 여러분께 깊은 감사를 드린다.

항상 곁에서 힘과 용기가 되어주는 아내 수산나, 내 삶에 또 다른 기쁨인 민정과 은지에게 깊은 사랑을 전한다.

2016년 7월 저자 송재진

차례

Chapter 04

라이브러리

Chapter 05

Schematic(II)

Chapter 06

PCB_DESIGN(Ⅱ)

Chapter 07

실무설계

부록

전자캐드기능사 실기 문제풀이

PCB ARTWORK

Altium 소개

학습 목표

이 장에서는 Altium Designer에 대한 시스템 설정 및
기본적인 환경에 대해서 알아보도록 한다.

Altium 소개

Altium Designer에 대해 알아보고 주요 기능들과 작업환경에 대해 설명한다. Design Explorer 창과
System 메뉴 설정 등에 대해 알아본다.

Altium Designer는 구 Protel CAD와 P-CAD가 합쳐진 통합 패키지 툴이다.

기존에 Protel 사용자 층에서는 많은 변화가 없는 반면 P-CAD 사용자로서는 툴에 대한 많은 변화
가 있음을 알 수 있을 것이다.

P-CAD를 2000년도에 인수하여 7년 만에 Altium사에서 통합 패키지인 Altium Designer를 내놓
고 전 세계적으로 P-CAD 사용자가 2006년도부터 Altium Designer로 변화되고 있다.

국내의 실제 사용자 층이 타국가보다 적다고 볼 수 있다. 앞으로 P-CAD 사용자가 많이 늘어날 것
이므로 국내 사용자 층이 더 두터워질 것이다.

동남아에서는 일본과 중국에서 많은 사용자를 가지고 있으며 유럽에서도 많은 사용자를 가지고 있
는 툴이다.

앞으로 여러분이 배울 내용은 하드웨어 엔지니어가 갖추어야 할 기본적인 내용으로 Schematic,
Simulation, PCB Design, 3D Board, FPGA, CAM 등 모든 기능에 대해서 학습할 것이다.

1 Altium Designer 소개

Altium Designer는 Protel 출시 이후 계속 진화해 왔다. 이는 Windows CAD 개발의 절정이기도
하다. 그동안 Altium은 Windows CAD 선구자로 업계를 선도해 왔으며, Altium CAD의 진화는
Windows CAD 진화 그 자체라고 해도 과언이 아니다. 본인도 1996년 Protel 2.X 버전으로 입문
하여 현재까지 현업에서 종사하고 있다. 본인에게도 큰 자부심이며 자랑이다. 그래서 다음과 같이
Altium의 역사를 정리해 보았다.

연 도	제품 버전 이름	비 고
1991 ~ 1993	Advanced Schematic / PCB 1.x	Protel 최초의 Windows용 제품 출시
1993 ~ 1995	Advanced Schematic / PCB 2.x	Schematic / PCB 1.x의 개량판
1995 ~ 1998	Advanced Schematic / PCB 3.x	EDA / Client 통합 환경의 도입
1998 ~ 1999	Protel 98	Schematic / PCB 3의 32비트화
1999	Protel 99	Design Explorer 통합 환경의 도입
2000 ~ 2005	Protel 99 SE	Protel 99의 향상된 버전 출시
2003 ~ 2004	Protel DXP	DXP 통합 환경의 도입
2004 ~ 2005	Protel 2004	Protel DXP의 개량판
2006 ~ 2008	Altium Designer 6	Protel 2004의 개선과 브랜드 변경
2008	Altium Designer Summer 08	새로운 전략 – 반기별 업그레이드
2009	Altium Designer Winter 09	전 제품 가격 인하 실시
2009 ~ 2011	Altium Designer Summer 09	주문형 라이선스 출시
2011 ~ 2012	Altium Designer 10	AltiumLive 라이선스 관리 도입
2012 ~ 2013	Altium Designer 12	Altium Designer 10의 명칭 변경
2013	Altium Designer 2013	Altium Designer 12의 명칭 변경
2013 ~ 2014	Altium Designer 14	플렉시블 기판 대응 등의 새로운 기능
2014 ~ 2015	Altium Designer 15	xSignal, Gerber X2 추가 등
2015 ~	Altium Designer 16	배선정리 값의 표시 등

2 Altium Designer 기능

(1) Altium Designer는 완벽한 32bit 체제로 Windows 7 / 8 / 10 운영체제로 작동된다.

(2) 모든 작업환경은 Design Explorer 안에서 구성된다.

① Design Explorer(DXP) platform & Design environment

② Schematic viewer

③ Schematic editing

④ Mixed−Signal circuit simulation

⑤ VHDL simulation

⑥ Signal integrity(pre−layout)

⑦ Signal integrity(post-layout)

⑧ PCB viewer

⑨ PCB - board definition and Rules

⑩ PCB layout

⑪ Situs Autorouter

⑫ CAM File viewer

⑬ CAM File editor

⑭ VHDL Design capture

⑮ FPGA Synthesis

⑯ FPGA virtual instruments

⑰ FPGA generic Component cores

⑱ FPGA peripheral cores

⑲ FPGA - supported devices

위에 나열된 모든 기능은 Altium Designer 안에서 작업할 수 있다.

(3) 이 책에서는 MULTI 회로를 작업하는 과정을 설명한다.

① Design Explorer(DXP)	⑦ PCB viewer
② Schematic viewer	⑧ PCB - board definition and Rules
③ Schematic editing	⑨ PCB layout
④ Mixed-Signal circuit simulation	⑩ Situs Autorouter
⑤ Signal integrity(pre-layout)	⑪ CAM File viewer
⑥ Signal integrity(post-layout)	⑫ CAM File editor

Design Explorer(DXP)에서 여러분들이 고안한 작업들을 손쉽게 진행할 수 있다. Altium Designer 프로그램은 기본적으로 C:₩Program Files (x86)₩Altium의 폴더에 위치한다. 버전에 따라서 이름이 달리 붙는다. Altium Designer를 실행하면 Design에 대한 초기 실행을 다음 그림과 같이 볼수 있다.

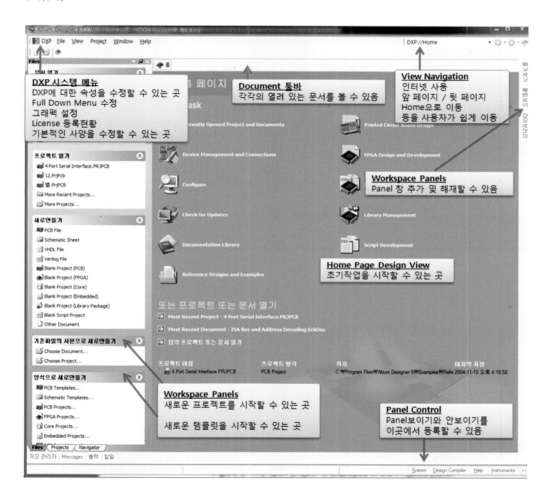

Design Explorer(DXP)는 여러분이 고안한 문서들을 생성하거나 변경할 때 Schematic Editor와 PCB Editor들 사이에서 편리하게 이동할 수 있다.

Design Explorer(DXP)는 여러 작업 Panel들을 오른쪽 아래에 표기한다. 현재 작업하고 있는 에디터에 의해서 툴바들과 메뉴들이 자동으로 바뀌는 것을 볼 수 있다. 여러분이 작업하고자 하는 창으로 이동할 경우에는 왼쪽 창(Project Panel)에서 파일 이름을 클릭하면 자동으로 이동하면서 메뉴 및 아이콘 등이 해당하는 메뉴로 자동으로 변하는 것을 확인할 수 있다.

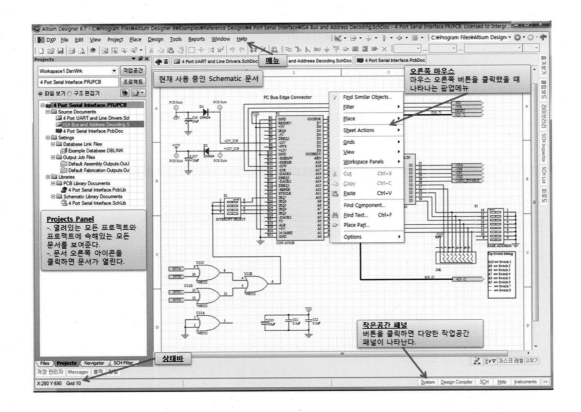

4   System 메뉴 설정 [환경 설정]

DXP 〉 Preferences(환경 설정)…을 클릭하여 Preferences(환경 설정) 내용에 대해서 살펴본다. 이 작업은 반드시 처음으로 PC에 프로그램이 세팅된 후 작업한다. 세팅에 관한 부여는 필자가 사용하는 방법으로 선택하도록 한다.

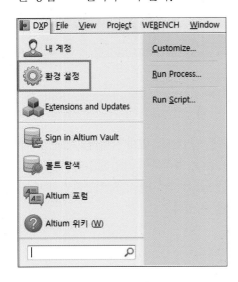

(1) System 〉 General

① 메뉴 및 속성창을 한글로 보여주는 방법

Altium은 한글 및 14개국 언어를 지원한다. 본 교재도 한글을 표기하기 위해 다음과 같이 세팅하며 〈그림 2〉와 같이 'Display localized dialogs(한글 속성창만 세팅)'로 세팅한다.

다음과 같이 사용자가 원하는 세팅 방법에 대해서 알아본다.

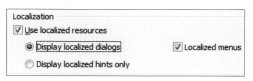

▲ 그림 1 영문 세팅   ▲ 그림 2 한글 속성창만 세팅

▲ 그림 3 전체 한글 세팅

다음 그림과 같이 대화상자는 한글로 표기가 되어 있는 것을 확인할 수 있다.

(2) System 〉 Altium Web Update

사용자가 직접 새로 나온 버전을 받아볼 수 있는 기능이다. Altium에서는 Live Update 기능이
추가되어 검사 주기를 사용자가 체크하여 주면 버전이 업그레이드 되었을 때 바로 메시지로 알
려준다.

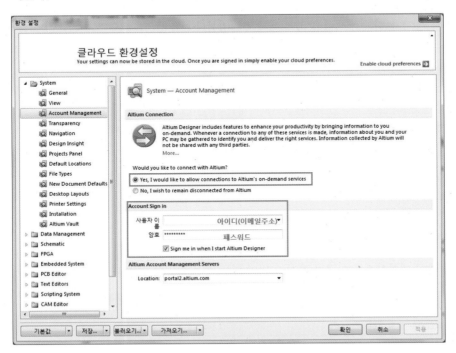

수동으로 업데이트 하는 방법은 다음과 같다.

Updates 페이지에서 해당하는 Update가 있으면 'Update All'을 실행하여 업데이트를 수동으로 실행할 수 있다.

(3) System 〉 Backup

이 기능은 강제적으로 주기를 가지고 작업파일을 저장하는 방법이다.

Project 내에서 History 폴더로 자동 이동되는 Backup 기능이 있지만 전체적인 Backup은 System−Backup에서 반드시 체크해 주어야 한다.

(4) System 〉 New Document Defaults

이 속성 창에는 SCH, PCB, Output Job File 등을 사용자 설정으로 사용할 수 있다.

① Schematic에서 기본적인 Project Option을 미리 설정하여 저장한 Schematic을 다음과 같이 지정하여 사용하면 번거롭게 기본세팅을 하지 않고 작업할 수 있다.

② PCB에서 기본적인 Design Rules를 세팅하여 저장한 후 다음과 같이 사용한다.

③ Output Job File에서 작업자가 출력할 데이터를 미리 세팅한 후 저장하여 다음과 같이 사용한다.

(5) System > Installed Libraries

Altium Designer에서 사용하는 Library Panel에 등록되어 있는 라이브러리를 사용자가 지정하는 방법이다.

기본적으로 등록되어 있는 라이브러리를 볼 수 있다.
여기서는 **FPGA**에 해당하는 라이브러리는 다 제거한다.

라이브러리 순위를 지정할 수 있다.

라이브러리를 설치/제거 버튼으로 지정할 수 있다.

사용자가 라이브러리를 사용하고 있는 것을 백업해도 사용이 가능하다. 이런 경우에는 여러 대의 컴퓨터를 작업할 때 유용하게 사용된다. 좌측 하단에 있는 저장을 이용하는 방법이다. 단지 주의할 사항은 전체적인 속성이 저장되므로 항시 관리하는 컴퓨터는 동일한 설정으로 세팅되어 있어야 한다.

- **라이브러리 Path**

C:₩Users₩Public₩Documents₩Altium₩Library

위에 있는 Path를 잘 알고 있으면 Altium Designer에 가지고 있는 Library 및 Template 파일이 있는 위치를 알게 되므로 라이브러리 또는 예제 파일의 위치 및 회로도에 쓰이는 표제란 파일 등의 위치를 빠르게 찾을 수 있다. 버전에 따라 뒤에 붙는 이름이 달라진다.

Schematic(I)

학습 목표

이 장에서는 Altium Designer를 전반적으로 학습하고
회로도 작업에 필요한 기능을 간략히 설명한다.

Schematic(I)

Altium Designer에 대해 알아본 후 회로에서부터 PCB Design과 Cam 파일까지 설명한다.

- **Creating Library Component**
  - Altium Designer에 대해 학습한다.
  - Altium Designer의 회로도 작성에 대해 학습한다.

1 Introduction to Schematic Capture [회로작업 순서도]

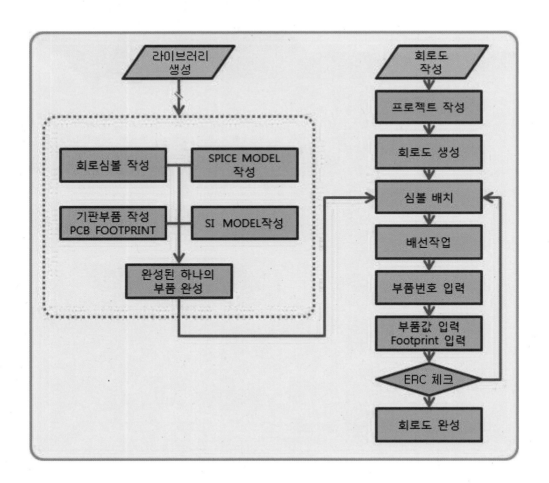

2   Creating a New Project [새로운 작업 시작]

Altium에서 'SCH, PCB…'를 작업하기 위해서 다음과 같은 순서로 'Project' 작업을 한다. Project는 작업파일을 통합관리 및 지원하고 있어서 작업할 때는 반드시 존재하고 있어야 한다.

(1) File 〉 New 〉 Project를 클릭한다.

Project 창에서 마우스의 우측 버튼을 클릭하고 Add New Project 〉 PCB Project를 클릭한다.

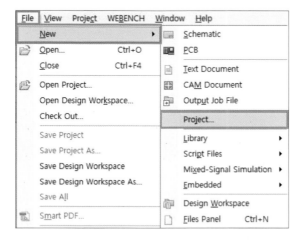

Name에 해당하는 부분에 「MULTI」로 입력한다.

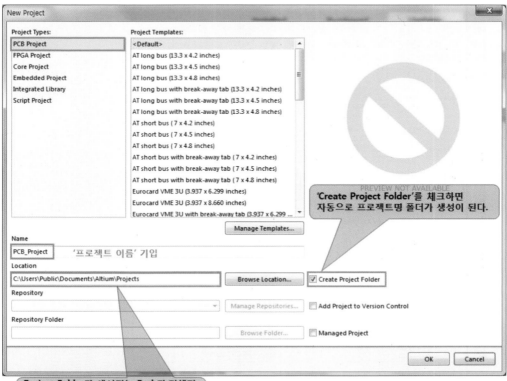

'Create Project Folder'를 체크하면
자동으로 프로젝트명 폴더가 생성이 된다.

Project Folder가 생성되는 Path가 정해져
있다. 변경하고자 할 때는 옆에 있는
'Browse Location…을 클릭한다.

다음과 같이 「MULTI.PrjPCb」가 추가 생성된 것을 확인할 수 있다.

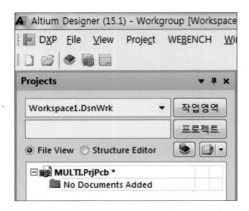

3 Creating a New Schematic Sheet [회로도 작성]

(1) Schematic(회로도)을 만들기 위해서 File 〉 New 〉 Schematic을 클릭한다.

Project 창에는 Sheet1.SchDoc가 생성된 것을 볼 수 있다.

화면 우측에 Schematic Sheet가 만들어진 것을 확인할 수 있다. 그리고 자동적으로 프로젝트와 연결된 것을 확인할 수 있다.

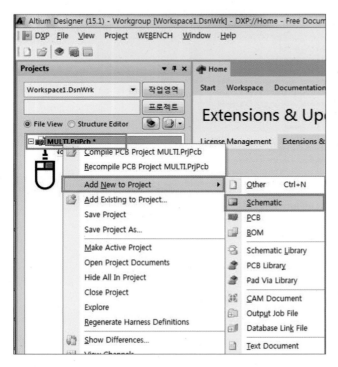

(2) 회로도 이름을 바꾸어 준다. File 〉 Save As를 클릭한다.

「MULTI.SchDoc」로 수정하여 저장한다.

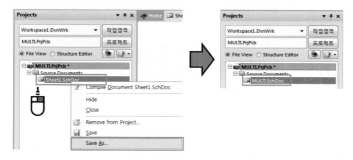

※ 주의 : 회로도 역시 MULTI 폴더 안에 프로젝트와 같이 저장한다.

회로도를 그리기 위한 기본적인 Preferences와 용지크기 설정에 대해서 알아보도록 한다.

1 기본 Option 설정

Tools 〉 Schematic Preferences...를 선택한다. → T + P 키

Preferences(환경 설정) 창에서는 사용자가 도면을 그리기 위한 기본 Option을 설정할 수가 있다.

(1) Schematic 〉 General

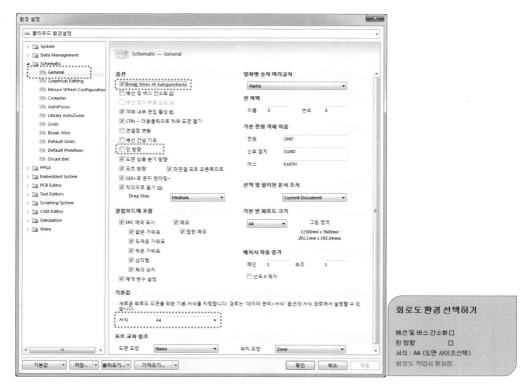

위 그림에서는 옵션에 있는 체크를 그림과 같이 설정한다.

① 기본 전원 객체이름 : 전원심벌의 기본 설정값(Net)이 각각 자동으로 들어 있는 것이다.

② 직각으로 끌기 : Spacebar 키와 Ctrl + Spacebar 키를 이용해서 배선의 모양이나 Component 의 배치 방향 등을 결정할 수 있다.

③ Ctrl+더블클릭으로 하위 도면 열기 : Sheet Symbol에 대한 정보를 보려면 Ctrl 키를 누른 상태에서 더블클릭을 해야 한다.

④ 알파벳 숫자 꼬리글자 : 게이트 등의(Multi_Part Component) 부품정보를 결정한다.

　　예 Alpha　 = U1 : BNumeric = U1 : 2

⑤ 핀 방향, 도면 심볼 분기 방향, 포트 방향 : Pin/Port/Sheet Entry의 방향 및 스타일이 자동 으로 결정된다.

⑥ 기본값 서식 : 맨 밑에 기본값(서식) 안에 있는 Template에 자주 사용하는 Size 도면을 올려 놓는다. 올려놓을 수 있는 도면은 확장자가 「SchDot」 파일로 되어 있는 것을 사용하면 된다.

(2) Schematic 〉 Graphical Editing

위의 그림에서는 커서의 움직이는 스텝과 스타일을 설정한다.

① Auto Pan Options : Auto Pan ReCenter

② Cursor Grid Options : Large Cursor 90

③ 클립보드 참조 : Copy나 Cut을 선택하면 클립보드에 나타난다.

④ 클립보드에 서식 추가 : 회로를 Copy하여 다른 문서(한글, word…)로 이동 시 표제란을 표기 하느냐 아니면 회로만 Copy하느냐를 선택할 수 있다.

⑤ 특수 문자 변환 : 표제란에 보면 특수 문자들이 있다. 이 문자를 우리가 알아볼 수 있도록 하려면 이 옵션을 체크하면 볼 수가 있다.

⑥ 객체 중앙/객체 핀으로 커서 이동 : Object를 이동할 때 마우스의 위치가 일정한 위치로 이동을 해서 사물을 이동시키느냐 아니면 선택된 마우스 위치에서 이동을 하느냐를 결정한다.

⑦ Shift 클릭으로 선택 : Shift 키+클릭을 해야 선택된다.

2 작업도면 Size 설정

 Summary

표제란은 도면의 관리상 필요한 사항이다. 도면 내용에 관한 정형적인 사항들을 정리해서 기입하기 위하여 도면의 오른쪽 하단에 설정한다. 도면의 번호, 도명, 기업이름 등을 기입할 수 있다. Altium에서 제공하는 표제란을 이용하기 위해서 적용하는 방법에 대해서 알아본다. 작업할 사이즈를 선택하여 표제란을 불러올 수 있다.

(1) 현재 도면에 Template을 적용시키는 방법

Design 〉 General Templates 〉 A4를 클릭한다. [원하는 Sheet Size 선택]

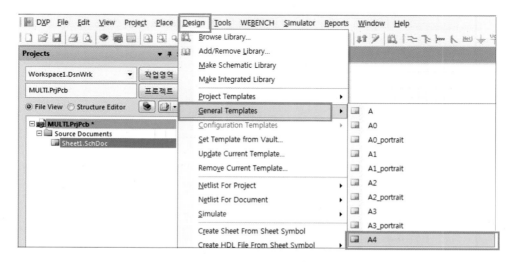

다음 그림에서는 「Just this document(이 문서만)」와 「Replace all matching parameters(매칭된 모든 매개 변수 바꾸기)」를 선택한 후 [OK] 버튼을 클릭한다.

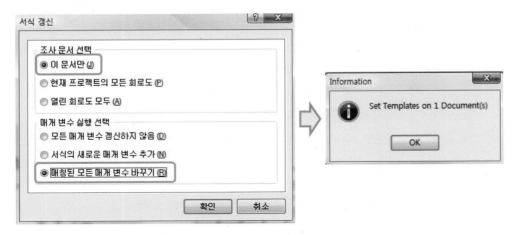

회로도 우측 하단의 Size를 보면 A4로 바뀐 것을 확인할 수 있다.

(2) 다음 표에서 나열한 특수문자의 종류는 표제란 사용 시 필수적인 것이다.

사용하는 방법 및 수정하는 방법에 대해서 알아보도록 한다.

① 특수문자 위치 및 종류

　㉠ 다음의 특수문자는 Document Options 창의 내용과 연결되어 있다.

ORGANIZATION	회사이름 [학교이름]
ADDRESS1	주소1 [학과]
ADDRESS2	주소2 [학번]
ADDRESS3	주소3 [이름]
ADDRESS4	주소4 [삭제]
SHEETNUMBER	Sheet 번호
SHEETTOTAL	총 Sheet 수
TITLE	도면이름
DOCUMENTNUMBER	document 번호
REVISION	수정횟수

　㉡ 다음의 특수문자는 독립적으로 문서의 정보를 보여준다.

DOC_FILE_NAME	Sheet의 File 이름
DOC_FILE_NAME_NO_PATH	Sheet의 File path 없이 도면이름만 보임
TIME	현재 시간
DATE	현재 날짜

② 다음 그림과 같이 표제란을 수정하기 위해서는 Design 〉 Document Options를 클릭하여 두 번째 탭에 「매개 변수」를 클릭하고 해당하는 필드에 내용을 입력한다.

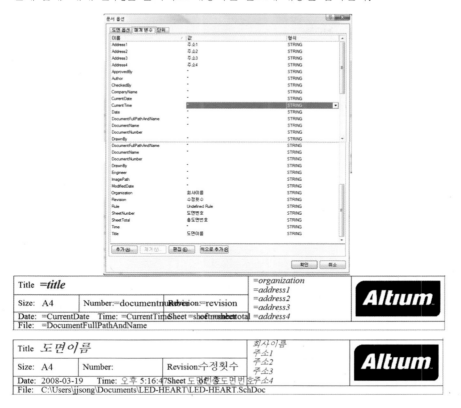

위와 같이 표제란에 특수문자를 표기하는 방법은 다음 그림과 같다. 「특수 문자 변환」을 체크하면 Document Option에서 입력한 내용을 확인할 수 있다.

③ 회로도를 시작하기 전에 회로도(Schematic)를 저장한다.

File 〉 Save를 선택한다. → F + S 키

5 Drawing the schematic [회로도 작성하기]

비안정 멀티바이브레이터 회로도를 시작하려고 한다. 다음 그림을 가지고 회로도를 작성할 것이다. 회로도 작성에 대한 설명 및 유의점을 참고하길 바란다.

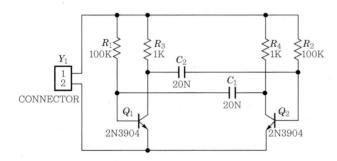

▲ 그림 astable MULTI

6 회로 라이브러리 등록 및 찾기

회로도의 많은 심벌 관리는 Altium Designer 안에 포함된다. Schematic에서는 강력한 라이브러리 탐색을 제공한다. 심벌을 찾기 위해서「Search(탐색)…」를 이용하여도 무방하다. 기본적으로 프로그램을 설치하고 나면 라이브러리 위치는 고정적으로 똑같다.

예 C:₩Users₩Public₩Documents₩Altium₩Library

['내문서' 안에서 확인 가능하다.]

라이브러리 위치를 설정하고 심벌에 대한 이름을 알고 있다면 다음과 같이 심벌을 찾는 방법에 대해 살펴보도록 하겠다. 첫 번째로 2N3904 트랜지스터를 찾아보도록 한다.

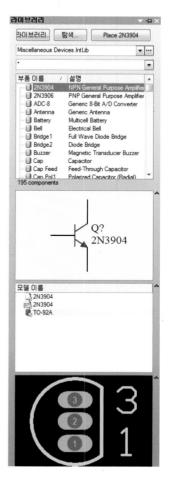

(1) Library(라이브러리) Panel을 나타내기 위하여 System 〉 Libraries를 클릭한다.

또는 화면 우측에 있는 Libraries(라이브러리)를 체크하여도 무관하다.

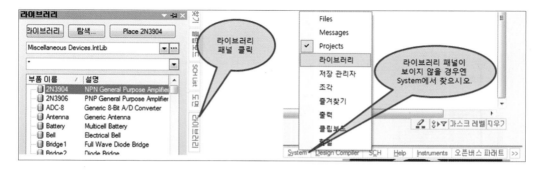

(2) Libraries Panel에서 [Search(탐색)...]를 클릭하거나 Tools 〉 Find Component를 선택한다. 다음 그림은 검색 Search Library 다이얼로그를 연 것이다.

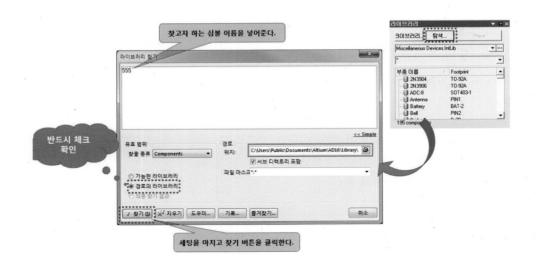

(3) Scope란에 「Libraries on Path」를 체크하고, Path란에 라이브러리 위치를 정확하게 설정한다. 만약 여러분이 설치를 디폴트 디렉토리로 깔았다면, 그 경로는 「C:\Users\Public\Documents \Altium\Library」이다. ('내문서' 안에서 확인 가능하다) 경로가 맞지 않을 경우에는 작동이 안 된다.

(4) 2N3904를 찾기 위해서 이름을 「3904」로 넣어 준다.

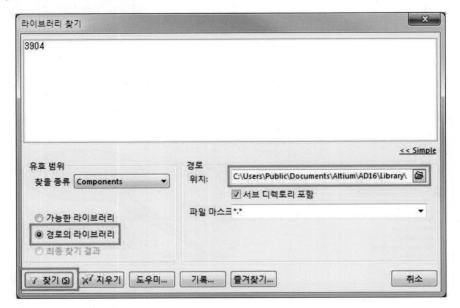

(5) 검색을 시작하기 위하여 [Search(찾기)] 버튼을 클릭한다. 검색이 행해지는 것처럼 디스플레이가 된다. 만약 여러분이 정확하게 파라미터를 기입하였으면 라이브러리는 발견될 것이고, Search Library 다이얼로그에 나타난다.

(6) 찾아낸 라이브러리 중에 「2N3904 − Miscellaneous Devices.IntLib」를 클릭한다. 이 라이브러리는 모두 이용할 수 있는 Simulation Source를 가지고 있다.

(7) 회로도에 이용할 수 있는 라이브러리를 활용하기 위하여 [Install Library] 버튼을 클릭한다. 라이브러리가 등록되었다면 [Select] 버튼을 클릭한다.

(8) Search Library 다이얼로그를 닫아 준다. 그 추가된 라이브러리들은 Library Panel 맨 윗부분에 나타날 것이다. 라이브러리가 등록되고 찾고자 하는 심벌이 자동으로 선택된다.

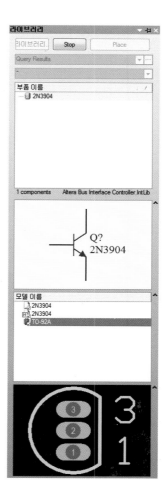

| 7 | **Placing the Components on Your Schematic [회로부품 배치하기]** |

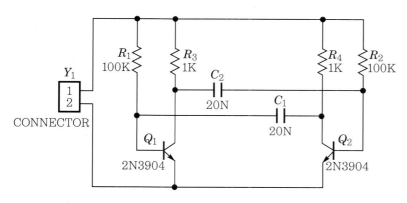

▲ 그림 An astable MULTI

1 TR 2N3904를 배치하기 위한 작업

TR 2N3904를 배치하기 위해서 다음과 같이 작업을 진행한다.

(1) View 〉 Fit Document([V] + [F] 키)를 선택하여 Schematic Sheet를 전체로 둔다.

(2) Library Panel이 보이도록 [Library Panel]을 클릭한다.

(3) Q1과 Q2는 BJT 트랜지스터들이고, 그 외에 부품들은 「Miscellaneous Devices.Int Lib」 안에 있다.

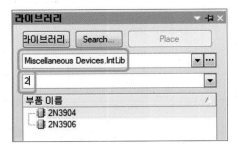

(4) 부품을 빠르게 찾기 위해 필터를 사용한다.

(∗) 표시는 전체를 보기 위한 것이다. 여기서 저항을 찾기 위해서 Filter란에 R을 넣어주면 R로 시작하는 부품들이 나타난다. 이렇게 해서 다른 부품을 찾을 때 Filter를 사용하면 된다.

(5) 2N3904를 찾고 도면으로 [Place] 버튼을 누르면 된다.

Place를 하는 방법은 두 가지가 있다.

① 이름을 더블클릭하는 방법

② [Place] 버튼을 클릭하는 방법

위 과정을 하였으면 도면 위로 부품이 이동되는 것을 볼 수가 있다.

(6) 회로도에 부품을 배치하기 전에 부품의 특성 또는 값들을 바꾸려고 할 때에 부품이 이동 중이면 키보드의 [⇄](Tab) 키를 누른 후 값을 바꿔주면 된다.

(7) 다이얼로그의 Properties(속성) 섹션의 Designator란에 Q1값을 설정한다.

(8) PCB에 구성요소를 표현하는 것으로 사용될 Footprint를 확인한다. Footprint와 회로 시뮬레이션이 포함되어 있는 Library를 이용하였다. PCB Footprint는 BCY−W3/D4.7이 Models 리스트에서 포함되었는지 확인해 준다.

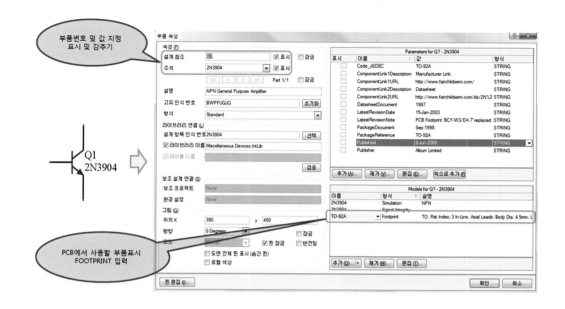

② 부품을 배치하기 위한 작업

다음의 순서를 이용하면 더욱 편리하게 작업을 진행할 수 있다.

(1) 트랜지스터를 잡은 상태에서 Sheet 중앙으로 이동한다.

(2) 부품의 위치를 잡았으면 마우스 왼쪽 버튼을 클릭해서 배치한다.

(3) 두 번째 트랜지스터를 배치하기 위해서 마우스를 이동하면 지금 방금 사용했던 TR이 움직일 것이다. 마찬가지로 부품을 배치하려고 하는 곳에 배치한다. TR을 배치할 때 '그림. An astable MULTI'(33 페이지 참조)에서처럼 배치를 하려면 Mirror의 기능을 알고 있어야 한다. 간단하게 TR을 잡고 이동 중에 키보드 ⓧ 키를 클릭하여 Mirror를 시키면 된다. 배치가 되어 있는 상태이면 마우스 왼쪽 버튼을 클릭한 상태에서 키보드 ⓧ 키를 누른다.

(4) 부품 배치 시 확대를 할 때에는 **Page Up** 키, 축소를 할 때는 **Page Down** 키를 사용한다.

(5) TR 배치작업이 끝났으면 **ESC** 키 또는 마우스 우측 버튼으로 해제한다.

3 저항을 배치하기 위한 작업

(1) Library Panel에 「Devices.IntLib」 라이브러리가 등록
되어 있는지 확인한다.

(2) 라이브러리 다음의 필터란에 「Res1」을 입력한다.

(3) 필터란 다음에 보면 Res1의 부품을 찾을 수 있다. 부품
을 배치하기 위해서 [Place] 버튼을 클릭한다.

(4) 저항의 부품 속성을 편집하기 위하여 ⏎(Tab) 키를 누른
다. 다이얼로그의 Properties 섹션의 Designator 란에 「R1」을 넣어준다.

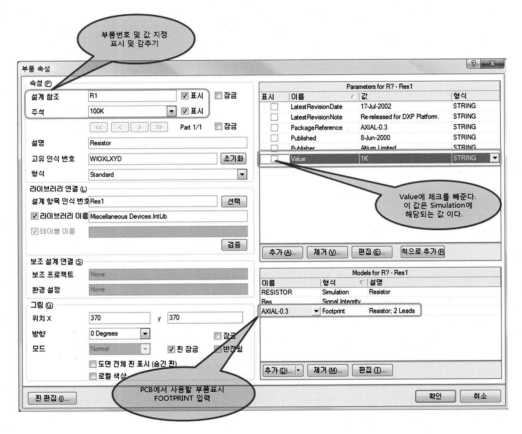

(5) PCB Footprint가 「AXIAL-0.3」이 포함되어 있는지 확인한다.

(6) 회로 시뮬레이션을 실행할 때 저항값을 넣어 주어야 한다. 그림 우측 상단의 Value에 부품의 값
을 넣어 주어야 한다. 이것은 Simulation을 하기 위한 부품의 값이다. 그림 좌측 상단에 있는
Comment는 PCB Design을 하기 위한 부품의 값이다. 시뮬레이션을 하기 위한 회로도를 작성
시 Comment 값을 별도로 넣어 주는 것이 아니라 Value에 값으로 Simulation 값을 넣어준다.

(7) 부품을 회전할 경우에는 ⟨Spacebar⟩ 키를 한 번씩 눌러보면 90°씩 회전하는 것을 볼 수 있다. 이것을 이용하여 저항을 배치한다.

4 콘덴서를 배치하기 위한 작업

(1) 콘덴서도 마찬가지로 Devices.IntLib 라이브러리 안에 있다.

(2) Library(라이브러리) Panel의 구성요소의 필터에서 「Cap」을 입력한다.

(3) 필터란 다음에 보면 Cap의 부품을 찾을 수 있다. 부품을 배치하기 위해서 [Place] 버튼을 클릭한다.

(4) 콘덴서의 속성을 편집하기 위하여 ⟨Tab⟩ (Tab) 키를 누른다. Comment에는 「C1」을 넣어 주고, PCB Footprint에는 「RAD-0.3」이 들어 있는지 확인한다.

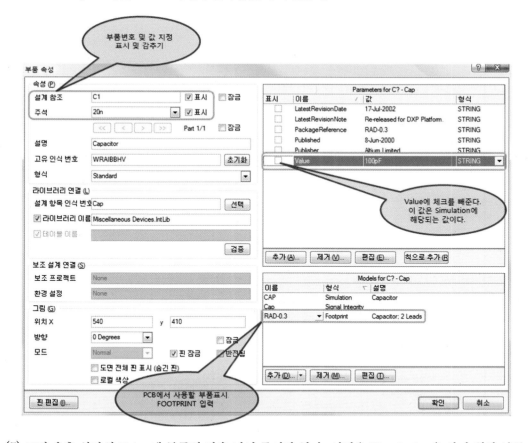

(5) 그림 우측 상단의 Value에 부품의 값을 넣어 주어야 한다. 이것은 Simulation을 하기 위한 부품의 값이다. 그림 좌측 상단에 있는 Comment는 PCB Design을 하기 위한 부품의 값이다. 시뮬레이션을 하기 위한 회로도를 작성 시 Comment 값을 별도로 넣어 주는 것이 아니라 Value 값으로 Simulation 값을 넣어 준다.

5 Header2를 배치하기 위한 작업

Library(라이브러리) Panel에서 Miscellaneous Connectors.IntLib가 라이브러리로 등록되어 있는지 확인한다.

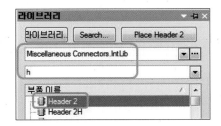

(1) Header2는 「Miscellaneous Connectors.IntLib」 안에 들어가 있다.

(2) Library Panel에 구성요소의 필터에서 「*2*」를 입력한다.

(3) 필터란 다음에 보면 Header2의 부품을 찾을 수가 있다. 부품을 배치하기 위해서 [Place] 버튼을 클릭한다.

(4) Header2의 속성을 편집하기 위하여 ⇄(Tab) 키를 누른다.

Comment에는 「JP1」을 넣어 주고, PCB Footprint에는 Header2가 들어가 있는지 확인한다.

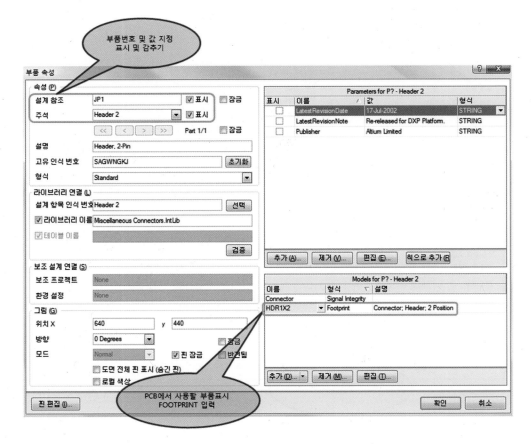

(5) Header2는 시뮬레이션을 할 수 있는 소스가 내장되어 있지 않기 때문에 나중에 시뮬레이션을 할 때 소스를 바꿔서 사용하여야 한다. 부품을 배치할 때에는 간략하면서 Wire가 빠져나갈 수 있는 범위 내에서 배치한다. '그림. An astable MULTI'(33 페이지 참조)에서처럼 열을 잘 맞추어서 부품을 배치하도록 한다.

8 회로도에서 라이브러리 추출하기

 Summary

현재 프로젝트에 있는 회로도 소스 문서에 배치된 모든 구성 요소의 개략적인 소스 라이브러리를 생성하기 위해 사용된다. 완성된 디자인의 정확한 라이브러리 또는 라이브러리 문서를 저장할 때 유용하게 사용된다.

[Design 〉 Make Schematic Library] [단축키: D + M]

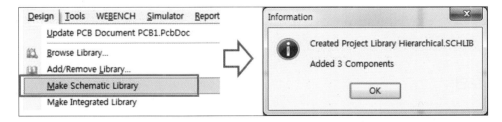

위의 메뉴를 클릭하면 Information 대화창에서 회로에 배치한 라이브러리 수만큼 라이브러리가 추가되었고 회로도 이름과 같은 라이브러리 소스가 자동으로 추가된다.

다음 그림에서는 SCH Library 패널에서 보는 것과 같이 회로에 배치된 심볼들이 등록되어 있는 것을 확인할 수 있다.

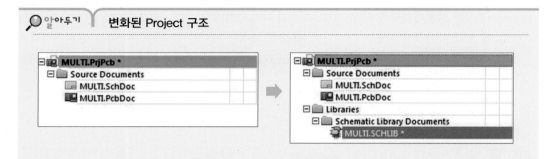
위의 그림과 같이 Design > Make Schematic Library를 실행한 후 Project 구조를 보면 자동으로 라이브러리 파일이 추가되어 있는 것을 확인할 수 있다.
자동으로 만들어 주었기 때문에 내 작업 폴더에 저장하도록 한다. [File > Save All]

9 　Annotate [부품번호 자동넣기]

Altium Desiger는 작업자가 부품 번호를 임의로 기록할 수 있다. 여기에서 가장 간단한 작업 방법에 대해서 알아보도록 한다.

1 단일도면

[Tools > Annotate Schematics Quietly....]　[단축키: T + U]

 Summary

회로도에서 부품번호를 자동으로 입력하여 주는 기능이다. 단일도면에서 간단하게 많이 사용한다.
빠르고 간단한 방법으로 부품번호 입력을 완성할 수 있다.

Tools > Annotate Schematics Quietly....메뉴를 클릭하면 다음의 우측 그림과 같이 부품번호가 바뀐다는 메시지를 볼 수 있다.

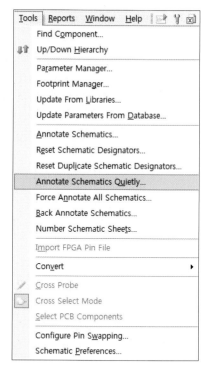

[Yes] 버튼을 클릭한 후 회로도에서 반영된 것을 확인한다.

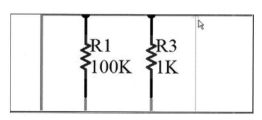

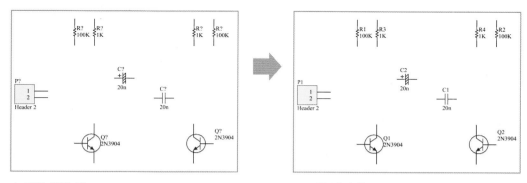

▲ 그림 변경 전   ▲ 그림 변경 후

계층도면

[Tools 〉 Annotate Schematics] [단축키: T + A]

Summary

회로도에서 부품번호를 자동으로 입력하여 주는 기능이다. 다중도면에서 각각의 도면에 번호를 부여
할 수 있고 부품번호에 대해서 방향을 선택할 수 있다.

(1) Tools 〉 Annotate Schematics...을 클릭한다.

(2) 다음 그림에서처럼 Sub로 정렬시킨다.

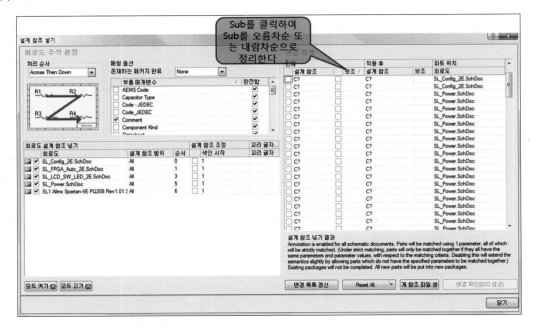

(3) [변경 목록 갱신] 버튼을 클릭하여 부품번호를 새로이 적용시킨다.

Gate에 해당하는 부품은 보존에 해당하는 셀을 임의적으로 체크해야 한다.

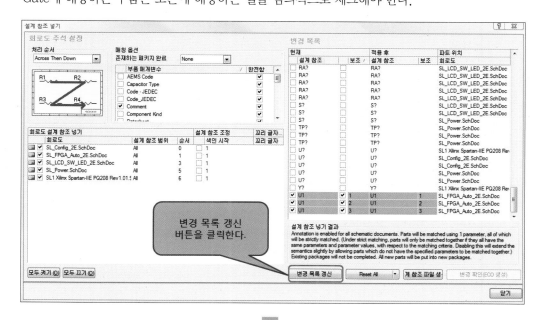

(4) [변경 확인(ECO 생성)] 버튼을 클릭하여 기술 변경 명령 창을 띄운다.

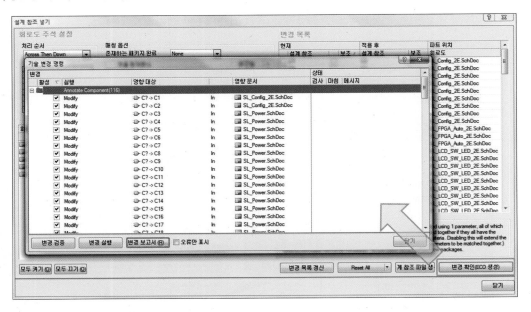

(5) [변경 검증] 버튼을 클릭하여 검사에 에러가 있는지 확인한다.

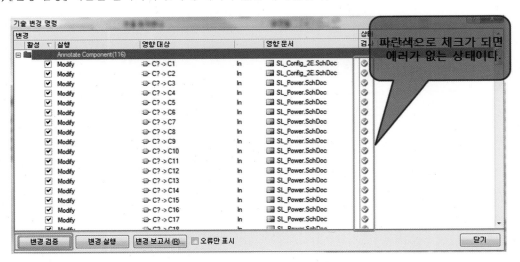

(6) [변경 실행] 버튼을 클릭하여 실제 회로에 적용한다. 여기서도 마찬가지이다. 「마침」에 체크 표시
가 되어 있는지 확인한다.

(7) 「오류만 표시」를 체크하여 오류 메시지가 있는지 확인한다.

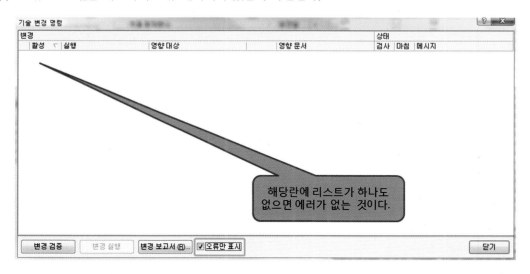

위와 같이 작업을 하였다면 회로도에 작업이 완료되어 있는지를 확인하면 된다.

10 Wiring Tool 설명

Wiring Tool(회로도 그리기 툴)은 회로도에서 심벌과 심벌 연결 시 사용하는 도구로서 회로도를 완성하기 위해서는 다음과 같이 기본적으로 사용되는 아이콘을 알아봐야 한다.

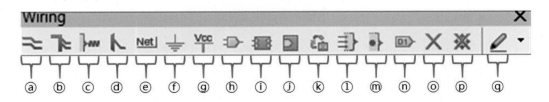

Wiring 메뉴	사용 방법
ⓐ Wire	회로 신호선 연결 시 사용
ⓑ Bus	버스 신호선 작업 시 사용
ⓒ Signal Harness	하니스 신호선 작업 시 사용
ⓓ Bus Entry	Bus와 Wire를 연결 시 사용
ⓔ Net Label	Wire에 이름을 넣을 경우 사용
ⓕ GND Power Port	GND 표기 시 사용
ⓖ Vcc Power Port	전원 표기 시 사용
ⓗ Part	등록된 부품을 찾을 때 사용
ⓘ Sheet Symbol	Hierarchy(계층) 블록 생성 시 사용
ⓙ Sheet Entry	Hierarchy(계층) 블록에 port 추가 작업 시 사용
ⓚ Device Sheet Symbol	회로도를 라이브러리처럼 사용
ⓛ Harness Connector	하니스 신호선을 하나로 묶어서 사용
ⓜ Harness Entry	하니스 커넥터에 하니스 신호선 연결 시 사용
ⓝ Port	회로도 Input과 Output 포트를 표기 시 사용
ⓞ No ERC	회로도에서 사용하지 않는 부품에 Pin을 막아줄 때 사용
ⓟ Place No ERC Targeting a Specific Error	컴파일 오류를 숨길 때 사용
ⓠ Net Color	회로도에서 색상 선택 시 회로도 및 PCB 상에서 Net 색상 사용

ⓐ Wire : 회로 신호선 연결 시 사용 ··········ⓐ

[Place 〉 Wire] **[단축키: P + W]**

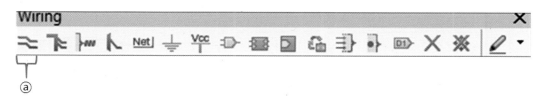

ⓐ

 Summary

Wire는 회로도에 전기적 연결을 만드는데 사용된다.

(1) Wire 색상 변경

Wire를 잡은 상태에서 Tab 키를 눌러서 속성창으로 들어간다.

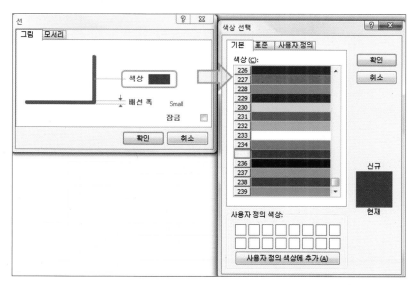

▲ 그림 원하는 색상으로 변경

 알아두기

- 부품에 Pin과 Wire를 구분하기 위해서 색상을 바꾼다.
- 회로에 전원선을 색상으로 표기하기 위해서 바꾸기도 한다.

(2) Wire 두께 설정

Wire를 잡은 상태에서 [Tab] 키를 눌러서 속성창으로 들어간다.

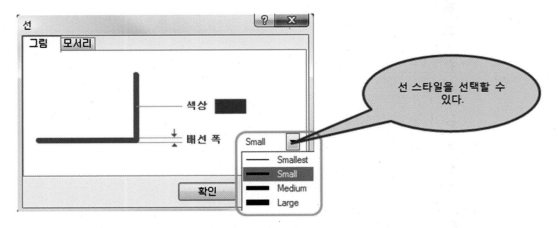

▲ 그림 원하는 두께 선택

① Wire의 두께 종류는 Small, Medium, Large 3가지를 지원한다.
  회로도 작업 시 Wire 작업을 편리하게 도와줄 기능이다.

🔍 알아두기

회로 내의 전원을 쉽게 알아보기 위해 두께를 바꾸기도 한다.

예시

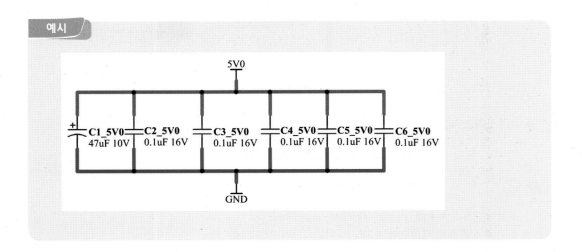

(3) Wire 각도 변경

다음은 회로도 작업 시 Wire 작업을 편리하게 도와줄 기능이다.

Shift + Spacebar 키 Wire 각도(90°, 45°, Any, Auto Wire mode) 결정	45°모드	
	90°모드	
	Any 모드	
Spacebar 키	Start and End Mode(상하반전) 결정	
Back Space 키	Wire 진행 시 전 작업으로 이동	

ⓐ Shift + Spacebar 키 : Wire 각도(90°, 45°, Any, Auto Wire mode) 결정

ⓑ Spacebar 키 : Start and End Mode(상하반전) 결정

ⓒ Back Space 키 : Wire 진행 시 전 작업으로 이동

(4) Wiring up the circuit

① 배치한 회로도를 크게 보기 위해서 View 〉 Fit All Objects를 선택한다. → V + F 키

▲ 그림 부품배치 완료

② Place 〉 Wire를 선택하거나 마우스의 우측 버튼을 클릭한 후 Wire를 선택한다. → P + W 키

ⓐ

③ '그림. An astable MULTI'(33페이지 참조)에서 본 것과 같이 Wire 작업을 한다.

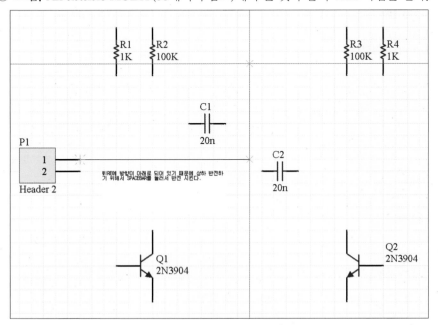

④ Wire 작업을 다음 그림과 같이 완성한다.

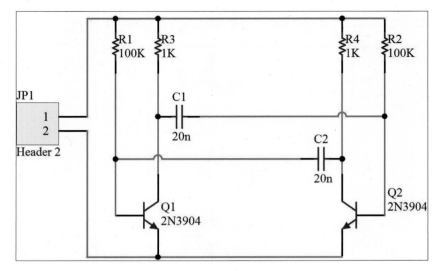

▲ 그림 Wire 작업 완성

ⓑ Bus : 버스 신호선 작업 시 사용한다 ·········ⓑ

[Place 〉 Bus] [단축키: P + B]

Summary

• Bus는 전기설계의 기본이다. 다중 와이어 접속을 나타내는 객체이다.
• 버스는 다중망의 연결을 정의하기 위해 다른 객체와 함께 사용되는 폴리 객체이다.

(1) Bus 속성

버스선의 폭을 수정할 수 있다. 버스선의 색상을 수정할 수 있다.

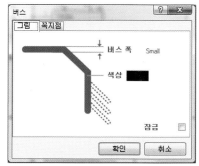
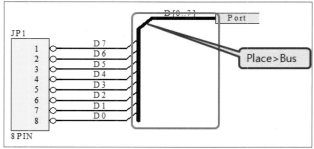

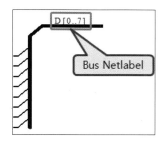

위 우측에 있는 그림과 같이 Bus를 사용했을 때 주의할 점은 반드시 Bus에 해당하는 이름을 가지고 있어야 한다. 좌측 그림과 같이 버스에 해당하는 이름을 작성한다.

(2) 버스이름 정의

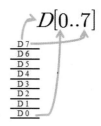

Wire 위에 있는 Net label을 살펴보면 D(Data)로 시작하고 어드레스 (Address) 번호를 가지고 작업한다. 이것을 이용하여 버스 이름을 부여하는 방법이다.

D[0..7]에서 D는 그대로 사용하고 [0..7]은 0부터 7까지라고 볼 수 있다.

(3) BUS 각도 변경

	45° 모드	
Shift + Spacebar 키 Bus 각도(90°, 45°, Any mode) 결정	90° 모드	
	Any 모드	
Spacebar 키	Start and End Mode(상하반전) 결정	
Back Space 키	Wire 진행 시 전 작업으로 이동	

예시

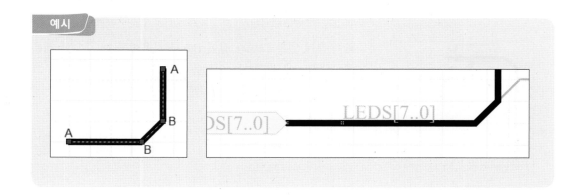

d Bus Entry : Bus와 wire를 연결 시 사용 ·········ⓓ

[Place 〉 Bus Entry] [단축키: P + U]

Summary

Bus 항목의 속성을 연결하는 폴리 객체이다.

Bus와 Wire 사이에 연결되는 역할을 한다. Wire에 Net Label을 Bus에 실어서 연결하는 방법으로 다양한 방법으로 작업할 수 있다.

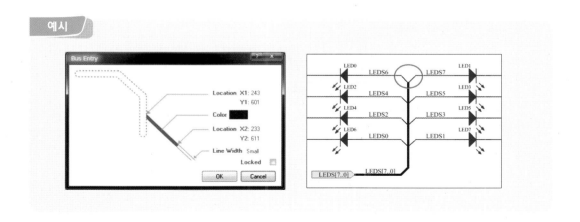

c Signal Harness ·········ⓒ

하니스 신호선 작업 시 사용한다.

Ⅰ Harness Connector ·········ⓘ

하니스 신호선을 하나로 묶어서 사용한다.

m Harness Entry ··········ⓜ

하니스 커넥터에 하니스 신호선 연결 시 사용한다.

현재 사용하는 복잡한 도면 작업을 할 때 많이 사용하고 있다. Harness의 역할은 여러 가지 신호선 및 Bus를 동반한 모든 신호선을 전달할 수 있다. 이러한 기능은 하위 구조로 되어 있는 Sub-Circuit 간의 연결도 허용하고 있다.

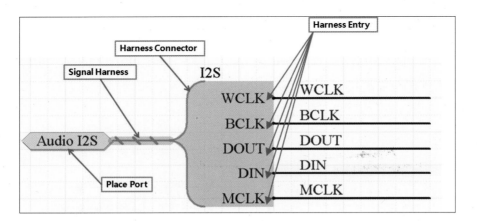

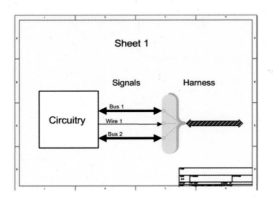

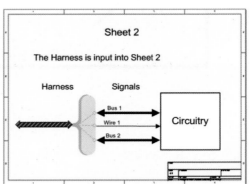

위 그림과 같이 사용하는 범위를 살펴볼 수 있다. 완벽한 회로를 가지고 도면 간 연결에 필수적인 기능이라고 볼 수 있다. 이유는 Net Label, Bus, Port... 신호선에 해당하는 Signal은 모두 연동할 수 있기 때문이다.

ⓔ Net Label : Wire에 이름을 넣을 경우 사용한다 ··········ⓔ

[Place 〉 Net Label] **[단축키: P + N]**

ⓔ

Summary

• Net label을 전기적인 회로로 다른 지점으로 연결하는 기능
• Pin과 Wire 사이에 전기적으로 연결하기 위해서 사용되며 Wire만 가지고 연결하는 것이 아니라 Net label을 이용하면 Net Name만 가지고 물리적으로 연결할 수 있다.

문자열을 선택하려면 한 번 클릭한다.	INIT_B
일시 정지, 다음, 현재 위치에서 편집 모드로 들어간다. 두 번 클릭한다.	INIT_B
다음 문자열을 대체 문자열로 입력할 준비가 되었다.	INIT_B

예시

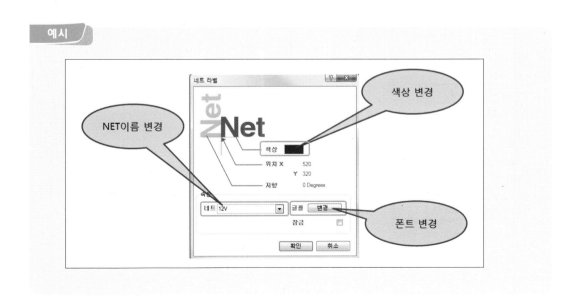

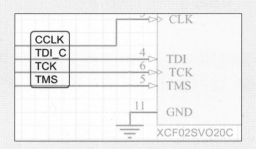

주의할 점은 반드시 Wire 위에 Net Label을 배치하여야 한다.

위 그림에서 보는 것과 같이 수정할 수 있는 것이 Net, Color, Font이다.

추가기능

부정으로 표기하는 방법(맨 위에 줄을 포함)

ex : ‾E‾N‾B‾L‾E‾

네트 속성에 백 슬러시 문자를 포함해서 입력한다. (예 : E\N\W\B\W\L\W\E\W)

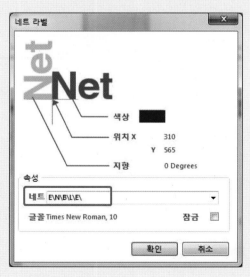

(1) Net Name을 12V와 GND를 수정하기 위해 다음 그림과 같이 Net Label이 따라 다닐 때 ⎚ (Tab) 키를 누른다.

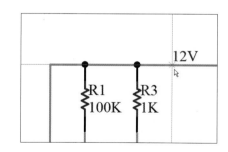

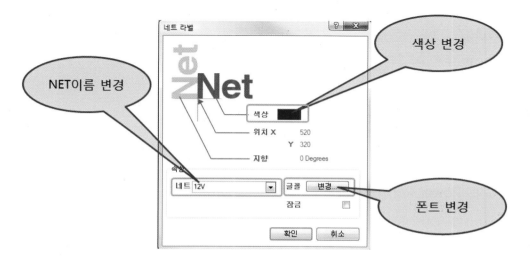

① 주의할 점은 반드시 Wire 위에 Net Label을 배치하여야 한다.

② 위 그림에서 보는 것과 같이 수정할 수 있는 것이 NET(네트), Color(색상), Font(글꼴)이다.

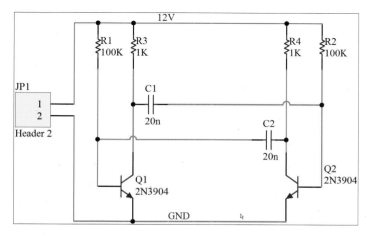

▲ 그림 Net Label 완료

③ 위의 그림과 같이 Net Label을 작업한다. 작업한 파일이 날라가지 않도록 File 〉 Save all (F+L 키)을 한다.

④ 회로를 전체 보기 위해서 View 〉 Fit All objects(V+F)키를 클릭한다.

알아두기

Bus를 작업하기 위해서는 다음과 같이 3가지 기능을 알고 있어야 한다.

b. Bus

d. Bus Entry

e. Net Label

n. Port

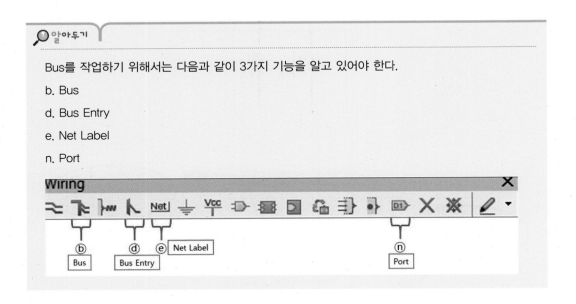

f GND Power Port ············ⓕ

GND 표기 시 사용한다.

g VCC Power Port ············ⓖ

전원 표기 시 사용한다.

[Place 〉 Power Port] [단축키: P+O]

 Summary

Power Port는 전원 연결 시 사용된다. 설계자가 편리하게 전원 연결을 Pin 또는 Wire에 접속될 수 있는 임의의 설계 위치에 파워 네트를 표시할 수 있다.

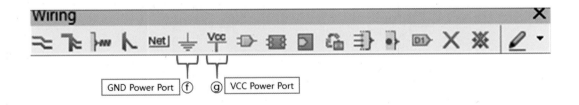

전원 포트 종류 :

Circle	Arrow	Bar	Wave	GOST Arrow	GOST Bar
VCC	VCC	VCC	VCC	VCC	VCC

Ground 포트 종류 :

Power Ground	Signal Ground	Earth	GOST Power Ground	GOST Earth
GND	SGND	EARTH	GND	GND

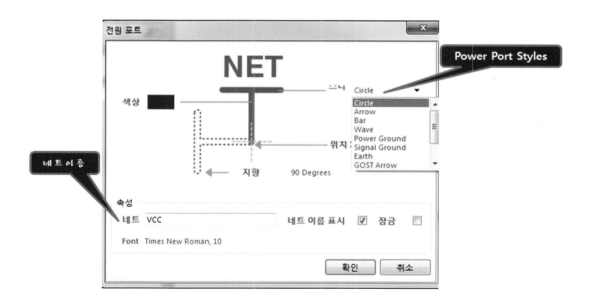

🔍 알아두기   NET

회로도에서 가장 중요한 것은 NET이다. 모든 표기에 대해서 모양이 문제가 아니고 모양이 가지고 있는 속성이 문제다. 달리 이야기하면 NET에 대한 속성이라고 할 수 있다.

다음 그림에서는 Utilities ToolBar에서 사용하는 방법
도 있다. 여기서는 사용자가 쉽게 Style(모양)과 NET를
미리 입력하여 정의하여 두었다. 클릭하여 작업자가 필
요한 부분에 배치하면 된다.

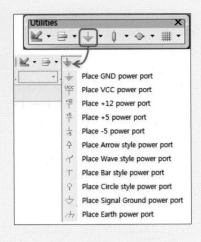

Ground 포트가 자동으로 바뀌는 이유?

환경 설정에 '기본 전원 객체 이름' 이라는 항목에 미리 정해진 값들이 들어가 있다.

사용자가 이러한 문구를 사용하지 않을 시 이 페이지에서 수정하면 된다.

h Part : 회로 라이브러리 부품 검색 및 배치 시 사용 ·········ⓗ

[Place 〉 Part] [단축키: P + P]

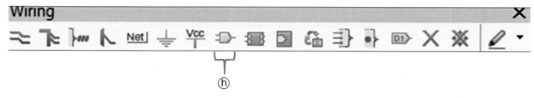

Summary

라이브러리에서 심볼을 검색 및 배치할 경우에 사용한다. Library Pannel과 틀린 점은 배치를 한 번이라도 한 것을 기억하고 있어서 라이브러리 등록이 안 되어 있을 경우에 편리하게 심볼을 배치할수 있다. 그리고 Library Pannel에서 편하게 사용되었던 심볼에 모양, 속성, FootPrint를 한 눈에 볼수 있다는 점이다. 여기에서도 마찬가지로 라이브러리 탐색창에서 Library Pannel과 똑같은 기능을볼 수 있다.

‘설계 참조’, ‘주석’, ‘풋프린트’에 해당하는 값을 미리 넣어 줄 수 있어 편리하게 부품값을 입력할 수있다.

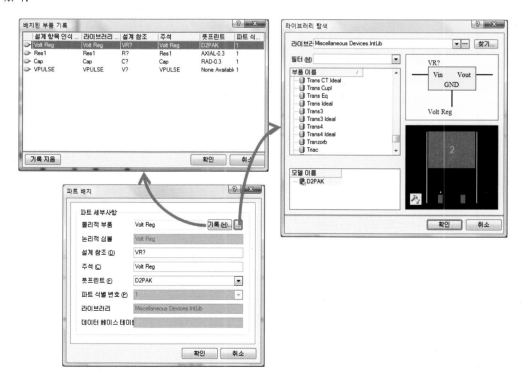

다음 그림은 배치된 부품 기록이다. 다음과 같이 내가 많이 사용하는 심볼을 '주석', '풋프린트'...를 관리할 수가 있어서 사용자가 이러한 값을 입력하지 않아도 된다는 장점을 가지고 있다.

i Sheet Symbol : Hierarchy(계층) 블록 생성 시 사용 ··········①

[Place 〉 Sheet Symbol] [단축키: P + S]

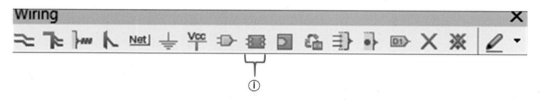

⦿ Summary

다중시트 및 계층설계 서브 시트를 나타내는데 사용된다. 시트 심볼과 포트 단일시트 및 디자인 시트 사이의 연결을 제공하는 방법과 유사한 상위 도면과 하위 도면 사이의 신호 연결 지점을 제공하며 시트 입력에 심볼들을 포함한다.

j Sheet Entry : Hierarchy(계층) 블록에 port 추가 작업 시 사용 ··········①

[Place 〉 Add Sheet Entry] [단축키: P + A]

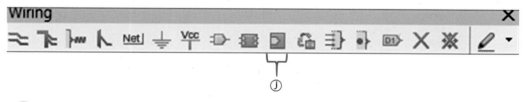

⦿ Summary

심볼에 대한 입력/출력 포트를 지정하는 시트심볼 내에 배치된다. 시트 항목은 기호가 나타내는 소스 개략적인 서브시트에 배치되는 포트에 해당한다.

n Port : 회로도 Input과 Output 포트 표기 시 사용 ··········ⓝ

[Place 〉 Port] [단축키: P + R]

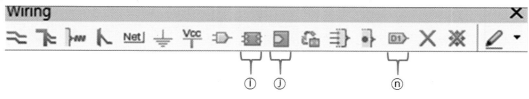

 Summary

다중 시트를 설계한 회로도와 다른 시트 사이에 전기적 연결을 만들기 위해 사용된다. 포트의 이름 (프로젝트 내에 다른 시트에 같은 이름을 가진 포트에 개략적인 연결) 연결을 정의한다.

■ **Hierarchy(계층) 블록 생성 방법**

예제는 다음 주소에 있는 것으로 설명한다.

C:₩Users₩Public₩Documents₩Altium₩AD16₩Examples₩SpiritLevel-SL1

1. Design 〉 Create Sheet Stmbol From Sheet or HDL을 클릭한다.

2. 다음 그림과 같이 Choose Document to Place 창에서 순서대로 회로를 클릭하면 Hierarchy(계층) 블록이 자동으로 생성되는 것을 볼 수 있다.

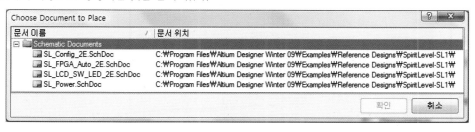

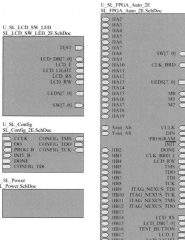

좌측에 있는 그림은 Hierarchy(계층) 블록이 자동으로 생성된 것을 확인할 수 있다.

k Device Sheet Symbol : 회로도를 라이브러리처럼 사용 ············ⓚ

[Place 〉Device Sheet Symbol] [단축키: P + I]

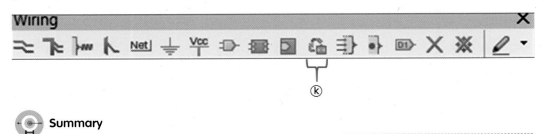

Summary

시트를 나타내는데 사용되며, 일반적으로 미리 정의된 회로를 포함한다. 디바이스시트 기호는 디바이스시트를 참조하고 디자인 내에서 프로젝트를 다시 사용할 수 있다. 디바이스시트 기호와 유사하게, 상위와 하위 시트 사이에 신호의 연결지점을 제공하는 디바이스시트 항목 기호가 포함되어 있다.

하나의 회로를 Module로 구성하여 여러 가지 프로젝트의 설계과정을 단순화하는 방법이다. 이러한 방법은 회로에 하나의 블록을 추가하고 그 블록에 속한 회로를 Port를 이용하여 또 하나의 프로젝트에 추가할 수가 있다. 다양한 심볼을 지원하고 있으며 계속해서 업데이트가 되고 있다.

다음 그림은 'Bluetooth_LMC9830SM'을 사용하여 Sheet로 배치한 모습이다.

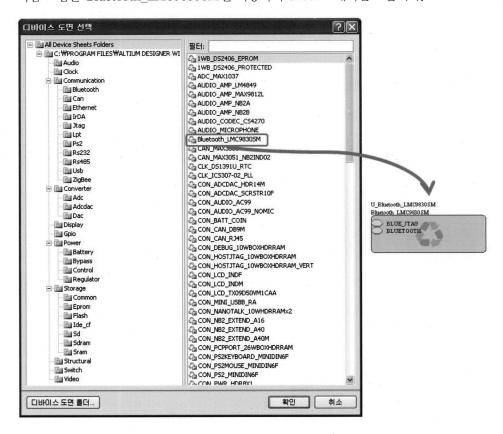

■ **Device Sheet 추가 방법**

Altium에서 기본적으로 제공하는 Device Sheet는 다음 폴더 주소를 참고한다.

'C:₩Users₩Public₩Documents₩Altium₩AD16₩Library₩Device Sheets'

'디바이스 도면' 폴더에서 「하위폴더 포함」을 반드시 체크한다.

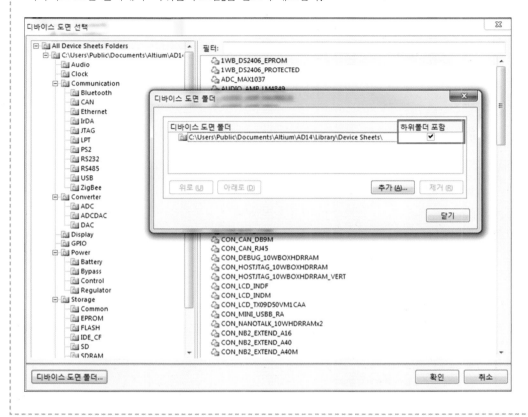

⊙ **No ERC : 사용하지 않는 핀에 대해서 에러 체크를 하지 않음 ·············⊙**

[Place 〉 Directives 〉 Generic No ERC] [단축키: P + V + N]

Summary

No ERC는 개략적인 프로젝트가 컴파일될 때 감지보고된 모든 전기 규칙 검사 경고 및 오류 위반 조건을 억제하는 회로의 핀에 배치된다. 여전히 회로의 나머지 부분의 포괄적인 검사를 수행하는 동안 의도적으로(예 : 연결되지 않은 핀으로) 경고를 발생한다. 알고 있는 회로의 특정 지점에서 오류 검사를 제한하려면 No ERC를 사용한다.

No ERC는 다른 스타일의 색상과 모양을 표시할 수 있다. 회로에서 이 점에 대한 설계 의도를 반영하기 위해 이 기능을 사용한다.

예시

사용하지 않는 핀 앞에 배치한다.

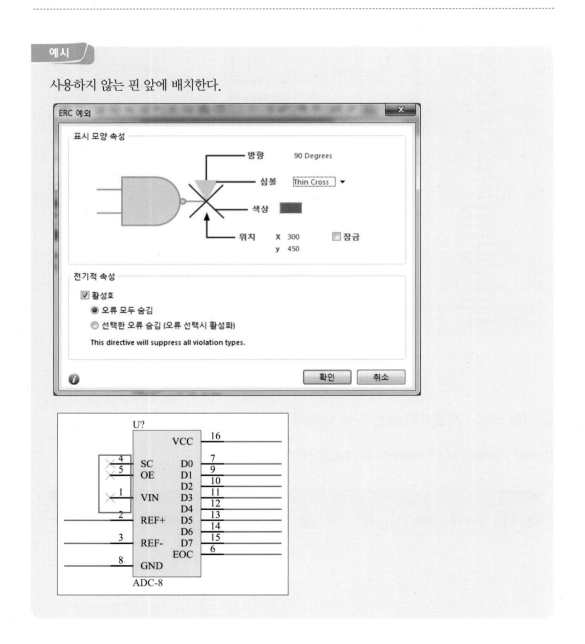

p Specific No ERC : 프로젝트 내에서 발생하는 에러를 체크하지 않음 ·········ⓟ

[Place 〉 Directives 〉 Place Specific No ERC]

Summary

Specific No ERC의 대화상자에 디자이너가 프로젝트 컴파일로 인한 특정 오류 또는 경고를 억제할 수 있다.·

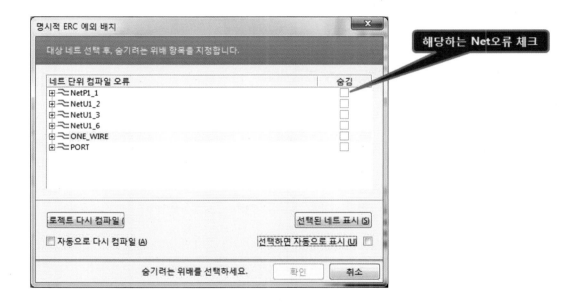

q Net Color : 회로도에 네트 색상을 표기 ············ⓠ

Summary

회로도 상에 Net Color를 표기할 때 같은 네트를 가지고 있으면 전체 회로도에 반영된다. 또한 PCB 상에서도 같은 색상으로 Net Color가 표기되는 것을 볼 수 있다.

표현하고자 하는 Net를 선택하면 자동으로 색이 입혀진다.

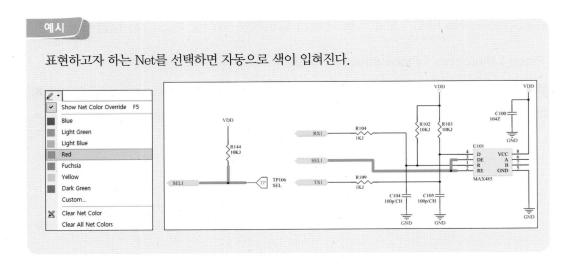

11 회로도 상에서 사용한 Library 변경 방법

(1) 회로도에서 변경하고자 하는 부품을 더블클릭한다.

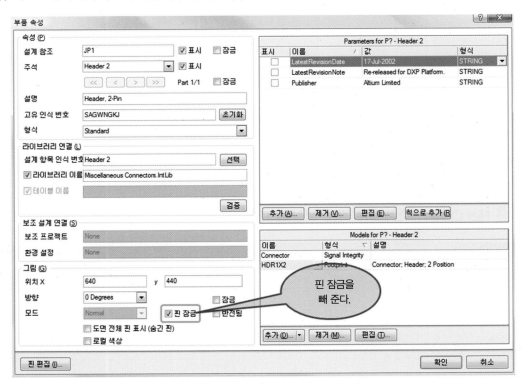

(2) 위 그림과 같이 「Component Properties Dialog」가 나타난다. 그림 좌측 하단부에 표시한 「Lock Pin」의 설정을 해제한다. 변경하고자 하는 부품의 Pin을 더블클릭하면 다음 그림과 같은 「Pin Properties Dialog」가 생성된다.

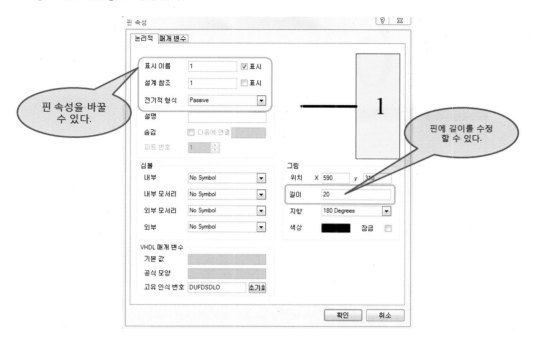

(3) 이 상태에서 변경하고자 하는 값들을 변경하고, [OK]를 선택하면 된다.

(4) Pin의 위치를 변경하고자 할 경우, Pin을 선택해서 원하는 위치로 가져다 놓으면 된다. Pin의 방향 전환 방법은 다 똑같다. [Spacebar] 키, [X] 키, [Y] 키를 이용한다.

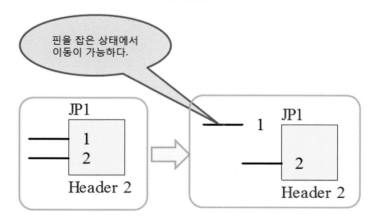

(5) 방향을 변경할 경우 핀의 기본 방향을 잘 확인해야 한다. Pin의 방향이 한쪽으로 정해져 있다.

(6) 표시된 부분이 바깥쪽으로 나가야 한다. 잘 살펴야 할 사항이다.

(7) 반드시 주의할 사항은 Pin들의 값이나 위치를 변경시킨 후에는 Lock Pin(핀 잠금)을 다시 설정해 주어야 한다.

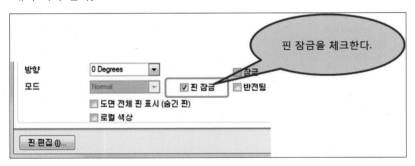

12 Setting up Project Options [회로 오류검사 설정하기]

Project에 해당하는 회로, PCB... 여러 가지 Option에 대해서 알아보도록 한다.

Project option 안에는 다음과 같은 에러를 정의할 수가 있다. (ECO)

① Error Reporting

② Connection Matrix

③ Comparator

④ ECO Generation

⑤ Option

Project > Project Options를 선택한다.

Option for Project 창에서 반드시 체크를 해 주어야 하는 것은 다음 그림에서 보는 것과 같이 Violations Associated with Nets의 「Nets with no driving source」를 반드시 「보고서 없음」으로 체크한다.

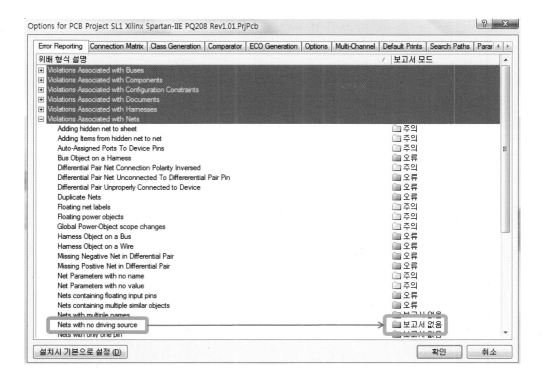

1 Setting up the Connection Matrix

(1) Connection Matrix를 보면 다음의 〈그림. A〉와 같이 「Default」로 되어 있는 것을 〈그림. B〉와 같이 Unconnected에 해당하는 것 모두 Error 마크로 바꾼다.

(2) 바꾸는 방법은 Unconnected에 해당되는 것을 클릭하여 Error로 체크한다.

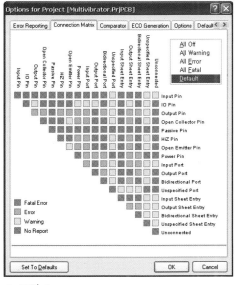

▲ 그림 A   ▲ 그림 B

(3) 위 그림처럼 변경하는 이유는 회로의 연결(Net list) 속성을 체크하기 위한 방법으로 회로 전체적인 Error Check라고 생각하면 된다.

(4) '그림. B'처럼 하는 이유는 회로도 전체에 해당하는 Error를 살펴보기 위함이다.

(5) Error가 발생한 것을 작업자가 빨리 그리고 쉽게 알기 위해서이다. 그중에서도 회로 작성 시 Wire 작업에 대한 실수가 제일 많기 때문이다. Schematic에서 PCB로 업그레이드할 경우 Net list가 에러가 생기는 일이 많아 정확성을 기하기 위해서이다.

2 Setting up the Comparator

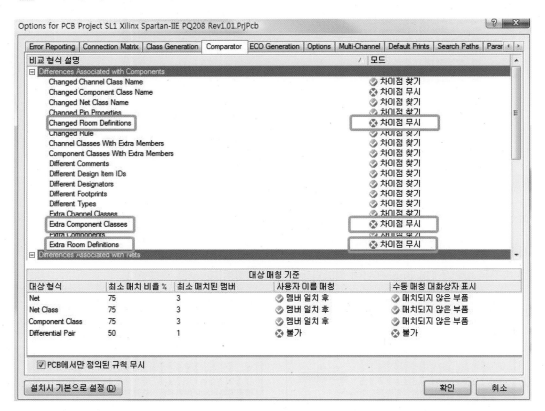

위 그림에서처럼 「Changed Room Definitions」, 「Extra Component Classes」, 「Extra Room Definitions」 3가지를 모두 「Ignore Differences」로 바꾼다.

Comparator로 설정하는 것은 PCB로 업데이트할 때 PCB에서 Place Room과 Component에 대한 사항을 변경할 수가 있는 Option이다.

3 「Use separate folder for each output Type」(각 출력 형식을 위한 폴더를 분리하여 사용)을 체크

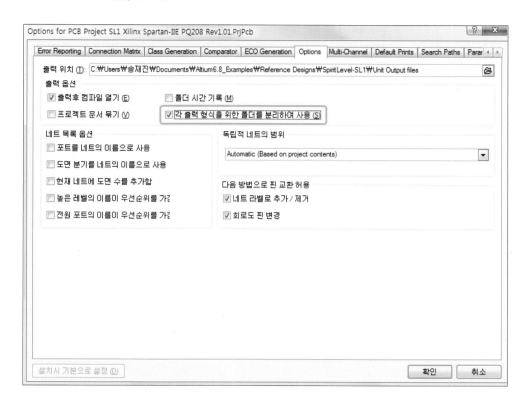

13 Compiling the Project [회로 오류 검사하기]

(1) MULTI Project를 컴파일하기 위해 Project 〉 Compile PCB Project를 선택한다.

(2) 프로젝트가 컴파일될 때, 만들어진 어떠한 에러들은 Messages Panel에 나타난다.

회로가 정확하게 그려지면, 위 그림처럼 Messages Panel은 공백이어야만 한다. 위 그림처럼 Massages 창에 아무런 Error가 발생하지 않았다면 PCB로 업데이트할 때 문제가 없다. 만약 Messages Panel에 Error가 있을 경우에는 회로를 수정하여야 한다.

예를 들어서 Error를 만들어서 Error를 수정하는 방법에 대해서 알아보도록 한다.

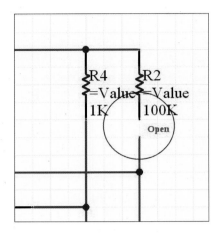

R2에 연결되어 있는 Wire를 Open하여 Error를 발생시켜 Error를 만들어 보았다.

(3) 다시 Project > Compile PCB Project를 실행할 때, 다음 그림과 같이 Massages 창을 클릭하여 확인을 하면 Error 3가지가 올라와 있다.

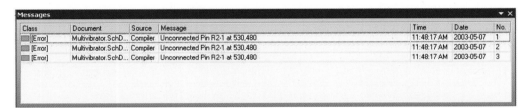

이것을 수정하는 방법은 Messages Panel 리스트에서 Error를 더블클릭하면 Compile Error 창이 뜨면서 Error가 발생한 회로도 부품으로 이동한다.

이렇게 이동하여 회로를 완벽하게 수정 완료한다.

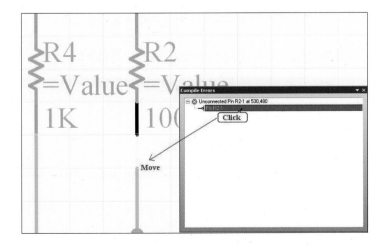

위 그림처럼 손쉽게 Error가 발생한 위치로 찾아갈 수가 있다.

Open되어 있는 것을 다시 연결하여 Project 〉 Compile PCB Project를 실행하면 Error가 없을 것이다.

14 Simulating the Design [회로 시뮬레이션]

1 Setting up for simulation

Simulation을 하기 위해서 기존 회로도를 수정하여야 한다. 다음의 〈그림. A〉에서는 Header2라는 부품을 사용하지만 Simulation에서는 Simulation Source를 사용하여야 한다. 〈그림. B〉에서 보는 것처럼 Source로 변경하여야 한다.

(1) Utilities 아이콘팩 안에 Simulation Source를 선택한다.

다음과 같은 아이콘에서 「+12」를 선택하여 Header2가 위치하는 자리에 부품을 바꾸어 준다.

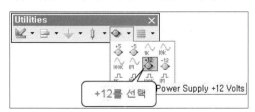

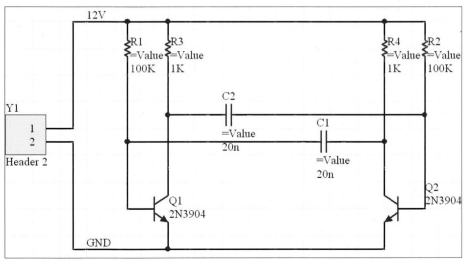

▲ 그림 A

(2) Net Label을 이용하여 Q1에 Base단과 Collect단에 Net Label을 붙여준다.

① Q1 Base : Q1B   ② Q1 Collect : Q1C

③ Q2 Base : Q2B   ④ Q2 Collect : Q2C

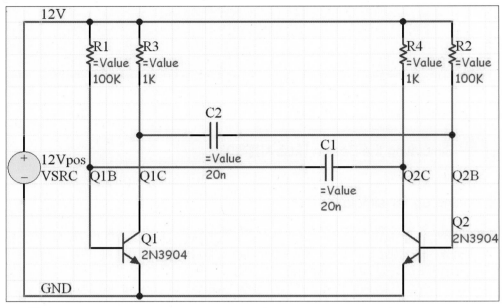

▲ 그림 B

2 Running a Transient Analysis

회로도 내에서는 반드시 Simulation Library를 사용하여야 한다. 지금까지 사용한 부품들은 Simulation 라이브러리가 들어가 있는 부품들이다. 이 회로를 시뮬레이션하기 위해서 시정수를 잡아주어야 한다. RC time은 100k×20n＝2milliseconds이다. 주기는 5주기로 맞추어져 있고, Time은 10ms로 세팅되어 있다.

(1) Design > Simulate > Mix Sim을 선택한다.

모든 시뮬레이션 선택 항목은 여기서 셋업할 수 있다.

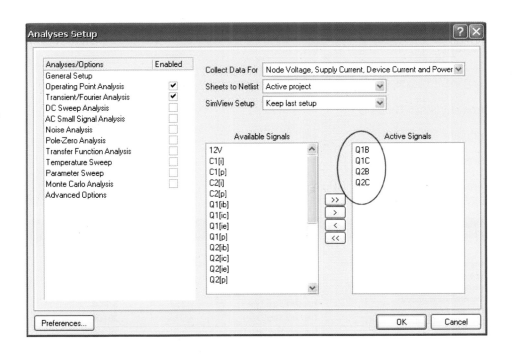

(2) 위 그림에서처럼 Available Signals에서 Active Signals로 측정을 하고자 하는 Net를 이동한다.

이동하는 방법은 해당하는 Net에서 더블클릭하면 된다.

Q1B, Q2B, Q1C, Q2C를 Active Signals로 이동한다.

(3) Transient/Fourier Analysis를 선택한다. 다음과 같이 〈그림. A〉가 나타난다.

▲ 그림 A

〈그림. A〉에서 우측 중간에 있는 「Use Transient Defaults」에 있는 체크를 빼주면 위에 있는 Time Setup을 사용자가 수정할 수 있다.

(4) 〈그림. B〉에서 다음과 같이 Setup 값을 바꾸어 준다.

　① Transient Start Time : 0

　② Transient STop Time : 10m

　③ Transient Step Time : 10u

　④ Transient Max Step Time : 10u

Analyses Setup				
Analyses/Options	Enabled	Transient/Fourier Analysis Setup		
		Parameter		Value
General Setup		Transient Start Time		0.000
Operating Point Analysis	✔	Transient Stop Time		5.000u
Transient/Fourier Analysis	✔	Transient Step Time		20.00n
DC Sweep Analysis	☐	Transient Max Step Time		20.00n
AC Small Signal Analysis	☐	Use Initial Conditions		☐
Noise Analysis	☐			
Pole-Zero Analysis	☐	Use Transient Defaults		☐
Transfer Function Analysis	☐	Default Cycles Displayed		5
Temperature Sweep	☐	Default Points Per Cycle		50
Parameter Sweep	☐			
Monte Carlo Analysis	☐	Enable Fourier		☐
Advanced Options		Fourier Fundamental Frequency		1.000meg
		Fourier Number of Harmonics		10

Set Defaults

Preferences...　　　　　　　　　　　　　　　　　　　OK　　Cancel

▲ 그림 B

3 Simulation 결과파형

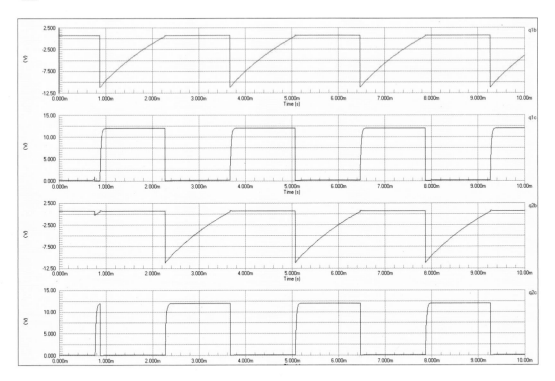

PCB_DESIGN(Ⅰ)

학습 목표

이 장에서는 Altium Designer를 전반적으로 학습하고
PCB 작성 방법과 PCB 제작 데이터를 생성하는 방법에
대해서 알아본다.

- PCB Design
- Gerber Data
- NC Drill Data
- BOM Data
- Pick and place(자삽데이터)

PCB_DESIGN(Ⅰ)

PCB는 'Printed Circuit Board'의 약자로 보드 위에 회로를 결선하는 기술이다. 여기서는 PCB 제작에 필요한 기능과 처음부터 공정 및 조립에 해당하는 출력 데이터를 작성하는 방법에 대해서 알아보고 현재 PCB 기술에 대해서도 접목하여 설명한다.

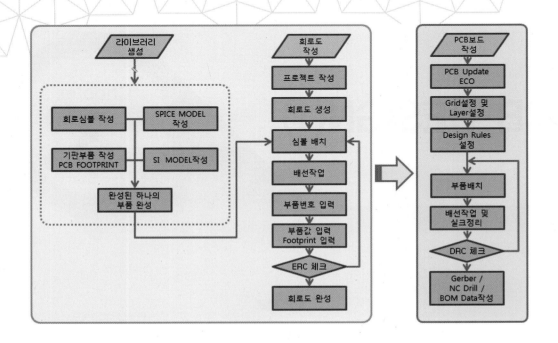

---

1 Creating a new PCB document [보드 만들기]

Altium Designer에서는 PCB Wizard 기능 안에 표준으로 제공되는 Board가 있고 사용자가 원하는 사이즈로 자동설계를 하는 기능이 들어가 있다.

PCB Wizard를 사용한 새로운 PCB를 생성하기 위하여 다음 스텝을 진행하여 완성해 본다.

(1) File Panel을 열어서 맨 밑에 있는 「New from template」 안에 있는 「PCB Board Wizard...」를 클릭한다.

(2) PCB Board Wizard 창이 열리면 [Next](다음) 버튼을 클릭한다.

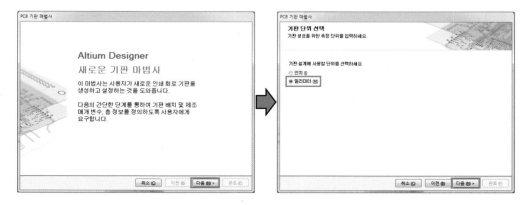

(3) 사용자가 원하는 단위(Inch, mm)를 선택한 후 [Next] 버튼을 클릭한다.

(4) 「Custom」을 체크하고 [Next] 버튼을 클릭한다.

여기서는 사용자가 원하는 사이즈를 설계하기 위해서 「Custom」으로 선택하지만 밑으로는 여러 가지 보드설계가 된 것이 있다.

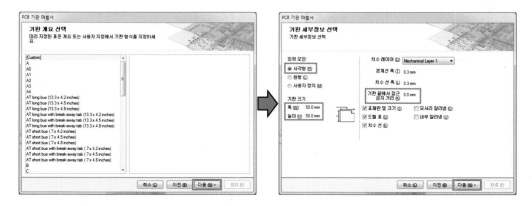

(5) 보드 사이즈를 「50mm×50mm」로 선택한 후 [Next] 버튼을 클릭한다.

타원형 보드를 설계할 경우 「Circular」를 선택하고 x, y 사이즈를 넣어주면 된다. Custom은 원형 보드를 사용자가 원하는 사이즈로 변형하여 만들 수 있는 기능이다.

(6) 보드레이어를 선택하는 창이다. 지금 여기서는 양면으로 설계한다.

전원 플랜은 0으로 둔다. 만약 Power Plane을 사용할 경우 2를 넣어주면 된다. 다음의 우측 그림에서는 기판을 양면으로 할 것인지 4층, 6층, 8층...으로 할 것인지를 설정하는 란이다.

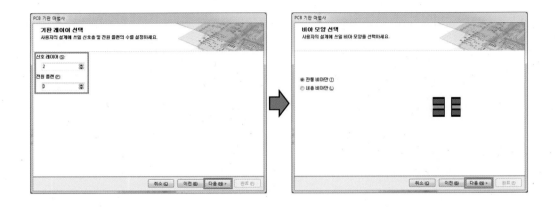

(7) 신호 레이어가 2층이므로 「관통 비아만」을 체크한다.

내층 비아만은 4층 이상 멀티 레이어를 사용할 때 Via를 지그재그로 사용하는 방법이다.

(8) 좌측 그림에서는 SMD 부품을 Top과 Bottom에 실장할 것인지를 체크한다.

좌측 그림에서는 「관통 홀 부품」으로 체크하고 패턴을 1, 2, 3라인으로 원하는 메뉴를 선택한다. 여기서는 그림과 같이 「두 개의 선」으로 선택한다.

(9) 우측 그림은 Track, Via, Via Hole, Clearance를 조정하는 창이다.

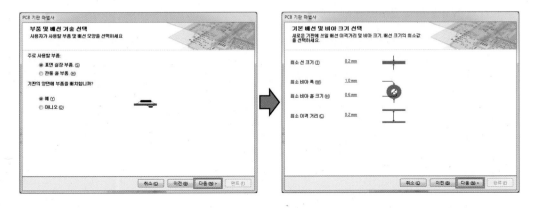

(10) 보드가 완성되었으면 화면을 전체적으로 보기 위하여 View > Fit Board(〔V〕+〔F〕 키)를 선택한다.

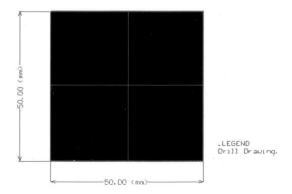

▲ 그림 **완성된 보드 모양**

(11) PCB File을 Project에 삽입한다.

좌측에 있는 그림과 같이 보드를 자동으로 생성한 경우에는 「Free Documents」 안에 PCB가 생성되어 있다. 이것을 「Project(PrjPCB)」 안으로 이동하여야 한다. 방법은 「PCB1.PcbDoc」를 잡고 「Project(PrjPCB)」 안으로 이동하면 된다.

우측 그림에서 Project 안으로 이동하여 하나의 Project가 된 것을 확인할 수 있다.

(12) PCB의 이름을 「PCB1.PcbDoc」에서 「MULTI.PcbDoc」로 수정한다.

File > Save As를 선택한다.

위 그림과 같이 Project에 완성된 Tree를 볼 수 있다. 모든 작업은 우측 그림에서 보는 것과 같이 Tree를 구성하여야만 한다.

2 화면 동시(분할) 보기

(1) 하나의 모니터를 사용하고 있을 때 화면을 분할하는 방법

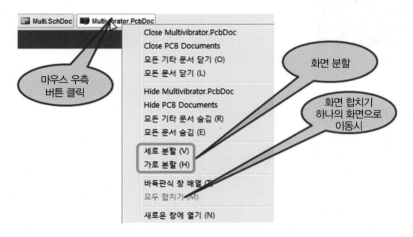

위 그림의 열려 있는 Tab(탭)에서 마우스 우측 버튼을 클릭하여 세로 분할과 가로 분할을 이용하여 창을 분할할 수 있다.

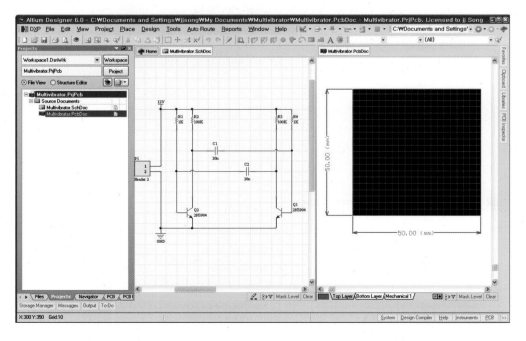

위 그림에서처럼 회로와 PCB를 분할하여 사용할 때 메뉴가 바뀌는 것을 볼 수 있다. 여기서 주의할 점은 각각의 메뉴를 확인하여 맞는 메뉴를 사용하여야 한다.

(2) 두 개 이상의 모니터를 사용하고 있을 때 사용 방법

Altium Designer가 실행된 상태에서 우측 화면으로 PCB를 띄우고자 할 때 PCB 탭을 잡은 상태에서 우측 모니터로 이동하여 놓으면 화면이 두 개로 나누어지는 것을 볼 수 있다.

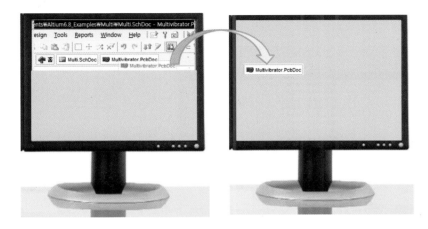

다음 그림에서는 3대의 모니터로 구성된 화면을 볼 수 있다. 하드웨어적인 모니터 구성은 PC 그래픽 카드가 지원이 되어야 하고, Altium Designer처럼 분할자체가 실행되는 프로그램이 구성되어야 한다.

3 Updating the PCB [Netlist 가져오기]

회로도에서 작업한 회로를 PCB로 옮기는 작업이다. 우선 회로도로 이동하여 다음 작업을 진행한다.

(1) Design > Update PCB(MULTI.PcbDoc)를 선택한다.

(2) 다음 그림의 기술 변경 명령(Engineering Change Order)과 같이 [변경 검증(Validate Changes)] 버튼을 클릭한다.

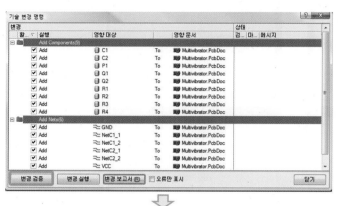

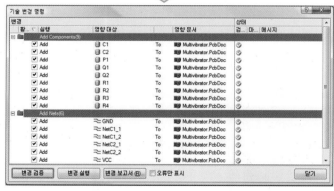

(3) 다음 그림과 같이 [변경 실행(Execute Changes)] 버튼을 클릭한다.

(4) 「Only Show Errors(오류만 표시)」를 체크하여 Error 유무 상태를 확인한다.

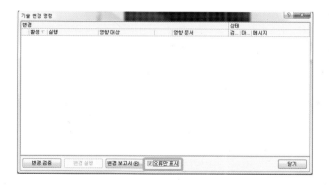

위에서 보는 것처럼 회로도에서 PCB로 이동하는 과정은 Project Compile을 했을 경우 Error가
없는 상태에서 작업이 진행되어야 한다.

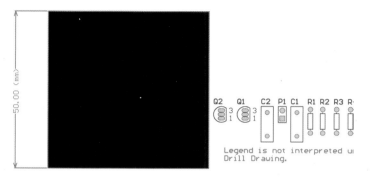

여러분들은 위에서 배운 과정을 하나도 빠짐없이 작업하여야 한다.

(5) 에러가 있다면 에러를 해결한다.

에러가 100% 없는 상태에서 PCB 작업을 진행하여야 한다. 다음과 같이 Error가 있다면 반드시
에러를 100% 소진하여야 한다.

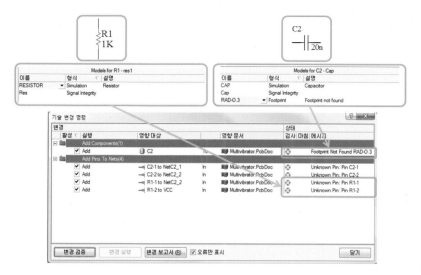

위와 같이 에러 발생 이유는 두 가지 해결책을 가지고 있다.

① Footprint Not Found : Footprint 명칭이 틀린 경우

또는 사용자가 컴퓨터를 여러 대 운영할 때 라이브러리가 등록되어 있지 않은 경우에는 사용한 라이브러리를 추가하여야 한다. 이런 에러를 줄이는 방법은 라이브러리 등록을 백업해 두는 것이 좋다.

※ 백업 방법 참조 : e. System 〉 Installed Libraries

② Unknown Pin : 심벌에 Footprint가 없거나 Pin에 대한 속성이 틀린 경우

이런 경우에는 PCB 상에는 부품이 올라온 것을 확인할 수 있다. 예를 들어 Diode에 Pin-Number가 회로에서는 1, 2로 되어 있고 PCB에서는 A, K로 되어 있는 경우이다. 이런 경우에는 어느 한쪽에 있는 Pin Number를 수정하면 된다.

(6) 회로 수정 후 Update PCB를 적용할 때 삭제가 되어서는 안 되는 부분이 있다면 다음과 같이 작업한다. 예를 들어서 기구에 붙는 판넬 또는 PCB에서 임의에 부품을 올려 놓았을 때에 해당된다.

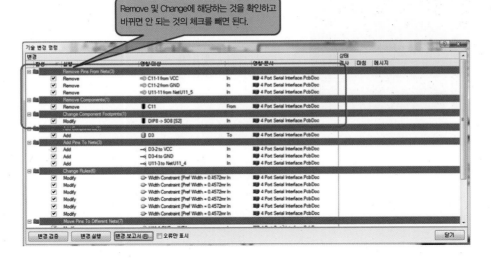

4 PCB 보드의 Grid 설정 및 Layer 설정

1 기판 옵션

PCB Board를 설계하기 위해서는 여러 가지의 설정을 알고 있어야 한다. 모든 Grid를 설정하는 방법을 알아보도록 한다.

Design 〉 Board Option…을 선택한다. → D + O 키

2 단위 설정 및 물기옵션

다음 그림에서 보면 Grid에 대한 설정을 할 수 있다.

PCB 작업 시 사용하는 단위를 바꿀 경우에는 키보드 Q 키를 누르면 mil과 mm를 변경할 수가 있다. 또한 그림과 같이 '기판 옵션'에서 단위를 변경하는 방법이 있다.

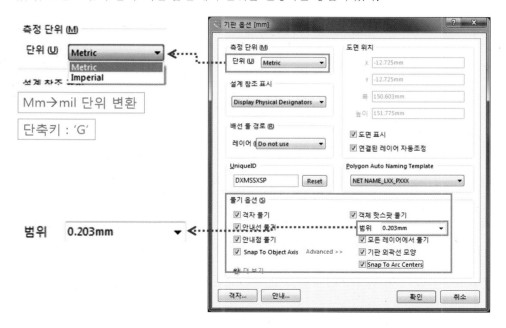

'물기 옵션'에서는 체크박스 모두 다 체크하여 사용한다. 전기적인 개체나 기구적인 개체 등 모두를 자동으로 끝지점 또는 중앙에 해당하는 부분을 자동으로 잡아주는 기능이다.

3 Grids의 종류

(1) 부품을 움직이는 부품 격자(Component Grid)
(2) 패턴을 그릴 때 사용하는 격자 스냅(Snap Grid)
(3) 화면에 표기되는 격자 표시(Visible Grid)

4 격자그리드(Visible) 설정 및 스냅그리드(Snap) 설정

(1) 부품 배치 시 그리드 : 50mil 또는 100mil

일반적으로 Dip Type에 Pin과 Pin 사이의 거리가 100mil로 되어 있다. 또한 트랜지스터(TR)는 50mil로 되어 있다.

(2) 라우팅 시 그리드 : 20mil 또는 25mil

Snap Grid, Visible Grid를 20mil과 25mil로 사용할 때의 차이점을 확인할 수 있다.

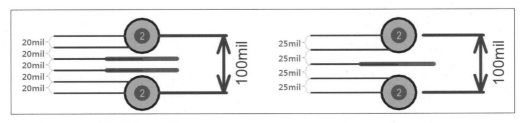

▲ 그림 Snap Grid 20mil   ▲ 그림 Snap Grid 25mil

20mil인 경우 : Track 2Line으로 작업
25mil인 경우 : Track 1Line으로 작업

이러한 기본적인 Grid가 설정되어야만 PCB Board를 설계하는 데 많은 도움이 된다.

부품 배치 및 Routing을 할 때 Snap Grid를 수시로 바꾸고자 할 경우에는 키보드 G 키를 누르면 수시로 바꿀 수가 있다.

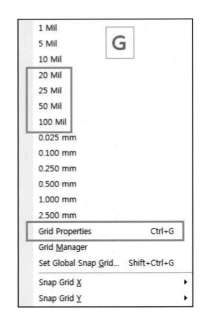

(3) Visible Grid의 종류는 Line과 Dot로 볼 수 있다.

배치 및 라우팅 시 Visible Grid를 바꿀 수 있다. Ctrl + G 키를 누른다.

설정에 해당하는 사항은 다음과 같다.
배치 : Lines
라우팅 : Dots
미세, 거침을 똑같은 것으로 사용하는 것이 좋다.

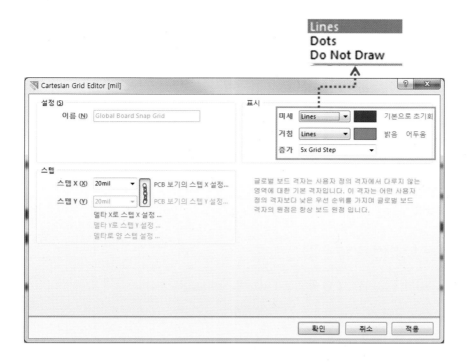

5 Layer의 종류

레이어(Layer)의 종류에 대해서 알아보자. 다음 그림과 같이 창을 열기 위해서 키보드 ⌴ 키를 누른다.

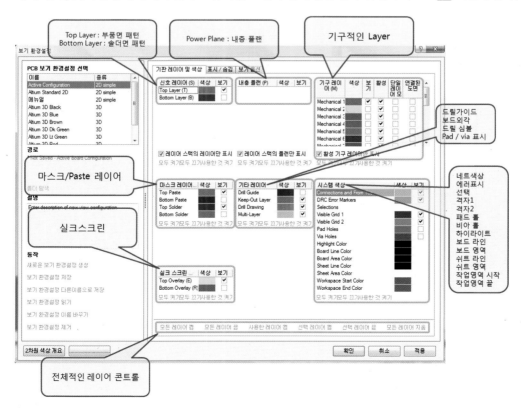

Land/Hole에 대해서 알아보기

① 리드가 있는 부품(DIP-Type) : [Multi-Layer, Solder Mask, Holes] 또는 나사홀을 가공하여 삽입할 리드를 가공할 때 사용한다.

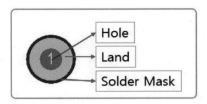

DIP-Type Pad의 Layer

위의 그림은 Pad에 대해서 보여주고 있다.

전체적으로는 Pad라 부르지만 그 안에 있는 Layer를 살펴보도록 한다.

ⓐ Hole : 드릴로 가공될 구멍이다.

ⓑ Land : 납이 묻을 수 있는 곳 Top과 Bottom Layer를 같이 가지고 있다. (Multi Layer

ⓒ Solder Mask : 레지스트리(잉크)를 입혔을 때 납이 올라오는 부분(Land)을 막는 부분이며 Top과 Bottom 모두 같이 가지고 있다.

② 리드가 없는 부품(SMD-Type)

[Top-Layer, Solder Mask, Paste Mask] 부품을 붙이는 타입으로 사용한다.

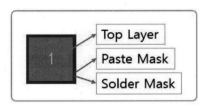

위의 그림은 Pad에 대해서 보여주고 있다. 전체적으로는 Pad라 부르지만 그 안에 있는 Layer를 살펴보도록 한다.

ⓐ Land : 납이 묻을 수 있는 곳인 Top Layer를 같이 가지고 있다. (단면)

ⓑ Solder Mask : 레지스트리(잉크)를 입혔을 때 납이 올라오는 부분(Land)을 막는 부분이며 Top Layer만 가지고 있다.

ⓒ Paste Mask : SMD를 실장하기 위해서 Metal Mask판을 제작하기 위한 레이어이다.

③ Pad의 속성

다음 그림에서 Pad의 속성에 대해서 설명한다.

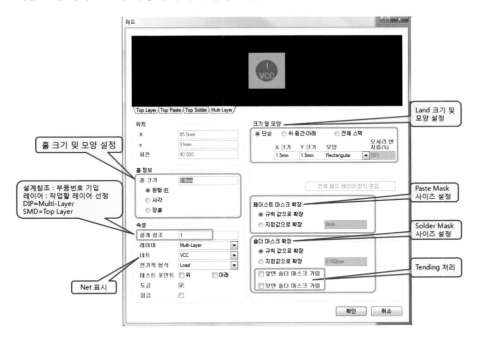

Pad 모양이나 Hole 모양을 이 창에서 작업할 수 있다.

ⓐ 내층 Pad 설정

내층에 Pad 또는 Via에 사이즈를 다르게 가지고 있을 경우 사용한다.

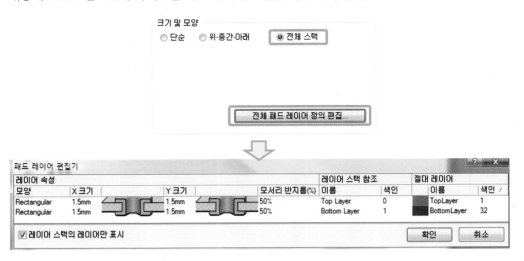

1 PCB 〉 General

(1) PCB에 대한 기본 설정

① Tools 〉 Preferences…를 선택한다.

② 편집 옵션에서 체크박스를 확인한다.

③ 기타에서 커서 형식을 「Large 90」으로 설정한다.

④ 파일형식 변경 보고서에서 「이전 버전 열기 보고서 비활성」 및 「새로운 버전 열기 보고서 비활성」을 체크한다.

(2) 기타

① 실행취소/다시복구 : 횟수를 설정한다.

② 회전각도 : $\dfrac{1°}{1000}$ 까지 지원한다. (예 0.001°)

③ 부품 드래그 : Connected Tracks를 선택하면 부품 이동 시 패드에 연결되어 있는 Track의 끝점이 같이 이동한다.

2 PCB 〉 Board Insight Display

Live Highlighting에서 「Live Highlighting only when Shift Key Down(시프트 키를 누를 때만 실시간 강조)」을 체크한다. 이것을 뺐을 때에는 평상 시에 마우스가 지나가면 Net가 Highlight가 되었을 것이다.

체크박스에 체크하고 패턴을 Highlight하려면 [Shift] 키를 누른 상태에서 패턴 위로 서면 Highlight가 되는 것을 볼 수가 있다.

3 PCB 〉 Board Insight Modes

다음 그림처럼 「표시」에서 「민첩 정보 표시」의 체크 표시를 없앤다.

빼고 나면 꼬리표처럼 따라다니는 정보 표시가 사라졌을 것이다.

이 기능에 대한 단축키 [Shift]+[H]를 누르면 On/Off할 수 있다.

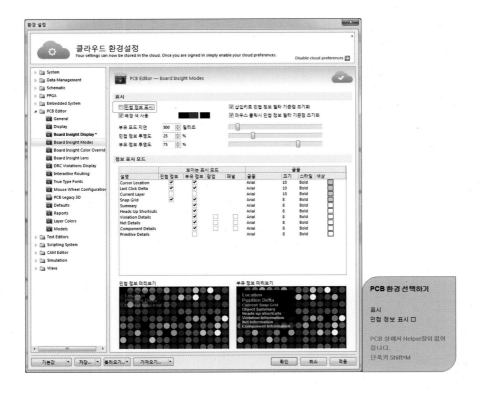

4 PCB 〉 Interractive Routing

「능동 배선 옵션」에서 「자동 배선 종료」를 체크한다. 이 기능을 체크하면 예전에 라우팅 시 마무리 후 마우스의 우측 버튼으로 Cancel한 것과 똑같다. 「능동 배선 폭/비아 크기 소스」에서 「선 폭 모드」는 「RulePreferred」로 지정하고 「비아 크기 모드」는 「Rule Preferred」로 지정한다.

PCB 〉 Defaults

풀다운 메뉴의 Place 안에 있는 부분을 기본값을 조정하는데 사용한다.

해당 메뉴를 클릭 시 이곳에서 지정한 내용대로 바로 사용이 가능하여 기본적인 값을 미리 세팅하여 사용하면 작업을 더욱 손쉽게 할 수 있다.

6 Layer 설정 및 기구 Layer 설정

PCB 작업창 맨 밑에 보면 Layer가 보일 것이다. 이것을 정의하는 것에 대해서 알아보도록 한다.

맨 하단에 있는 Layer를 선택하면 선택한 Layer가 상단으로 올라오는 것을 볼 수 있다.

Layer Set의 명령은 사용자가 원하는 Layer를 세팅하여 부품배치 시, 라우팅 시, 플랜 작업 등을 할 때 아주 편리한 기능이다. 사용 방법은 다음 그림과 같이 Layer Set에서 마우스의 우측 버튼을 클릭하여 원하는 Layer를 선택하면 된다.

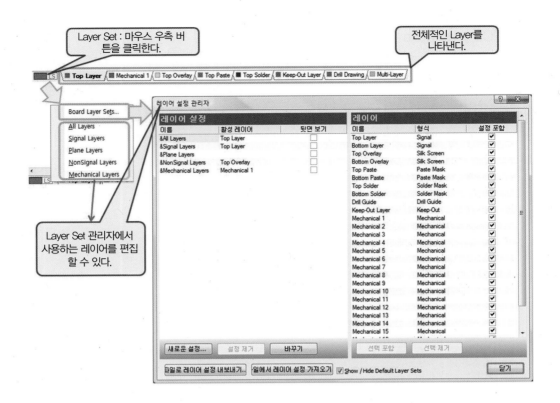

(1) Design > Board Layers를 선택한다. → ⎡L⎤ 키

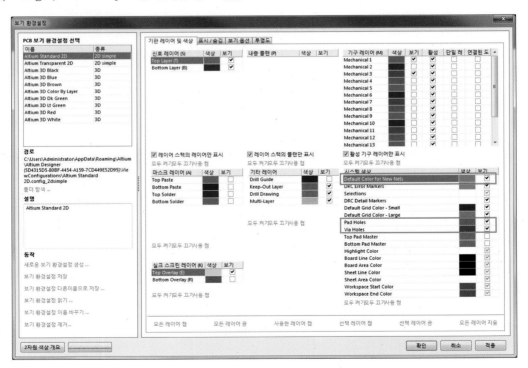

모든 Layer는 3가지로 나눌 수 있다.

① Electrical Layers : 32 Signal Layers and 16 Plane Layers

② Mechanical Layers : 16 mechanical Layers

③ Special Layers : 2 Solder Mask, 2 Paste Mask, 2 Silkscreen, 2 Drill(Drill Guide & Drill Drawing), 1 Keep Out, 1 Multi-Layer(spans all Signal Layers)

(2) Design 〉 Layer Stack Manager를 선택한다. → D + K 키

위 그림에서처럼 PCB 보드를 보면서 Layer를 추가 및 삭제할 수 있다.

① Signal Layer 추가 방법 : 「Top Layer」를 선택하고 [Add Layer] 버튼을 클릭한다.

▲ 그림 Signal Layer 추가

② Power Plane 추가 방법 : Power Plane이 들어갈 Layer를 잡아서 [Add Internal Plane] 버튼을 클릭한다.

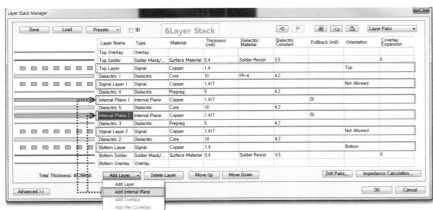

▲ 그림 Power Plane 추가

위 그림과 같이 Layer 및 Plane을 추가할 수 있다. 이것을 위 아래로 조정하는 것이 Move Up과 Move Down이다. 이 버튼을 이용하여 설계자의 보드 Layer 위치를 바로 잡아준다.

7 Design Rules 설정

Altium Designer에서 PCB Board를 설계하기 전에 보드에 대한 Rule을 잡아주는 것에 대해서 알아보도록 한다.

Design Rules 설정값을 위반하는 경우에는 위반사항에 대해서 메시지를 알려 준다. 이러한 Rule을 가지고 설계할 경우 설계에 대한 에러를 방지할 수가 있고 규칙적인 보드를 설계하는 데 있어서 많은 도움이 된다. Design Rules에는 electrical, Routing, manufacturing, placement, Signal integrity…를 포함한다.

(1) Design 〉 Rules를 선택한다.

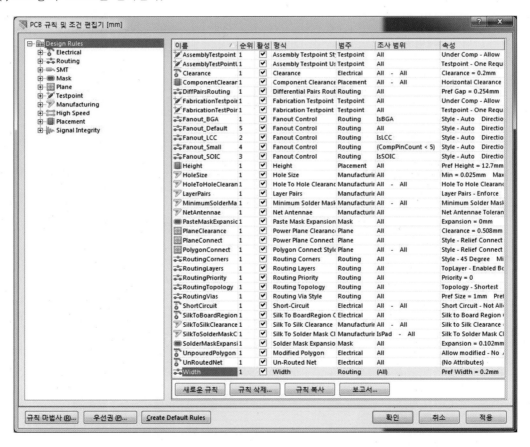

위 그림과 같이 Design Rules에 대한 내용을 볼 수가 있다.

좌측에 있는 것은 큰 단원으로 각각에 해당하는 명칭을 볼 수 있다. 우측에 있는 것은 각 단원의
세부사항을 볼 수 있다.

(2) Track Width를 설정하고자 하는 큰 단원을 더블클릭한다.

Routing 〉 Width 〉 Width를 선택한다.

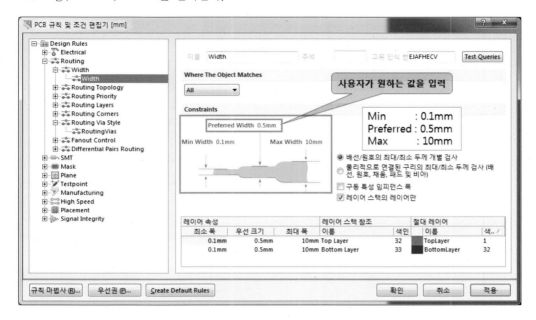

위 그림처럼 일반적인 Signal Track Size가 선정되어 있다.

(3) Track Width Size를 12V와 GND를 각각 1mm로 설정할 경우에 대해서 알아보도록 한다.

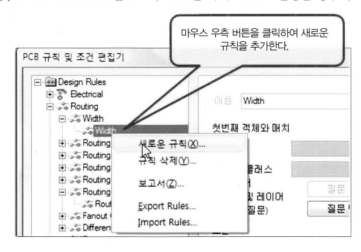

우선 Routing 〉 Width 안에서 마우스의 우측 버튼을 클릭하면 위 그림과 같이 메뉴가 나온다. 이때 「새로운 규칙」을 선택한다. 이름이 「Width_1」로 나와 있는 것을 클릭하여 다음 그림과 같이 12V Net와 GND Net를 설정한다.

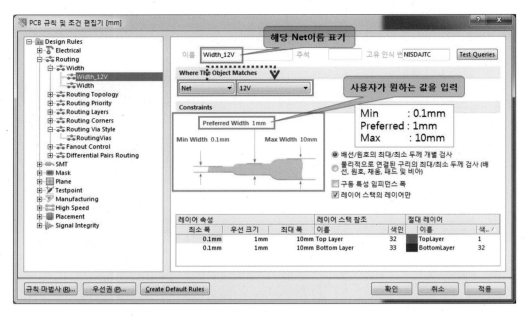

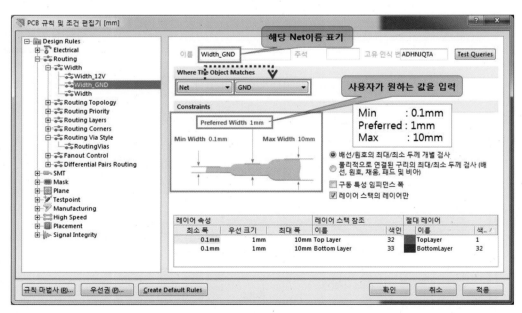

(4) Clearance Setting

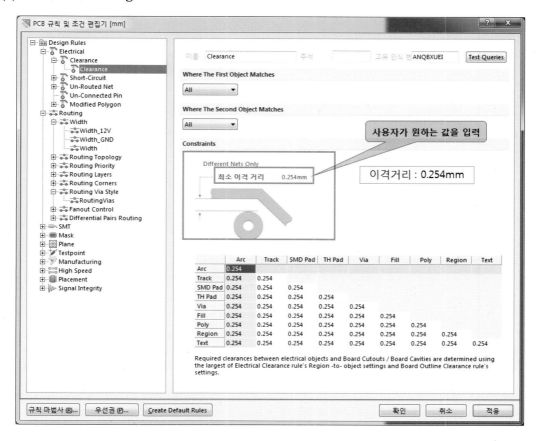

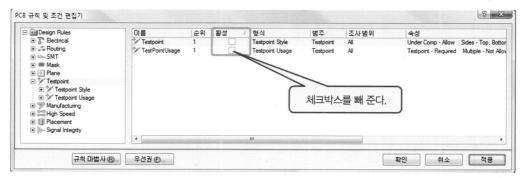

위 그림과 같이 Enabled 체크박스를 다 빼준다.

Testpoint를 Design Rules에서 적용시키지 않은 경우이다. Design Rule Check에서 적용할 Rule을 체크하기 때문에 이 경우에는 빼주는 것이 Design Rule Check에서 Error 표기를 줄일 수 있는 방법이다.

(5) Hole Size 설정

PCB 상에서 사용하는 홀에 대한 값을 미리 정하여 사용할 수 있다. 기입 방법은 최소와 최댓값으로 기준을 둔다.

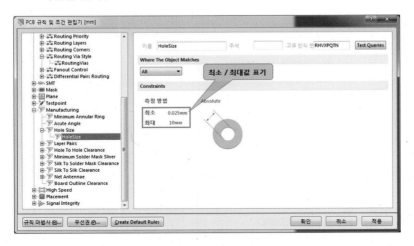

8 Changing a Footprint [부품 변경]

부품 중에 C1과 C2가 너무 크게 보일 것이다. 조금 작은 것으로 바꾸는 방법에 대해서 알아보도록 한다. 중요한 것은 PCB 상에서 바꿔서 회로에 적용시킬 수도 있다. 이런 방법을 이용하여 회로에서 수정할 Footprint를 PCB 상에서 수정하여 회로도에 적용하는 방법을 숙지한다.

(1) 부품을 바꾸는 방법

① 「부품 C1」을 더블클릭한다. 다음 그림에서 「...」을 클릭한다.

② 「RAD-0.3」을 「RAD-0.1」로 바꾸어준다.

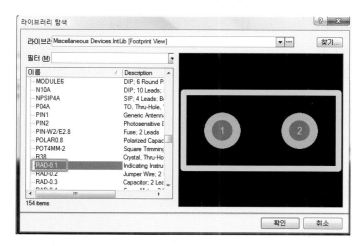

③ C2도 마찬가지로 위 작업을 반복한다. 수정을 마친 후에는 Design 〉 Update Schematic in (MULTI.PrjPCB)을 선택한다.

(2) 여러 부품을 한꺼번에 바꾸는 방법

① Footprint를 바꿔야 할 부품을 선택한다.

② PCB Inspector 패널에서 Footprint 안의 내용을 수정하면 된다.

③ 주의할 점은 반드시 바꿔야 할 Footprint 명칭을 알고 작업해야 한다.

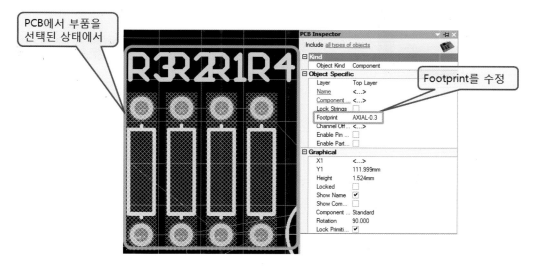

PCB Board를 설계하기 위해서 부품을 배치하는 방법에 대해서 알아보도록 한다.

(1) 전체적인 보드를 보기 위해서 단축키 V + D 를 누른다.

좌측은 보라색으로 된 KeepOut Layer로 그려진 보드 외곽을 볼 수 있고, 우측은 부품이 나열되어 있는 것을 확인할 수가 있다. 부품을 감싸고 있는 Place Room을 선택하여 삭제한다.

(2) Net 색상 변경 방법

Net 색상을 바꾸는 방법이다. Net 색상을 바꾸는 이유는 라우팅 작업과 배치에서 작업할 때 여러 가지 Net를 피해서 중요한 Net에 색상을 바꿔주면 작업 중 많은 도움이 되기 때문이다.

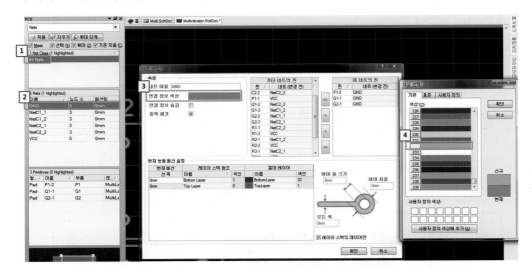

위 그림에서 원하는 Net의 색상을 바꿀 수 있다.

① 좌측 PCB Pannel에서 「All Nets」를 클릭한다.

② 바로 밑에 해당하는 「Net(GND)」를 더블클릭한다.

③ Edit Net(네트 편집) 창에서 「연결 정보 색상」란에 있는 색상을 클릭한다.

④ 색상 선택 창에서 원하는 색상을 지정한다.

위와 같은 방법으로 12V와 GND Net를 바꿔보자.

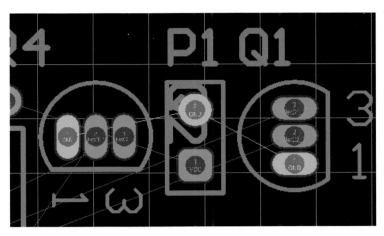

▲ 그림 GND Net 색상 변경

(3) 부품을 이동하기 위해서는 마우스를 부품 위에 올려놓은 상태에서 왼쪽 버튼을 누른 상태로 드래그를 하면 이동된다.

또 하나의 방법은 단축키 [M]+[C]를 클릭한 후 커서가 생기면 바로 부품을 클릭하여 이동할 수가 있고 아무것도 없는 바탕에 찍으면 다음 그림과 같은 메뉴가 나온다.

여기서 해당하는 부품을 클릭하거나 위 칸에 부품번호(Designator)를 입력하면 부품을 바로 이동할 수가 있다.

맨 밑에 있는「커서로 부품 이동」을 반드시 체크하여야 한다.「커서로 부품 이동」이 체크되어 있어야만 부품이 커서로 자동으로 이동된다.

이러한 방법으로 다음 그림과 같이 부품을 보드 안쪽으로 배치한다.

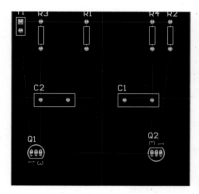

▲ 그림 **부품 배치**

부품 이동 시 부품을 회전할 경우 Spacebar 키를 한 번씩 누르면 90°씩 회전한다.

부품을 Top에 배치하는 것이 아니라 Bottom에 배치할 경우에는 키보드 L 키를 누르면 부품이
자동으로 Bottom에 배치된다.

(4) 회로도에서 선택한 부품 배치 방법

① 회로도에서 PCB에 배치할 심벌을 선택한다. 여기서 선이 같이 선택되어도 무관하다.

② Tools 〉 Select PCB Components를 선택한다.

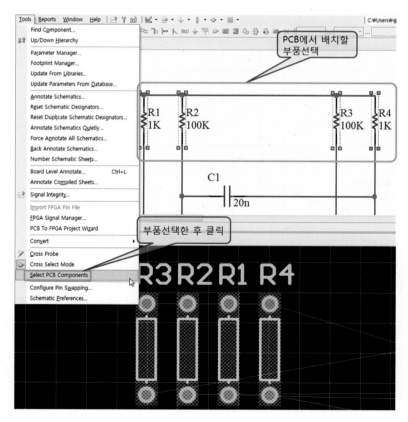

③ PCB 상에서 선택된 부품을 볼 수 있다. 여기서 그냥 움직이면 엉망이 될 수 있기 때문에 배치될 영역 가까운 곳에 모아 놓는 방법이다.

④ Tools 〉 Component Placement 〉 Arrange Within Rectangle을 선택하여 배치될 가까운 곳에 박스를 그려주면 그 안에 부품이 가지런히 이동된다.

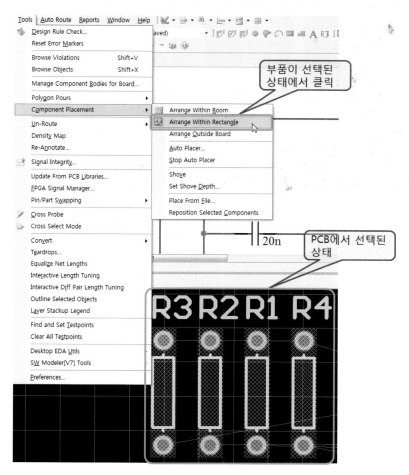

(5) 부품 배치 시 정리(Align) 방법 (단축키 A)

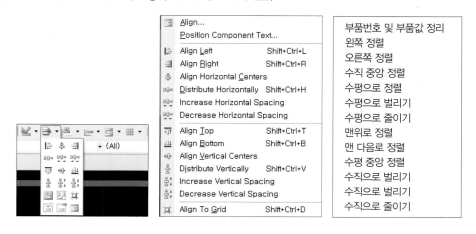

작업 방법은 정리할 부품을 선택한 후 위 그림과 같이 정리할 아이콘을 사용하여 배치한다.

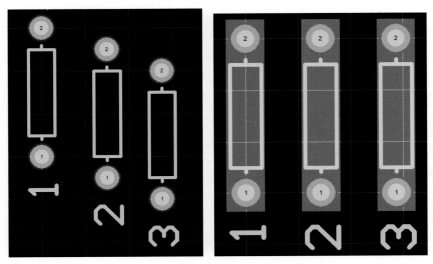

▲ 그림 수정 전   ▲ 그림 수정 후

10 ToolBar 설명

1 Wiring 툴바

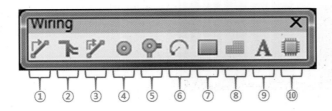

Wiring 메뉴	사용 방법
① Interactively Route Connection	연결된 Net를 Routing 연결(배선 작업)
② Interactively RouteMultiple Connection	다중 연결된 Net를 Routing 연결
③ Interactively Route Differential Pair Connection	Pair로 되어 있는 Net를 쌍으로 Routing 연결
④ Place Pad	Pad 사용
⑤ Place Via	Via 사용
⑥ Place Arc	원 또는 호를 그릴 때 사용
⑦ Place Fill	Net가 없는 면적을 채울 때 사용

⑧ Place Polygon	Copper 사용 시 Net를 가지고 있는 곳을 동박 처리
⑨ Place String	글자(Text)를 입력할 때 사용
⑩ Place Component	부품을 배치할 때 부품을 검색 및 배치 사용

(1) Interactively Route Connection ··········①

부품과 부품이 연결되어 있는 Net를 보고 Track으로 연결하는 기능이다. 부품에 연결된 Net 정보를 클릭하여 마지막 PAD를 연결하면 Net 정보는 자동으로 사라진다.

사용자가 수동으로 배선하는 방법에 대해서 알아보도록 한다.

① Place 〉 Interactive Routing을 클릭한다.

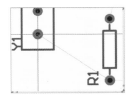
Track을 시작할 곳을 클릭하고, 커서를 R1의 다음쪽 Pad로 이동한다.

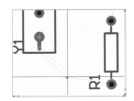
Connection Line은 원하는 곳으로 이동할 때 목적지를 가르쳐 주어야 한다.

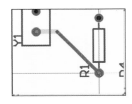
하나의 Segment는 배치된 상태이고, 커서를 이동시켜 R1의 Pad로 이동한다.

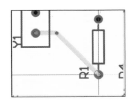
두 번째 Track Segment를 배치하기 위해 마우스의 왼쪽 버튼을 클릭한다.

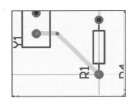

세 번째 클릭을 하여 두 번째 Track Segment를 배치하면, 이 Connection에 대한 Route를 끝낸 것이다.

② Route Mode

Routing을 할 때 45°, 90°, 90°Arc, Soft Arc를 바꾸려고 할 때에는 Shift 키를 누른 상태에서 Spacebar 키를 한 번씩 눌러보면 모양이 바뀌는 것을 볼 수 있다.

Top에서 Bottom으로 Layer를 바꿀 경우 키보드 우측에 있는 * 키를 클릭하면 Layer가 바뀐다.

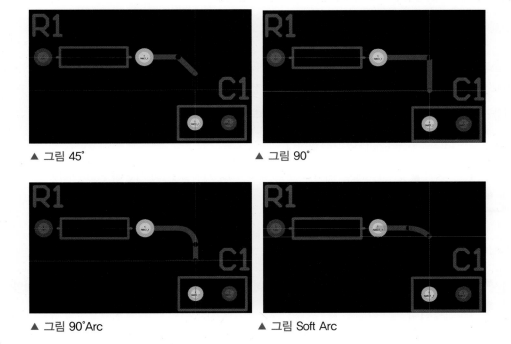

▲ 그림 45° ▲ 그림 90°

▲ 그림 90°Arc ▲ 그림 Soft Arc

그냥 Spacebar 키를 누를 경우에는 상하반전이 되는 것을 볼 수 있다.

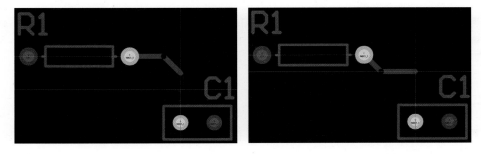

화면 맨 다음에 있는 Mask Level을 조정하면 라우팅하는 Net만 선명하게 볼 수 있다. 조정레벨을 밑으로 내릴수록 어두워진다.

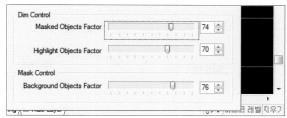

클릭 한다.

■ Interactive Routing Shortcuts

~ (tilde)	단축키의 표시
F1	도움말 표시
Ctrl + Click	끝 지점까지 자동배선 기능
Backspace	앞 작업으로 가기
ESC	명령 취소하기
Shift + A	트랙튜닝 [길이조정 / 아코디언 작업] (interactive length tuning)
Shift + G	트랙 총길이 표시
Shift + H	상하 토글 및 허그모드 세팅
L	레이어 변경(비아 생성 안됨)
Shift + R	자동각도 및 상하반전 변경
Shift + V	자주 사용하는 Via를 대화창 보면서 선택
Shift + W	자주 사용하는 Track을 대화창 보면서 선택
, (comma)	Arc 라우팅 모드에서 Arc 각도 늘리기 조정
Shift + . (comma)	Arc 라우팅 모드에서 Arc 각도 늘리기 10× 조정
. (full stop / period)	Arc 라우팅 모드에서 Arc 각도 줄이기 조정
Shift + . (dot)	Arc 라우팅 모드에서 Arc 각도 줄이기 10× 조정
Enter	현재 위치에서 한 세그먼트 지정
+ (plus)	다음 레이어 변경−자동 비아 생성(numeric keyPad)
− (Minus)	이전 레이어 변경−자동 비아 생성(numeric keyPad)
* (Multiply)	다음 레이어 변경−자동 비아 생성(numeric keyPad)
Spacebar	상하반전
Shift + Spacebar	배선 각도 변경(45°, 90°, 90°Arc, Soft Arc)
Tab	트랙에 대한 속성창 보기
1	현재 레이어의 Via 추가 기능에서 Via 위치를 앞/뒤 선택
2	현재 레이어의 Via 추가 기능
3	사용했던 트랙 두께 선택
4	사용했던 Via 선택
7	서로 여러 개 연결된 Net를 원하는 하나의 Net 선택 시 사용
9	연결된 Net에 반대편 쪽으로 이동

■ Interactive Differential Pair Routing Shortcuts

~ (tilde)	단축키의 표시
Ctrl + Click	끝지점까지 자동배선 기능
Backspace	앞 작업으로 가기
Shift + Backspace	마지막 작업 제거
ESC	명령 취소하기
Shift + R	자동각도 및 상하반전 변경
Shift + W	자주 사용하는 Track을 대화창 보면서 선택
Enter	현재 위치에서 한 세그먼트 지정
+ (plus)	다음 레이어 변경–자동 비아 생성(numeric keyPad)
− (Minus)	이전 레이어 변경–자동 비아 생성(numeric keyPad)
* (Multiply)	다음 레이어 변경–자동 비아 생성(numeric keyPad)
Spacebar	상하반전
Shift + Spacebar	배선 각도 변경(45°, 90°, 90°Arc, Soft Arc)
Tab	트랙에 대한 속성창 보기
3	사용했던 트랙 두께 선택
4	사용했던 Via 선택
5	서로 여러 개 연결된 Net를 원하는 하나의 Net 선택 시 사용
6	연결된 Net에 반대편 쪽으로 이동
7	서로 여러 개 연결된 Net를 원하는 하나의 Net 선택 시 사용

■ Interactive Length Tuning Shortcuts

~ (tilde)	단축키의 표시
Tab	Interactive Length Tuning에 대한 속성창 보기
Backspace	앞 작업으로 가기
Spacebar	상하반전
Shift + Spacebar	배선 각도 변경(45°, 90°, 90°Arc, Soft Arc)
, (comma)	하나의 패턴이 증가하여 진폭 감소
. (full stop / period)	하나의 패턴이 증가하여 진폭 증가
1	현재 레이어에 Via 추가 기능에서 Via 위치를 앞/뒤 선택
2	현재 레이어에 Via 추가 기능
3	사용했던 트랙 두께 선택
4	사용했던 Via 선택
Y	상하반전

(2) Interactively Route Multiple Connection ·············②

다중 배선 작업에 대한 설명이다.

다음과 같이 Component에서 나란히 뻗은 Net를 한 번에 배선하는 방법이다.
라우팅을 한꺼번에 뽑아낼 때 사용한다.

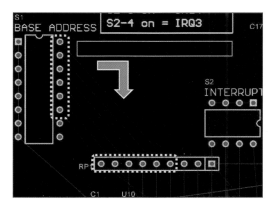

① Layer set

주변에 있는 레이어를 잠시 보이지 않게끔 하는 기능이 Layer Set(레이어 설정)이다.
우선 배선 작업을 편하게 하기 위해서 「Signal Layers」 모드로 놓고 작업한다.

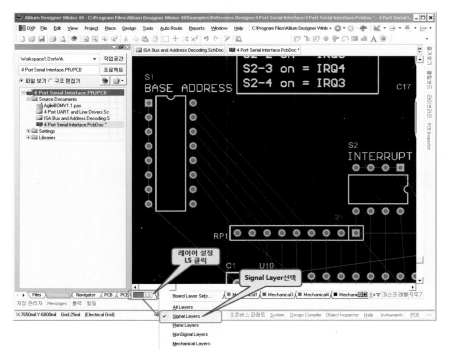

② Pad 설정

Multiple Connection에 해당하는 Pad를 잡는 방법이다. 다른 부품이 잡히면 다중배선에 기능이 동작하지 않는다.

㉠ Edit 〉 Select 〉 Touching Line을 선택한다. → E + S + L 키

㉡ Pad를 선택할 때 반드시 Ctrl 키를 누른 상태에서 라인을 그려서 선택한다.

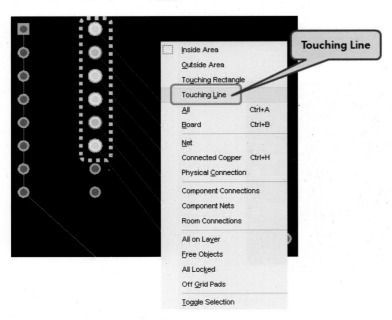

③ 다중배선 작업

㉠ 다중배선하기

Place 〉 Interactive Multi-Routing을 선택하고 라우팅을 시작할 Pad를 클릭하여 일반 라우팅하고 똑같이 작업한다.

㉡ 다중배선 간 간격조정하기

Interactive Multi-Routing 중에 ⇄ 키를 눌러서 공백값을 정의하여 사용자가 간격을 조정할 수 있다. 또는 < : 줄이기, > : 늘리기를 이용하여 간단히 작업할 수 있다.

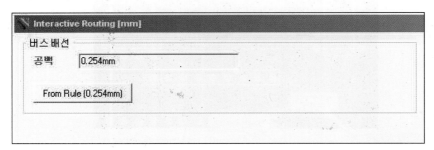

(3) Interactively Route Differential Pair Connection ··········③

차동 배선하기 위해서 회로도 또는 PCB 상에서 'Differential Pair'를 세팅할 수 있다. 세팅되어 있는 Net를 선택하면 'P', 'N' 타입의 Track을 똑같이 Route할 수 있는 기능이다.

(4) Place Pad ··········④ / Place Via ··········⑤

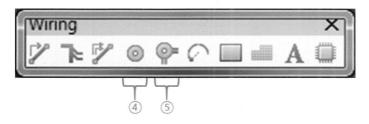

리드를 가지고 있는 부품 또는 나사홀을 가공하여 삽입할 리드를 가공할 때 사용한다.

① Pad의 Layer

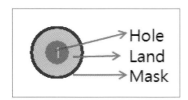

위의 그림은 Pad에 대해서 보여주고 있다.

전체적으로는 Pad라 부르지만 그 안에 있는 Layer를 살펴보도록 한다.

㉠ Hole : 드릴로 가공될 구멍이다.

㉡ Land : 납이 묻을 수 있는 곳인 Top과 Bottom Layer를 같이 가지고 있다. (Multi Layer)

㉢ Mask : 레지스트리를 입혔을 때 납이 올라오는 면적 Top과 Bottom Layer를 같이 가지고 있다.

② Pad의 속성

다음 그림에서 Pad 속성에 대해서 설명한다.

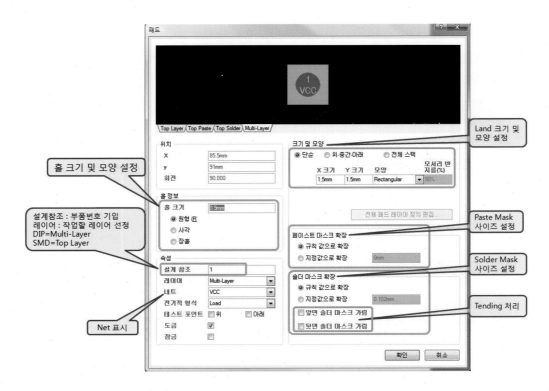

Pad 모양이나 Hole 모양을 이 창에서 작업할 수 있다.

㉠ 내층 Pad 설정

내층에 Pad 또는 Via에 사이즈를 다르게 가지고 있을 경우 사용한다.

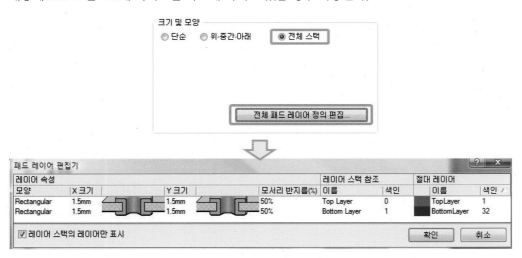

ⓛ 사각 Pad의 모서리 부분을 다듬는 방법

PCB Design을 하다보면 1번 Pad는 사각으로 많이 설정하곤 한다. 이때 모서리 부분 때문에 패턴을 돌리지 못하는 경우에 사용한다. 모양에서 「Rounded Rectangle」을 선택하고 옆에 있는 모서리 반지름을 조정하여 작업한다.

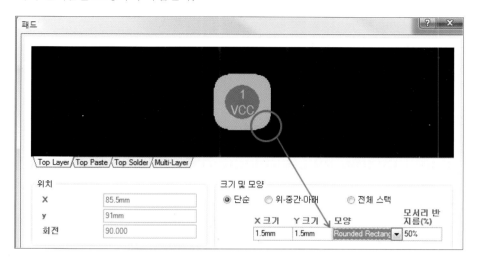

(5) Place Arc By Edge ············⑥

원호의 끝부분을 가지고 호를 그릴 때 사용한다.

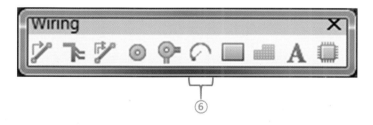

(6) Place Fill ············⑦

넓은 면적에 대해서 간단히 Copper를 씌우는 작업이다. Net를 지정할 수 있기 때문에 원하는 부위에 쉽게 작업하고 편집 및 삭제가 용이하다.

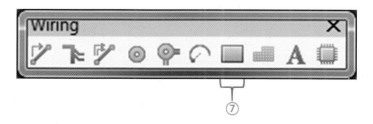

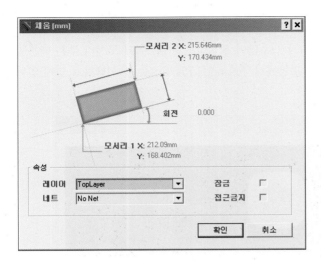

(7) Place Polygon ·········⑧

Fill과 마찬가지로 넓은 면을 Copper로 씌울 때 사용하고 똑같은 Net끼리 연결하고 다른 Net는 연결하지 않는다. 다양한 모양으로 Copper를 만들 수 있다.

⑧

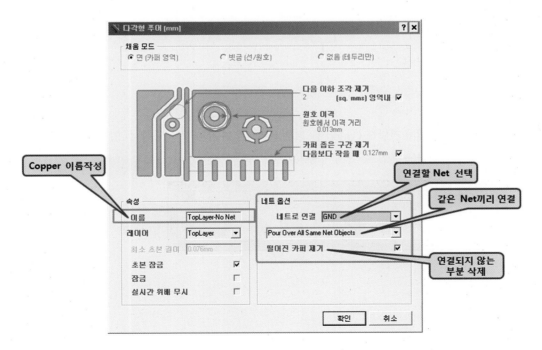

위 그림에서 주의할 사항은 Polygon 이름이다. 다른 Polygon에도 똑같은 이름을 사용하지 않도록 주의하여야 한다.

우측 「네트 옵션」에서는 연결할 Net를 선정하고 「Pour Over All Same Net Objects」를 꼭 선택한다. 그리고 「떨어진 카퍼 제거」를 체크하여 연결되지 않는 부분은 자동으로 삭제한다.

(8) Place String ··········⑨

PCB Board에 글자를 입력하는 방법이다.

① 벡터 글꼴

② 트루타입 글꼴

③ 바코드 입력

(9) Place Component ··········⑩

PCB에서 부품을 임의적으로 불러들일 때 사용한다. 풋프린트란의 우측에 있는 「...」를 클릭하여
부품에 대한 정보를 보면서 부품을 찾을 수 있다.

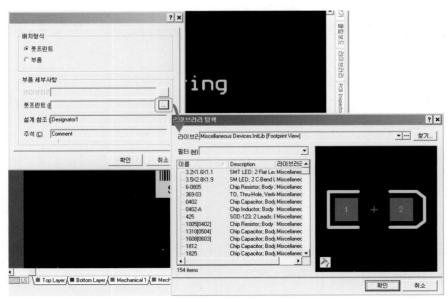

2 Utilities 툴바

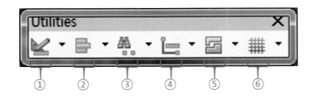

Wiring 메뉴	사용 방법
① Utility Tools	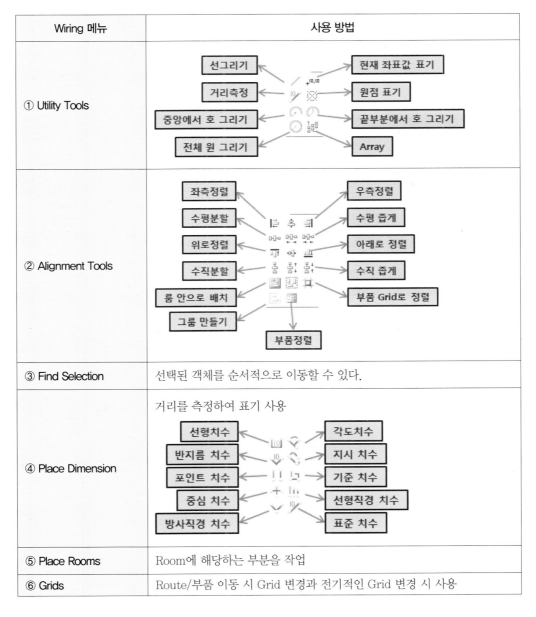
② Alignment Tools	
③ Find Selection	선택된 객체를 순서적으로 이동할 수 있다.
④ Place Dimension	거리를 측정하여 표기 사용
⑤ Place Rooms	Room에 해당하는 부분을 작업
⑥ Grids	Route/부품 이동 시 Grid 변경과 전기적인 Grid 변경 시 사용

위 Utilities 툴바의 사용에는 선택되어 있을 때 반영되는 기능들이 있다. 아이콘의 사용이 가능하지 않다면 객체를 선택하고 다시 시도해 본다.

자동으로 Routing을 하는 방법에 대해서 알아보도록 한다.

Auto Route의 기반은 Design Rules에서 설정한 값을 가지고 작업하기 때문에 많은 설정을 할수록 Route에서 성능을 볼 수가 있다.

(1) Tools 〉 Un-Route 〉 All을 선택한다. → ⓣ + ⓤ + ⓐ 키

　　Route 작업한 것을 처음으로 전부 지운다.

(2) Autoroute 〉 All을 선택한다. → Alt + ⓐ + ⓐ 키

　　[Route All] 버튼을 클릭한다.

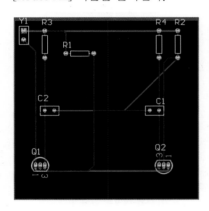

왼쪽 그림과 같이 Route 작업을 마친 모양을 볼 수 있다.

화면을 정리하기 위해 키보드 End 키를 누르면 화면에 잔상을 처리할 수 있다.

보드만 화면으로 보려면 View 〉 Fit Board를 선택한다. → ⓥ + Ｆ

사용자가 원하는 작업을 다양하게 작업할 수 있다.

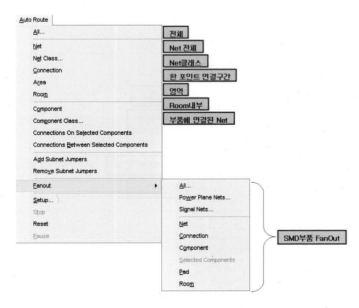

12 Design Rule Check [PCB 오류검사]

Design Rule Check의 검증은 Design Rules 안에 설정한 값을 기반으로 체크한다. PCB Board 디자인을 검증하는 방법에 대해서 알아보도록 한다.

(1) Design 〉 Board Layers & Color를 선택한다. → Ⓛ 키

DRC Error Markers를 찾아서 체크박스를 체크한다.

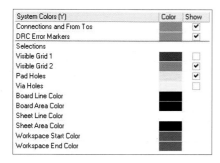

(2) Tools 〉 Design Rule Check를 선택한다. → Ⓣ + Ⓓ 키

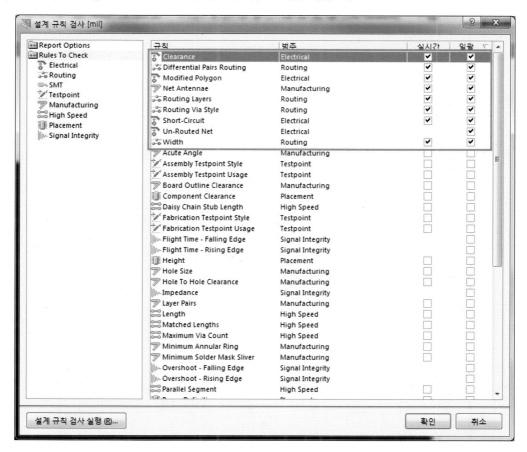

(3) Design Rule Checker 안에서 [Rules To Check]를 클릭한다. 그리고 우측(Rule)에 있는 창에 마우스의 우측 버튼을 클릭해 Online과 Batch를 Used on해 준다.

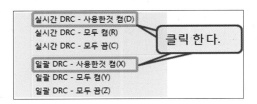

(4) [Run Design Rule Check] 버튼을 클릭한다. 에러가 있을 경우에는 Messages Panel에 리스트가 올라온다. 해당하는 에러를 더블클릭하면 에러가 난 위치로 자동으로 이동한다.

이러한 방법으로 에러를 확인한다. 또한 PCB에서 눈으로 확인할 수 있도록 녹색으로 강조되는 것을 알 수 있다.

(5) 회로와 PCB가 서로 맞지 않는 경우에 나타나는 메시지를 볼 수 있다.

위와 같은 에러 메시지가 나올 경우 부품에 대한 링크를 해 주어야 한다.

(6) Component Link 방법

Project 〉 Component Links…를 클릭한다.

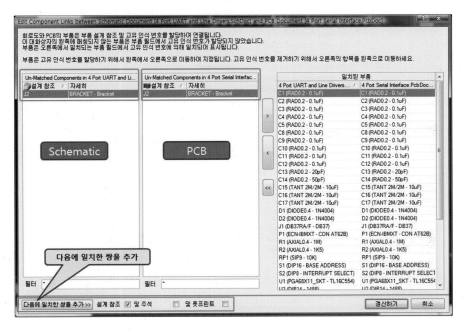

위와 같이 Un-Match가 되는 부품이 있다면 좌측 하단에 있는 [다음에 일치한 쌍을 추가] 버튼을 클릭하여 Component Link를 한다. 그리고 우측 하단에 있는 [갱신하기] 버튼을 클릭한다. 다음과 같이 Component Link가 된 것을 볼 수 있다.

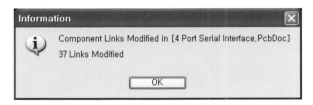

(7) 에러 메시지를 이용하여 작업파일의 에러 부분을 찾아 볼 수 있다.

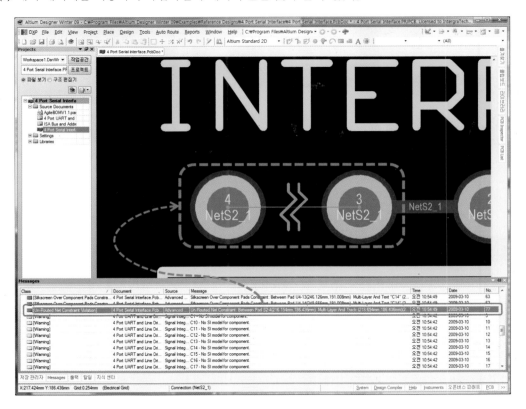

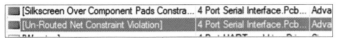

위와 같이 「Un-Routed Net Constrant Violation」 메시지를 더블클릭해서 확인할 수 있다.

또 다른 방법은 PCB Pannel을 이용하여 메시지를 찾아볼 수 있다. PCB Pannel에서 「Rules and Violation」을 체크하고 Violation 항목에서 원하는 에러를 더블클릭하여 위배 세부사항 메시지 창에서 점프를 클릭하여 찾아볼 수 있다.

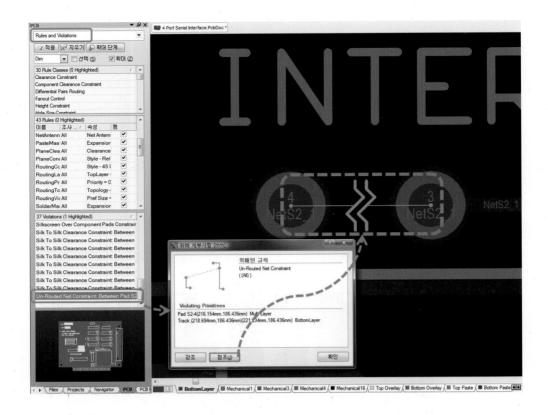

PCB 작업이 다 끝나면 Output Data를 작성하여야 한다. 여러 가지의 데이터를 일괄적으로 뽑아 주는 기능에 대해서 알아보고 다음과 같은 파일만 뽑았을 경우에 대해서 살펴보기로 한다.

[가공]	• Gerber Data : 필름제작	• NC Drill Data : 드릴데이터
[조립]	• Pick & Place : 자삽데이터	• Bill of Materials : 부품 리스트

(1) File 〉 New 〉 Output job File을 클릭한다.

다음 그림과 같이 Project에서 마우스 우측 버튼을 클릭하여 'Output Job File'(Add New to Project-Output job File)을 생성할 수 있다.

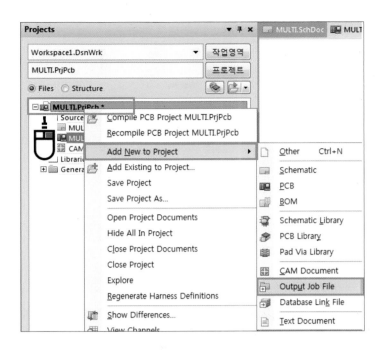

다음 그림과 같이 Output job File에 해당하는 화면을 볼 수 있다.

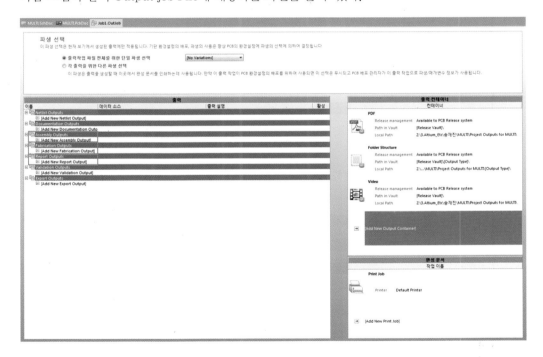

이제 사용자가 원하는 것만 출력할 수 있는 기능에 대해서 알아보도록 하겠다.

(2) Output Job File 파일 생성하기

다음 그림과 같이 작업파일을 하나씩 선택한다.

① Pick and Place Files(자삽 데이터 생성)

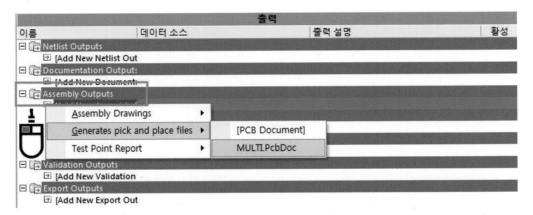

② Gerber Files(각 레이어 필름 제작)

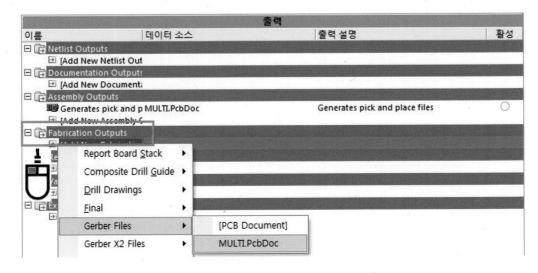

③ NC Drill Files(드릴 가공 데이터 생성)

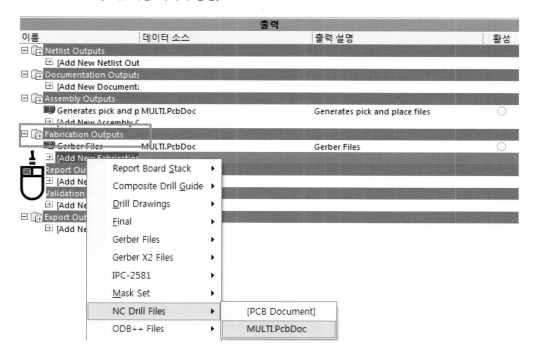

④ Bill Of Materials(자재(부품) 리스트 생성)

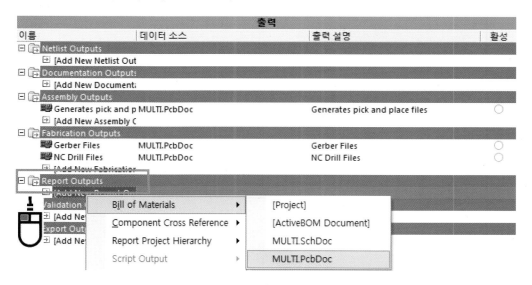

다음 그림은 출력할 항목에 대해서 볼 수 있다.

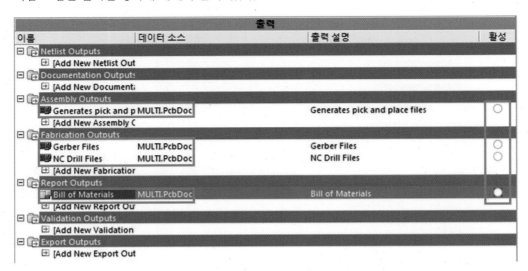

(3) Output Job File 속성 입력하기

해당하는 Job File에서 마우스의 우측 버튼을 클릭하고 「Configure」를 선택하여 각 데이터에 옵션을 선택하여 준다.

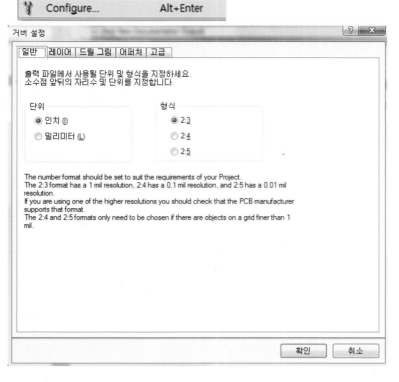

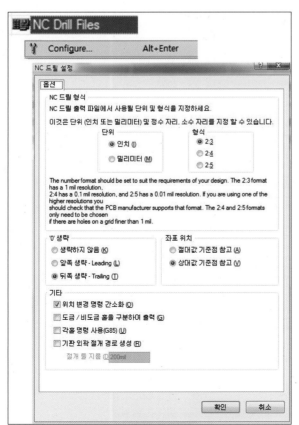

(4) Output Job File 출력하기

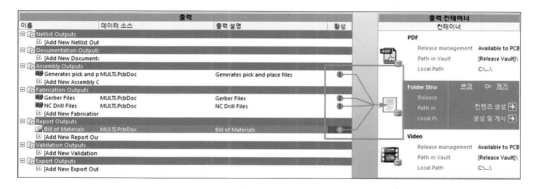

① 출력파일 선택하기

위 그림에서 우측에 있는 「Folder Structure」를 선택하고 좌측에 원형으로 되어 있는 부분을 클릭하면 그림과 같이 숫자가 자동으로 기입된다. 여기서 숫자는 실행되는 순번이라 볼 수 있다.

② 출력파일 설정하기

앞에서 설정한 Output Job File을 일괄적으로 뽑고 Gerber Data에 대해서는 CAMtastic에서 볼 수 있게 자동으로 Import한 후 View할 수 있는 설정을 알아보도록 한다.

CAMtastic에서 볼 수 있게 하기 위해서는 Tools 〉 Container Setup...을 클릭한다.

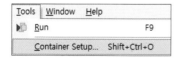

다음 그림에서 [Advanced] 버튼을 클릭한다.

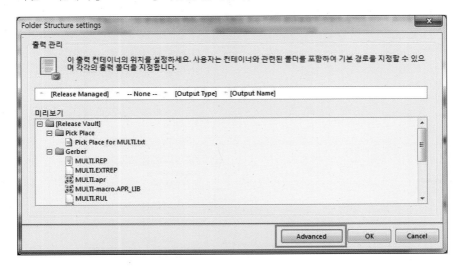

다음 그림에서 출력할 파일 중 CAMtastic에서 볼 File을 선택하여 CAM 파일을 자동으로 확인할 수 있다.

다음에 있는 내용을 「Folder Structure settings」 창에서 체크한다.

ⓐ 「거버 출력」

ⓑ 「NC 드릴 출력」

ⓒ 「생성 후 자동읽기 옵션 초기화」

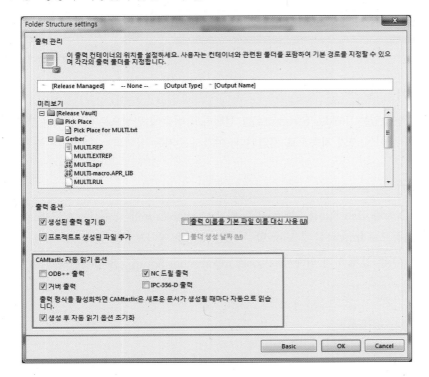

③ 데이터 출력하기

일괄적으로 데이터를 출력하기 위해서 Tools 〉 Run(F9 키)을 클릭한다.

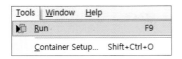

위 작업을 하면 데이터가 전체적으로 출력되는 것을 볼 수 있다.

(5) Output Job File 확인하기

Output 위에서 마우스 우측 버튼을 클릭하여 「Explore」를 클릭한다.

데이터를 직접 확인하기 위해서 Window에서 사용하는 탐색기를 불러오는 방법에 대해서 알아보도록 한다.

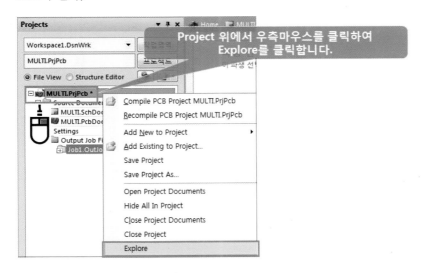

다음과 같이 탐색기를 살펴볼 수 있다.

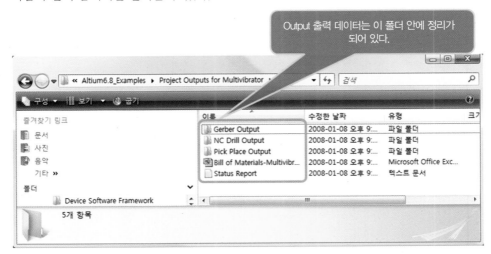

14 · 메뉴얼 PCB 가공, 조립 데이터 생성

Gerber, NC drill, pick and place, bill of materials, testpoint Files를 작성하는 방법에 대해서 알아보도록 한다. 앞에서 배운 Project 〉 Output Jobs에서 데이터를 뽑을 수도 있지만 File 〉 Fabrication Outputs을 사용하여 개별적으로 작성할 수가 있다.

(1) Generating Gerber Files

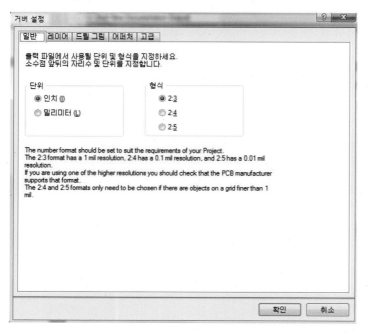

보드사이즈가 클 경우는 다음과 같다.

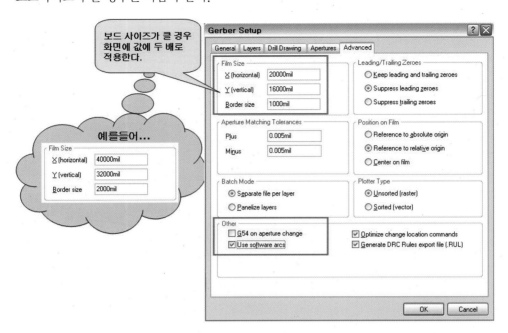

위 화면과 같이 보드가 클 경우에는 Film Size를 조정하여 Gerber를 작성한다.

작성 방법은 그림과 같이 해당 값을 각각 두 배로 입력한다.

예 [X:40000 / Y:32000 / B:2000], [X:80000 / Y:64000 / B:4000]…

Gerber File이 자동으로 폴더에 저장되고 CAMtastic이 자동으로 실행되면서 Gerber Data를 눈으로 확인할 수 있다.

🔍 알아두기   Gerber Data에 대한 확장자 설명

- PCBDesignName.GTO : Top Overlay
- PCBDesignName.GBO : Bottom Overlay
- PCBDesignName.GTL : Top Layer
- PCBDesignName.GBL : Bottom Layer
- PCBDesignName.G1, .G2, etc : Mid Layer 1, 2, etc
- PCBDesignName.GP1, GP2, etc : Power Plane 1, 2, etc
- PCBDesignName.GM1, GM2, etc : Mechanical Layer 1, 2, etc
- PCBDesignName.GTS : Top Solder Mask
- PCBDesignName.GBS : Bottom Solder Mask
- PCBDesignName.GTP : Top Paste Mask
- PCBDesignName.GBP : Bottom Paste Mask
- PCBDesignName.GDD : Drill Drawing

- PCBDesignName.GD1, GD2, etc : Drill Drawing: Top to Mid1, Mid2, Mid3, etc
- PCBDesignName.GDG : Drill Guide
- PCBDesignName.GG1, GG2, etc : Drill Guide − Top to Mid1, Mid2, Mid3, etc
- PCBDesignName.GPT : Pad Master Top
- PCBDesignName.GPB : Pad Master Bottom
- PCBDesignName.GKO : Keep Out Layer
- PCBDesignName.P01, P02, etc : Gerber Panels
- PCBDesignName.apr : Aperture File
- PCBDesignName.REP : Generation report, showing which Gerber Files have been generated

(2) NC Drill Files

① File 〉 Fabrication Outputs 〉 NC Drill Files을 선택한다.

NC Drill Setup 창에서 Unit과 Format의 형식을 Gerber Data와 동일하게 맞추어 주면 된다. 여기서 NC Drill과 Gerber Data에 데이터가 맞지 않을 경우에 PCB 작업이 진행되지 않을 수 있다.

② NC Drill Files은 자동으로 폴더에 저장되고 CAMtastic이 자동으로 뜨면서 NC Drill Data를 눈으로 확인할 수가 있다.

(3) Pick and place Files

① File 〉 Assembly Outputs 〉 Generates pick and place Files를 클릭한다.

pick and place setup(자삽 설정) 창에서 Formats(형식)란의 「CSV(구분자)」, 「TEXT(글자)」를 둘다 체크하여 데이터를 작성한다. Units(단위)란에서 단위를 설정한다. 여기서는 Metricmm로 작업하도록 한다.

② 다음 그림은 TEXT로 뽑았을 경우의 예이다.

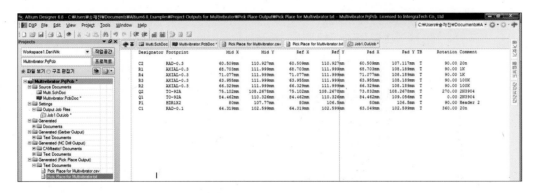

③ 다음 그림은 CSV로 만들어진 파일이다.

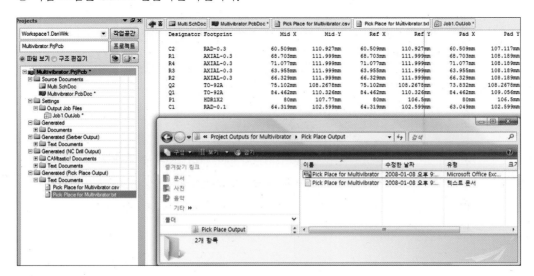

Designator	Footprint	Mid X	Mid Y	Ref X	Ref Y	Pad X	Pad Y	Layer	Rotation	Comment
C2	RAD-0.3	60.509mm	110.927mm	60.509mm	110.927mm	60.509mm	107.117mm	T	90	20n
R1	AXIAL-0.3	68.703mm	111.999mm	68.703mm	111.999mm	68.703mm	108.189mm	T	90	1K
R4	AXIAL-0.3	71.077mm	111.999mm	71.077mm	111.999mm	71.077mm	108.189mm	T	90	1K
R3	AXIAL-0.3	63.955mm	111.999mm	63.955mm	111.999mm	63.955mm	108.189mm	T	90	100K
R2	AXIAL-0.3	66.329mm	111.999mm	66.329mm	111.999mm	66.329mm	108.189mm	T	90	100K
Q2	TO-92A	75.102mm	108.2678mm	75.102mm	108.2678mm	73.832mm	108.2678mm	T	270	2N3904
Q1	TO-92A	84.462mm	110.326mm	84.462mm	110.326mm	84.462mm	109.056mm	T	0	2N3904
P1	HDR1X2	80mm	107.77mm	80mm	106.5mm	80mm	106.5mm	T	90	Header 2
C1	RAD-0.1	64.319mm	102.599mm	64.319mm	102.599mm	63.049mm	102.599mm	T	360	20n

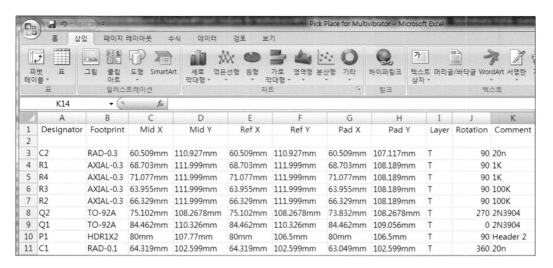

(4) Bill of Materials

PCB에 들어가는 재료에 대한 Report를 뽑는 방법에 대해서 알아보도록 한다.

① PCB 창에서 Reports 〉 Bill of Materials를 선택한다.

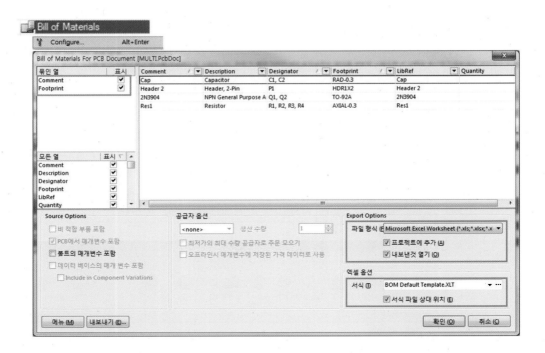

위 그림에서 BOM Data가 완성되었다. 이것을 Excel로 데이터를 변경하기 위해서 Template을 클릭하여 「BOM Default Template.XLT」를 선택한다. 그리고 [Excel...] 버튼을 클릭한다.

② List Bill of Materials

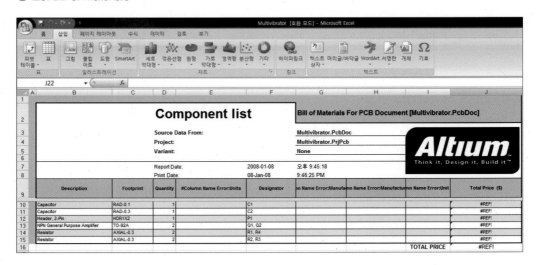

Altium Designer에서는 Gerber 또는 NC Drill을 뽑을 경우 자동으로 CAMtastic이 실행된다. Gerber를 바로 볼 수 있어서 사용자가 편리하게 Gerber를 수정할 수 있다.

여기서는 사용설명보다 프린트를 중심으로 설명할 것이다. 원하는 Layer를 선택하여 출력하는 방법에 대해서 알아보도록 한다.

(1) Camtastic Panel의 Layer 위에서 마우스 우측 버튼을 클릭한다. 그림처럼 「All OFF」를 클릭하여 체크를 다 빼준다.

(2) 출력할 Layer를 선택한다.

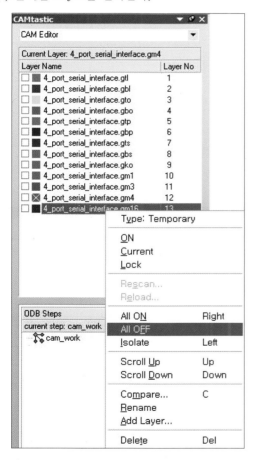
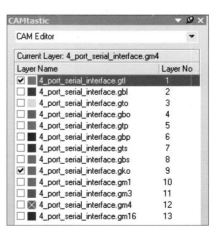

위 그림은 gko와 gtl을 선택한 모습이다.

(3) 보드 외곽과 Top Layer를 출력하기 위해서 프린트 미리보기()를 클릭한다.

(4) 「Extents(전체)」를 체크한다.

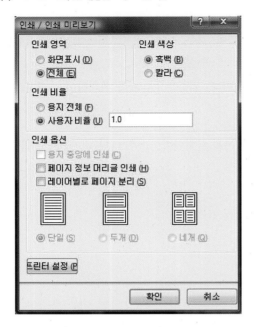

(5) 「User Scale(사용자 비율)」로 체크한 후 [확인] 버튼을 클릭한다.

(6) 프린트될 영역을 다음 그림과 같이 볼 수 있다.

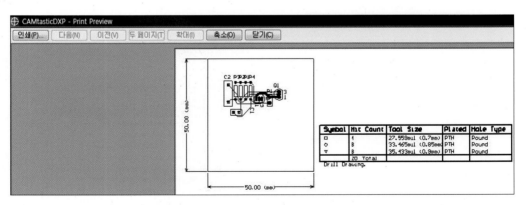

(7) 각각 레이어를 선택하여 지금과 같은 방법으로 출력하면 된다.

전자캐드기능사 문제 출력하기

- Gerber Data에 대한 확장자 설명
- PCBDesignName.GTO : Top Overlay
- PCBDesignName.GBO : Bottom Overlay
- PCBDesignName.GTL : Top Layer
- PCBDesignName.GBL : Bottom Layer
- PCBDesignName.GTS : Top Solder Mask
- PCBDesignName.GBS : Bottom Solder Mask
- PCBDesignName.GG1, GG2, etc : Drill Guide : Top to Mid1, Mid2, Mid3, etc
- PCBDesignName.GD1, GD2, etc : Drill Drawing : Top to Mid1, Mid2, Mid3, etc
- PCBDesignName.GKO : Keep Out Layer

위와 같이 기본적인 Gerber 확장자를 알아두면 출력하기 편리하다.

① Camtastic Pannel에서 마우스의 우측 버튼을 클릭하여 All OFF한다. 레이어를 다 Hide한 상태에서 작업한다.

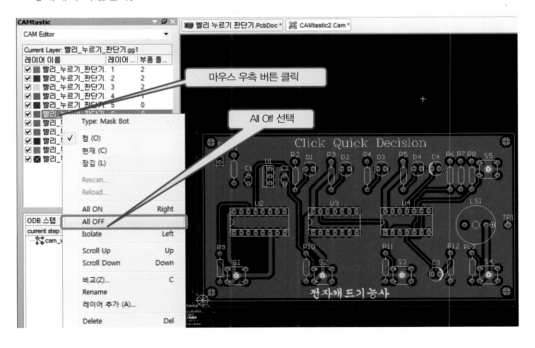

② Top Layer 출력하기

PCBDesignName.GTL : Top Layer + PCBDesignName.GKO : Keep Out Layer

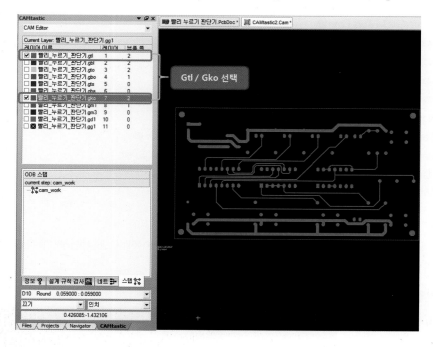

③ Bottom Layer 출력하기

PCBDesignName.GBL : Bottom Layer + PCBDesignName.GKO : Keep Out Layer

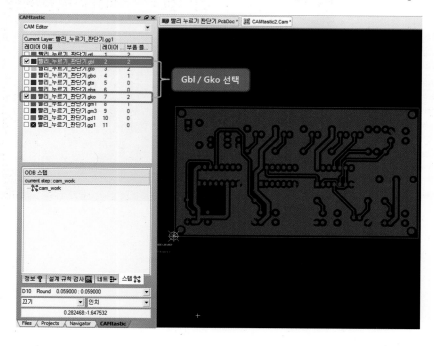

④ Solder Mask Top Layer 출력하기

PCBDesignName.GTS : Top Solder Mask + PCBDesignName.GKO : Keep Out Layer

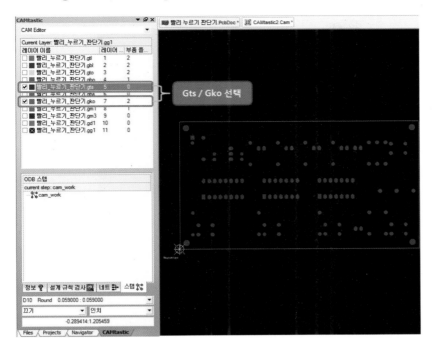

⑤ Solder Mask Bottom Layer 출력하기

PCBDesignName.GBS : Bottom Solder Mask + PCBDesignName.GKO : Keep Out Layer

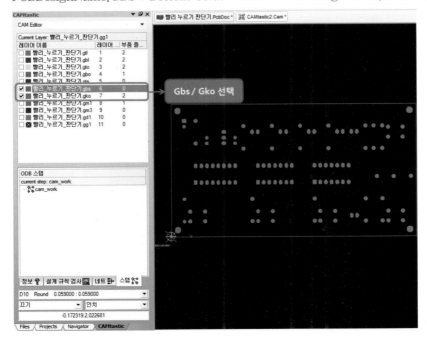

⑥ Silk Screen 출력하기

PCBDesignName.GTO : Top Overlay + PCBDesignName.GKO : Keep Out Layer

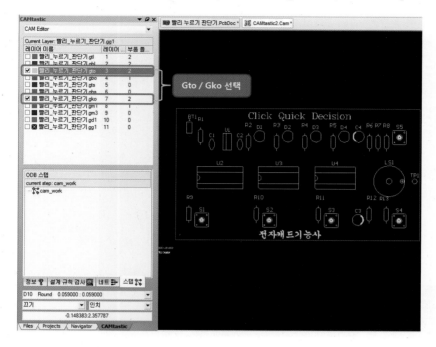

⑦ Drill Drawing 출력하기

PCBDesignName.GG1 + PCBDesignName.GD1 + PCBDesignName.GKO : Keep Out Layer

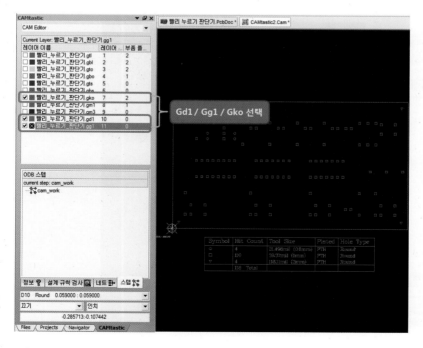

■ Design Explorer Shortcuts

Left-Click	선택하기
Double	부품 속성 보기
Right-Click	마우스 우측 버튼 pop-up menu
Ctrl + F4	폴더 닫기
Ctrl + Tab	폴더 이동
Drag & Drop from	
one Project to another	선택해서 이동
File Explorer to Design	Open selected document as a free document
Explorer	Design Explorer DXP 닫기
Alt + F4	

■ Common Schematic and PCB Shortcuts

Shift	기능 선택 후 빨리 이동하기
Y	부품 배치 시 Y축을 대칭하여 미러
X	부품 배치 시 X축을 대칭하여 미러
Shift+ ↑ ↓ ← →	그리드 10칸씩 이동
↑ ↓ ← →	그리드 1칸씩 이동
Space	screen re-draw
Esc	명령 해제
End	잔상 제거
Home	커서를 중심으로 이동하기
PageDown or Ctrl + mouse wheel	축소
PageUp or Ctrl + mouse wheel	확대
Mouse wheel	페이지 상, 하 이동
Shift + mouse wheel	페이지 좌, 우 이동
Ctrl + Z	Undo
Ctrl + Y	Redo
Ctrl + A	전체 선택
X + A	전체 해제
Ctrl + S	저장하기
Ctrl + C	복사
Ctrl + X	잘라내기

Ctrl + V	붙이기
Ctrl + R	복사한 내용을 여러 개 붙이기
Delete	삭제
V + D	전체 보기
V + F	내용물만 보기
Right-Click & Hold	화면을 손바닥으로 이동하기
Left-Click	선택하기
Right-Click	마우스 우측 버튼 Pop-up menu 또는 해제
Right-Click on object, select Find Similar	Find Similar dialog
Left-Click, Hold & Drag	박스 안 선택
Left-Click & Hold	선택된 것만 이동
Left Double-Click	부품 속성 보기
Shift + Left-Click	선택 및 해제
Tab	부품 선택 시 부품 속성 보기
Shift + C	화면정리
Shift + F	부품 Find Similar dialog
Y	Popup Quick Queries menu
F11	Toggle Inspector Panel on/off
F12	Toggle List Panel on/off

■ Schematic Shortcuts

Alt	Constrain object movement in Line horizontally and vertically
Spacebar	부품 이동 시 90° 회전
Spacebar	Wire/bus/Line 이용 시 상하반전
Shift + Spacebar	Wire/bus/Line 이용 시 배선모드 변환
Backspace	Wire/bus/Line/polygon 이용 시 전 작업으로 이동
Left-Click, Hold +Delete	When a Wire is focused to delete a vertex
Left-Click, Hold +Insert	When a Wire is focused to add a vertex
Ctrl + Left-Click & Drag	Drag object

■ PCB Shortcuts

Shift + R	Routing modes ignore, avoid, push obstacle 변경
Shift + E	Toggle electrical grid on/off
Ctrl + G	Pop up snap grid dialog
G	Pop up snap grid menu
N	부품 이동 시 Net 감추기/보이기
L	부품 배치 시 Top/Bottom 변경
Backspace	Track 작업 진행 시 전 작업으로 이동
Shift + Space	Routing 작업 시 배선모드 변경
Space	Routing 작업 시 상하반전
Shift + S	single Layer mode on/off
O + D + D + Enter	Display in draft mode
O + D + F + Enter	Display in final mode
O + D	Show/Hide Tab of Preferences dialog
L	View Board Layers dialog
Ctrl + H	Copper 선택하기
Ctrl + Shift + Left−Click	Break Track
+	Layer 시계 방향으로 이동
−	Layer 반시계 방향으로 이동
*	다음 Layer로 이동(비아 생성)
M + V	split Plane vertices
Alt	Track 작업 시 Alt 누른 상태에서 Track 형식을 avoid−obstacle to ignoreobstacle mode로 변경
Ctrl	Hold to temporarily disable electrical grid while Routing
Ctrl + M	Measure distance 거리 측정
Q	단위 변경(metric/imperial)

라이브러리

학습 목표

Library를 작성하는 방법에 대해 알아보도록 한다.

- Symbol 제작
- Component 제작
- 3D Component 제작
- 배포용 라이브러리 제작

관리용 라이브러리 제작

통합 라이브러리를 작성하는 방법에 대해서 알아보도록 한다. Schematic / PCB / 3D PCB / Simulation에 해당하는 전체적인 관리에서 사용 방법에 대해서 알아보도록 한다.

통합 라이브러리를 생성하는 이유는 관리자 측면에서 라이브러리 관리를 표준화하는 데 있다. 표준화된 라이브러리를 구성하여 사용자에게 배포할 라이브러리를 생성하는 데 목적을 둔다.

1 관리용 라이브러리 작성 방법

(1) 새로운 통합 라이브러리 작성 [File 〉 New 〉 Project…]

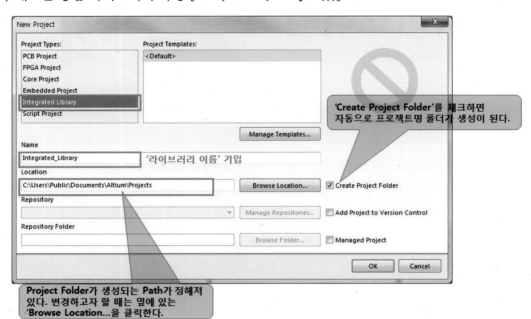

'Create Project Folder'를 체크하면 자동으로 프로젝트명 폴더가 생성이 된다.

Project Folder가 생성되는 Path가 정해져 있다. 변경하고자 할 때는 옆에 있는 'Browse Location…'을 클릭한다.

다음 그림과 같이 Projects Pannel에서 마우스 우측 버튼을 클릭하여 간단하게 Add New Project 〉 Integrated Library를 생성할 수도 있다.

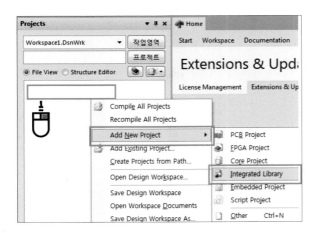

위 그림의 방법으로 통합 라이브러리 프로젝트를 생성한다.

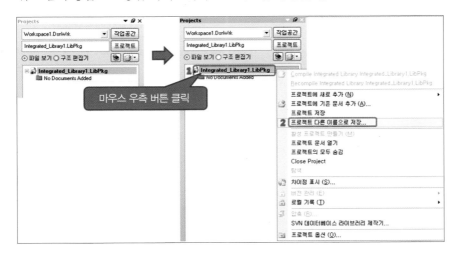

위 그림은 프로젝트를 다른 이름으로 작성하는 방법이다.

다음 그림에서처럼 LIBRARY 폴더를 만든 후 라이브러리 이름을 지정하고 저장한다. 「Integrated_ Library」 프로젝트가 만들어진 모습을 볼 수 있다.

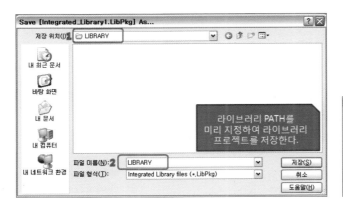

(2) 회로 라이브러리 작성

회로 라이브러리를 작성하기 위해서 기본적으로 데이터시트를 바탕으로 작성 방법을 알아보도록 한다.

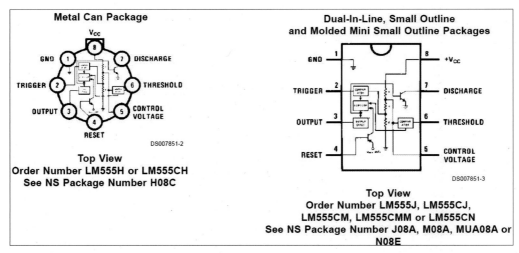

▲ 그림 LM555/LM555C [Timer] Connection Diagrams

Connection Diagrams을 참고로 회로 라이브러리 작성 방법에 대해서 설명한다.

2 회로도 심벌 작성 방법

(1) 회로 라이브러리 만들기

「Integrated_Library1.LibPkg」 프로젝트에서 Add New to Project 〉 Schematic Library를 선택한다.

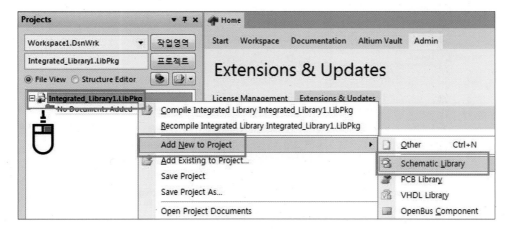

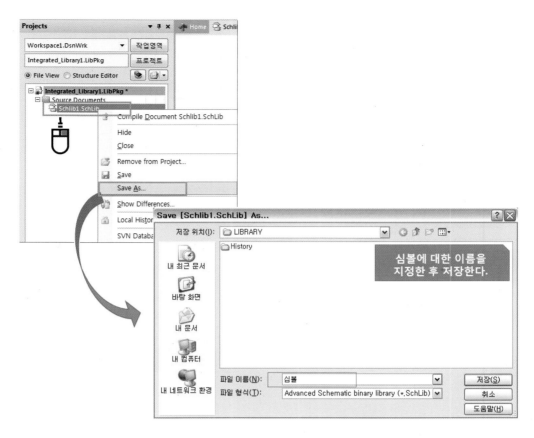

다음과 같이 패널을 이동하여 심벌을 작성한다.

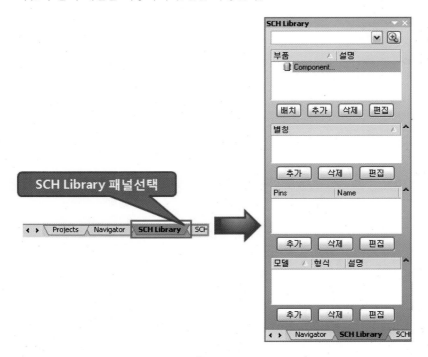

(2) 심벌에 외곽을 그리기 위해서 Place > Rectangle을 클릭한다.

또는 다음 그림과 같이 Place Rectangle을 사용해도 된다.

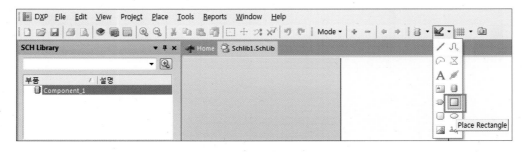

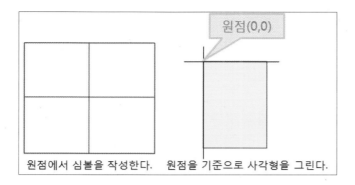

원점(0,0)

원점에서 심볼을 작성한다.   원점을 기준으로 사각형을 그린다.

(3) 데이터시트에서 본 것과 같이 핀을 배열한다. [Place 〉 Pin]

또는 다음 그림과 같이 Place Pin을 사용해도 된다.

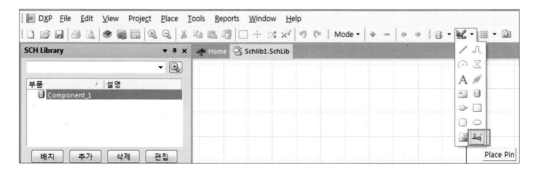

핀 배치 시 핀 방향은 부품의 바깥쪽으로 향하게 배치하여야 한다.

핀은 반드시 X 표시가 바깥 쪽으로 향하게 배치한다.

GND

자, 이제 핀에 대한 속성을 수정하기 위하여 핀을 잡은 상태에서 ⏎ 키를 누르면 핀에 대한 속성으로 들어갈 수 있다. 다음과 같이 핀을 입력하여 보자.

① 1핀 속성 입력

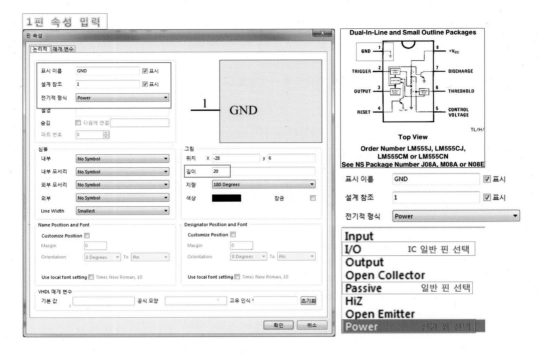

② 2핀 속성 입력

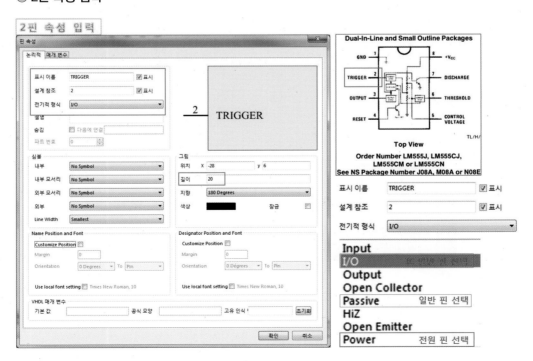

③ 3핀 속성 입력

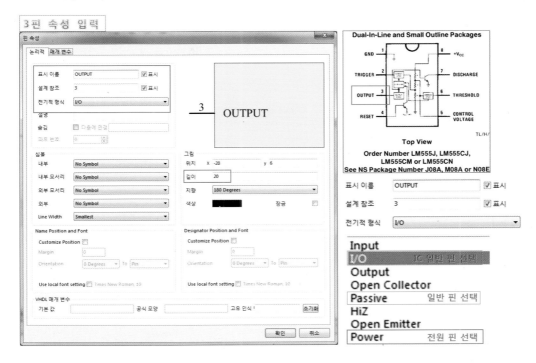

④ 4핀 속성 입력

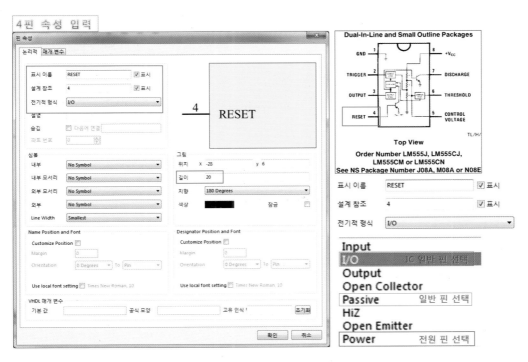

⑤ 5핀 속성 입력

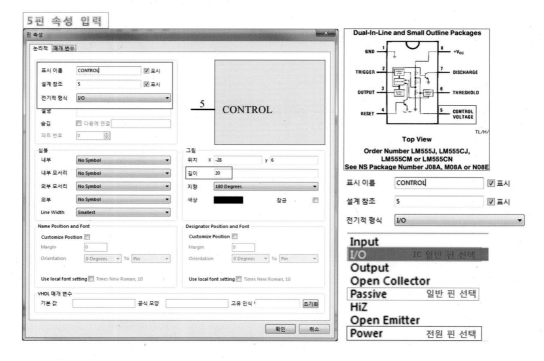

⑥ 6핀 속성 입력

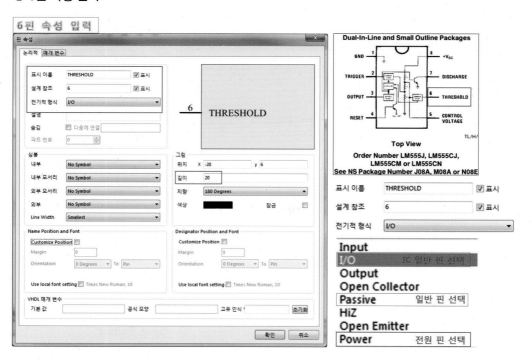

⑦ 7핀 속성 입력

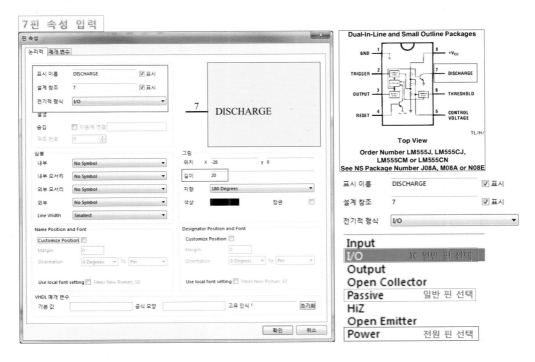

⑧ 8핀 속성 입력

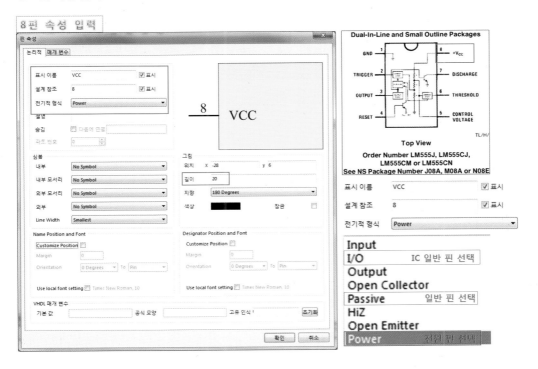

(4) 핀 속성이 다 끝난 상태에서 사각박스를 클릭하여 사각박스에 초록색 점선이 생기면 이 점을 이용하여 심벌 크기를 조정할 수가 있다. 다음과 같이 핀 이름이 겹치지 않게끔 정리한다.

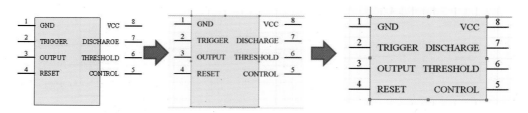

(5) 다음 그림은 심벌에 대한 속성값을 수정하는 방법이다.

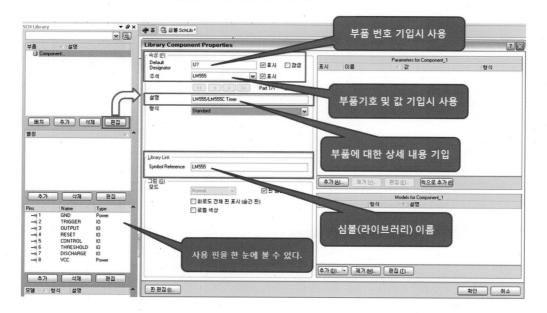

SCH Library 패널에서 부품 이름이 바뀌어 있는 것을 살펴볼 수 있다.

1 Metal Can Package

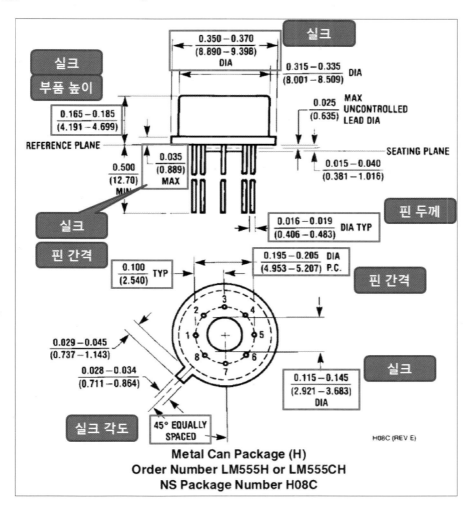

Metal Can Package (H)
Order Number LM555H or LM555CH
NS Package Number H08C

(1) PCB Library를 작성하는 방법

PCB Library를 새로 만들기 위해서 라이브러리 프로젝트 위에서 마우스의 우측 버튼을 클릭해 PCB Library를 추가한다.

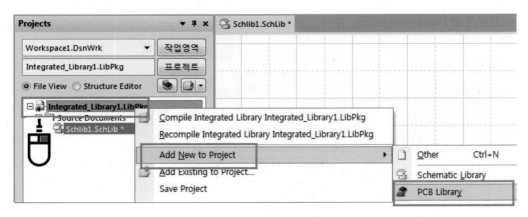

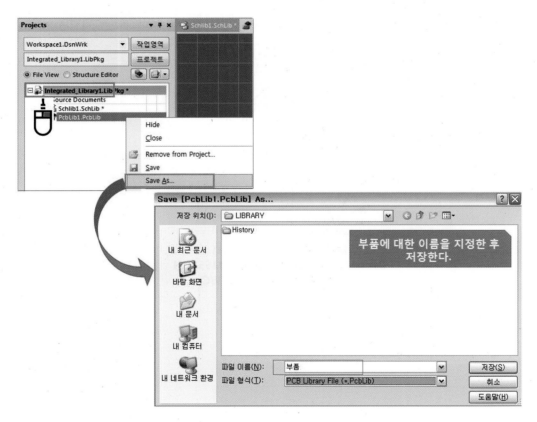

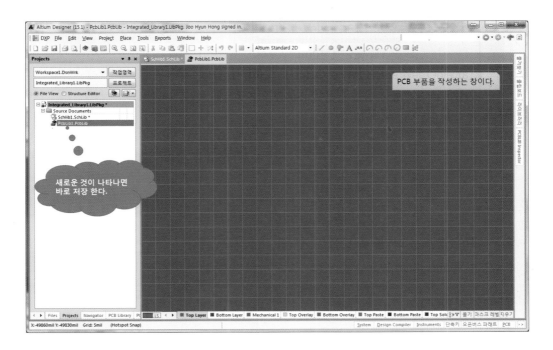

위 그림과 같이 회로와 달리 작업창에 영역이 정해져 있지 않다. 그러나 반드시 부품에 대한 원점을 임의로 정해줘야 한다.

만약 원점 영역을 설정하지 않는다면 PCB 상에서 부품을 이동 시에 원점이 있는 만큼 이격될 수 있다. 이 때문에 PCB 상에서 신규부품 작성 시 중요한 사항은 원점 그리고 정확한 패드의 크기와 위치라고 볼 수 있다.

(2) 패드 배치 및 속성

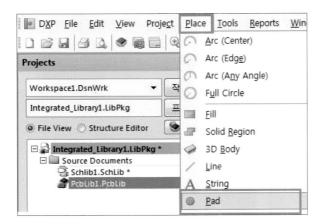

패드에 대한 속성을 수정하기 위하여 패드를 잡은 상태에서 ⏎ 키를 누르면 핀에 대한 속성으로 들어갈 수 있다. 다음과 같이 패드를 입력하여 보자.

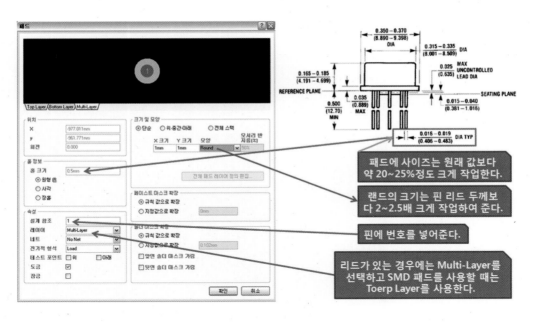

패드에 사이즈는 원래 값보다
약 20~25%정도 크게 작업한다.

랜드의 크기는 핀 리드 두께보
다 2~2.5배 크게 작업하여 준다.

핀에 번호를 넣어준다.

리드가 있는 경우에는 Multi-Layer를
선택하고 SMD 패드를 사용할 때는
Toerp Layer를 사용한다.

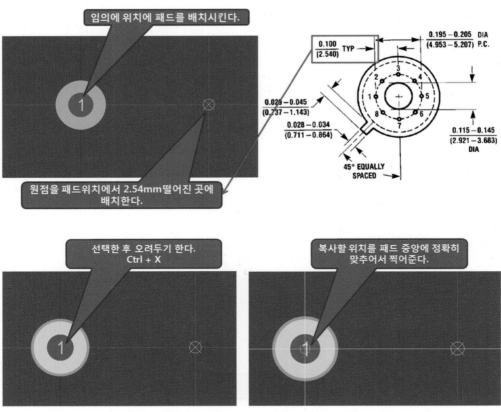

임의에 위치에 패드를 배치시킨다.

원점을 패드위치에서 2.54mm떨어진 곳에
배치한다.

선택한 후 오려두기 한다.
Ctrl + X

복사할 위치를 패드 중앙에 정확히
맞추어서 찍어준다.

여기까지 작업한 것이 패드에 대한 속성을 입력한 상태이다. 이러한 패드를 원형으로 배치하는 방법에 대해서 알아보도록 한다. 이 기능은 패드의 속성이 똑같을 경우에 해당되므로 반드시 패드 속성을 정확하게 작업하여야 한다.

(3) 스크롤 생성

다음 그림과 같이 Edit 〉 Paste Special…을 선택한다.

특수 붙여넣기 속성창은 다음과 같이 작업한다. 다음 그림과 같이 원형 배치를 하기 위하여 배열 종류를 「원형」으로 체크하고 원형 배열에 각도를 설정하여 준다.

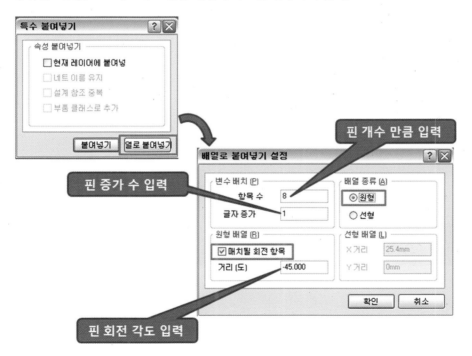

위 그림과 같이 속성값 입력이 끝나면 스크롤이 생성된다.

(4) 배열 작업

이때 처음으로 원점을 클릭하고 2.54mm[100mil] 떨어져 있는 1번 핀 위치를 클릭한다.

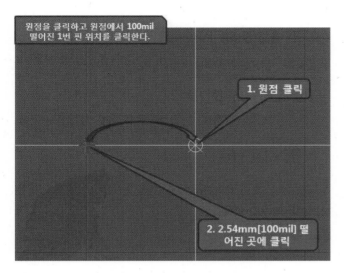

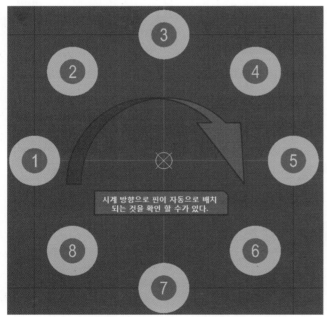

(5) 실크 작업

① 다음 그림과 같이 「Top Overlay」를 선택한다.

② 부품에 모양(원)을 그리기 위해 Place 〉 Full Circle을 클릭한다.

다음 그림과 같이 원을 더블클릭하여 정확한 사이즈를 입력한다.

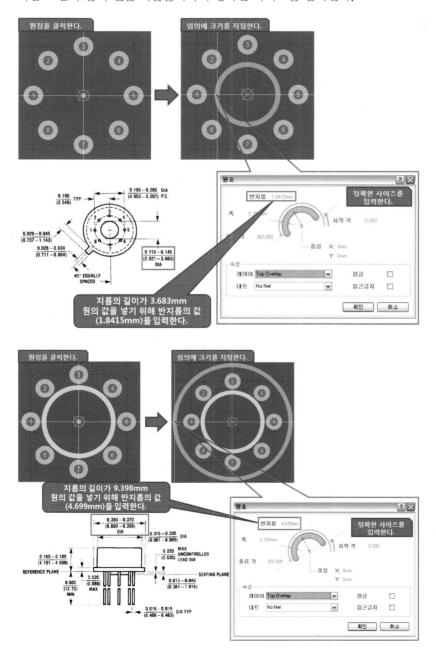

(6) 부품 속성 및 이름 넣어주기

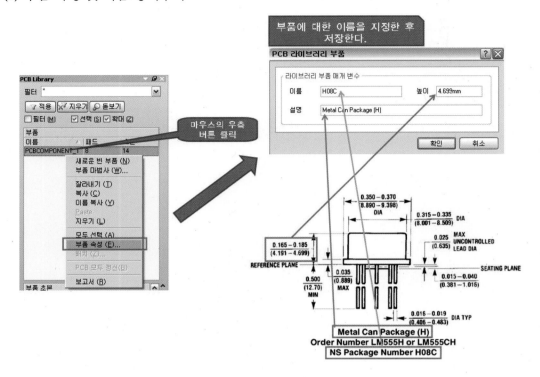

(7) 회로 라이브러리에 PCB 라이브러리 추가하기

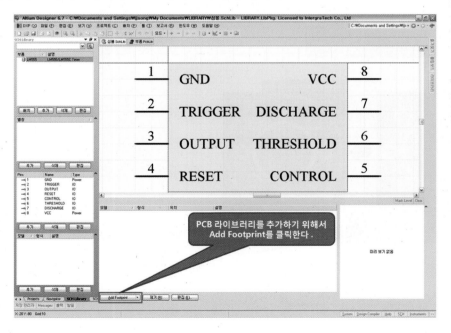

위 그림에서 「Add Footprint」를 클릭한 후 다음 그림에서 [찾기] 버튼을 클릭하여 해당 PCB 라이브러리를 선택한다.

다음 그림과 같이 라이브러리가 추가되는 모습을 볼 수 있다.

다음 그림과 같이 하나의 부품이 완벽하게 완성된 모습을 볼 수가 있다.

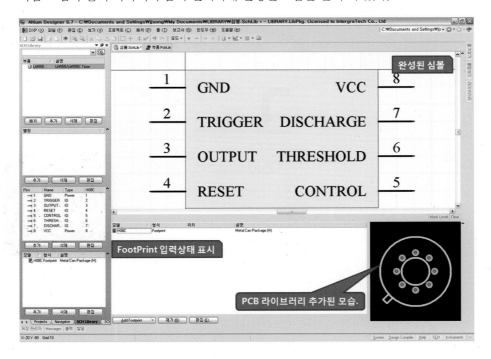

2 Ceramic Dual-In-Line Package

이번에는 자동으로 대화창을 이용하여 작업하는 방법에 대해서 알아보도록 하겠다.

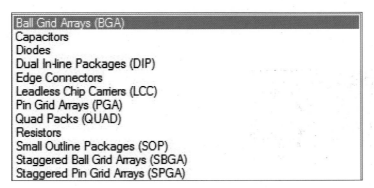

위와 같은 종류의 부품을 작성 시 사용한다. 다음 장에서 더 좋은 기능을 설명하지만 Compo-nent Wizard와 중복되지 않는 부품이 있어서 가끔 사용할 때도 있다.

다음과 같이 DIP Type에 대해서 작성하는 방법을 알아보도록 하겠다.

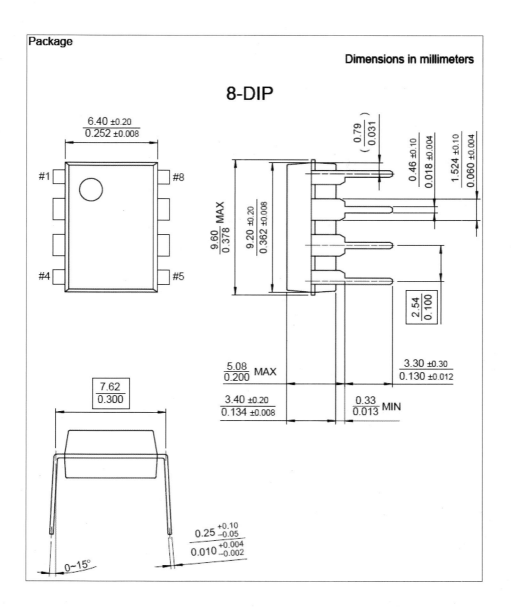

(1) 부품 자동 만들기

Tools 〉Component Wizard…를 클릭한다.

Tools	Reports	Window	Help
	New Blank Component		
	IPC Footprint Wizard…		
	IPC Footprints Batch generator…		
	Component Wizard…		
	Remove Component		
	Component Properties…		

Component Wizard를 실행하면 다음과 같이 Component Wizard 대화창이 뜬다.
이제 하나하나 따라서 작성하면 된다.

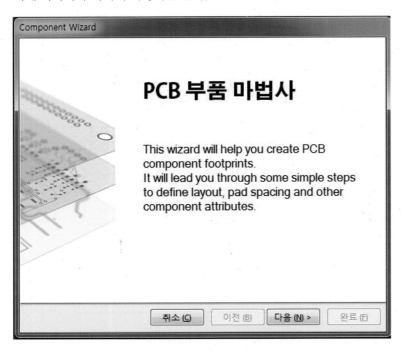

(2) 단위 선택

단위는 mm를 선택한다.

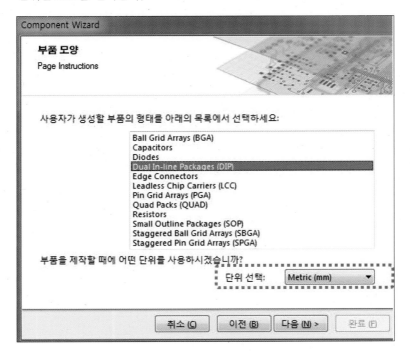

(3) Pad 속성 입력

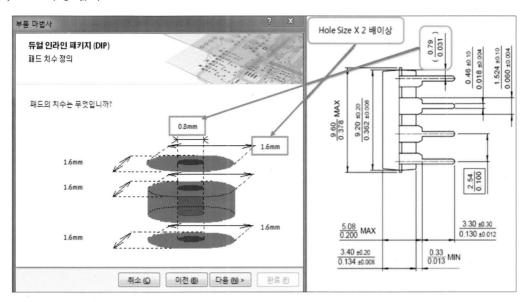

(4) Pad 간격 입력

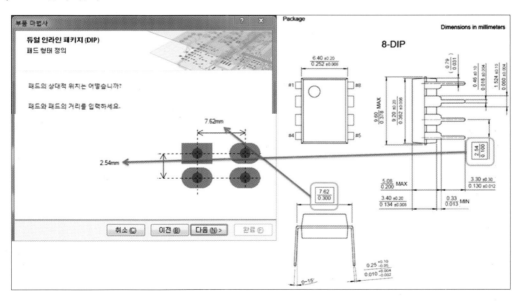

(5) 외곽 폭 입력

다음 그림에서 실크 두께를 선정한다.

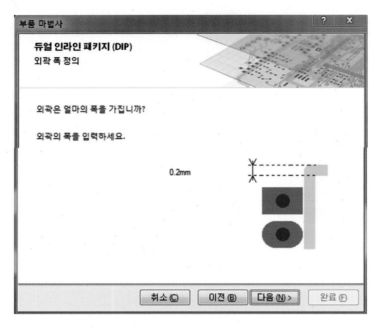

(6) 패드의 수 설정

다음 그림에서 만들고자 하는 Pin 수를 입력한다.

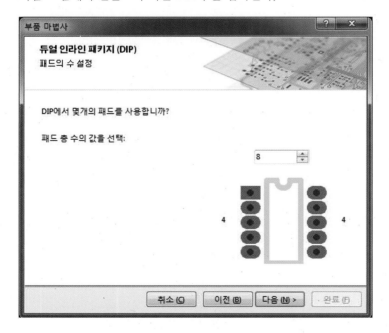

(7) 부품이름 설정

다음 그림에서 Footprint(=Component Name:부품이름)를 입력한다.

(8) 다음 그림과 같이 부품제작에 해당되는 작업을 완료할 수가 있다.

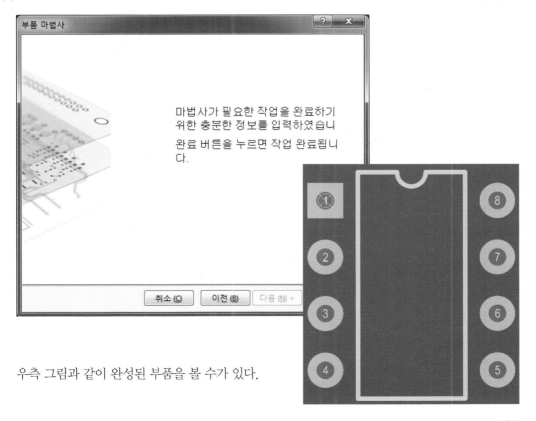

우측 그림과 같이 완성된 부품을 볼 수가 있다.

③ Small OutLine Package

IPC 규격으로 된 부품을 작성하는 방법에 대해서 알아보도록 한다.

    Tools 〉 IPC Footprint Wizard...를 클릭한다.

Tools	Reports	Window	Help
New Blank Component			
IPC Footprint Wizard...			

Name	Description	Included Packages
BGA	Ball Grid Array	BGA, CGA
BQFP	Bumpered Quad Flat Pack	BQFP
CAPAE	Electrolytic Aluminum Capacitor	CAPAE
CFP	Ceramic Dual Flat Pack - Trimmed and formed Gullwing Leads	CFP
Chip Array	Chip Array	Chip Array
DFN	Dual Flat No-lead	DFN
CHIP	Chip Components, 2-Pins	Capacitor, Inductor, Resistor
CQFP	Ceramic Quad Flat Pack - Trimmed and formed Gullwing Leads	CQFP
DPAK	Transistor Outline	DPAK
LCC	Leadless Chip Carrier	LCC
LGA	Land Grid Array	LGA
MELF	MELF Components, 2-Pins	Diode, Resistor
MOLDED	Molded Components, 2-Pins	Capacitor, Inductor, Diode
PLCC	Plastic Leaded Chip Carrier, Square - J Leads	PLCC
PQFN	Pullback Quad Flat No-Lead	PQFN
PQFP	Plastic Quad Flat Pack	PQFP, PQFP Exposed Pad
PSON	Pullback Small Outline No-Lead	PSON
QFN	Quad Flat No-Lead	QFN, LLP
QFN-2ROW	Quad Flat No-Lead, 2 Rows, Square	Double Row QFN
SODFL	Small Outline Diode, Flat Lead	SODFL
SOIC	Small Outline Integrated Package, 1.27mm Pitch - Gullwing Leads	SOIC, SOIC Exposed Pad
SOJ	Small Outline Package - J Leads	SOJ
SON	Small Outline Non-lead	SON, SON Exposed Pad
SOP/TSOP	Small Outline Package - Gullwing Leads	SOP, TSOP, TSSOP
SOT143/343	Small Outline Transistor	SOT143, SOT343
SOT223	Small Outline Transistor	SOT223
SOT23	Small Outline Transistor	3-Leads, 5-Leads, 6-Leads
SOT89	Small Outline Transistor	SOT89
SOTFL	Small Outline Transistor, Flat Lead	3-Leads, 5-Leads, 6-Leads
WIRE WOUND	Precision Wire Wound Inductor, 2-Pins	Inductor

위와 같이 여러 가지의 부품을 자동으로 작성할 수가 있다.

IPC Footprint Wizard를 작업하기 전에 필요한 사항은 앞에서도 설명하였지만 데이터시트가 기본적으로 필요하다. 데이터시트를 그대로 옮겨 놓은 상태에서 해당되는 값을 입력함으로써 부품을 완성할 수 있다.

여기에서 작성할 부품은 SOP Type을 가지고 작성하는 방법에 대해서 알아보도록 하겠다.

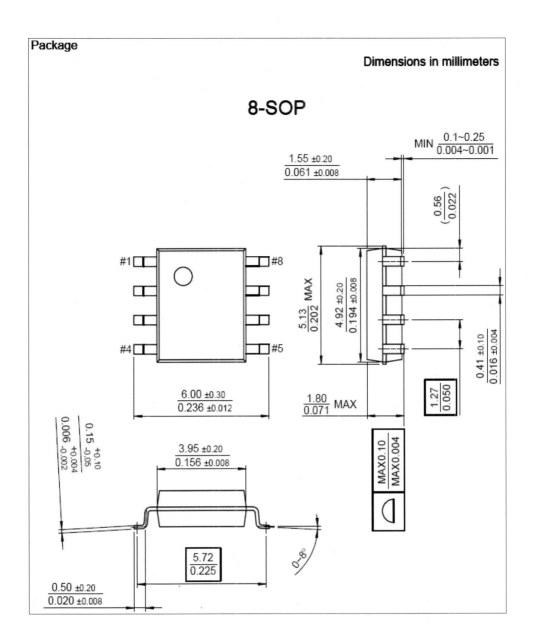

(1) Tools 〉 IPC Footprint Wizard를 클릭한다.

Tools	Reports	Window	Help
New Blank Component			
IPC Footprint Wizard...			
IPC Footprints Batch generator...			
Component Wizard...			
Remove Component			
Component Properties...			

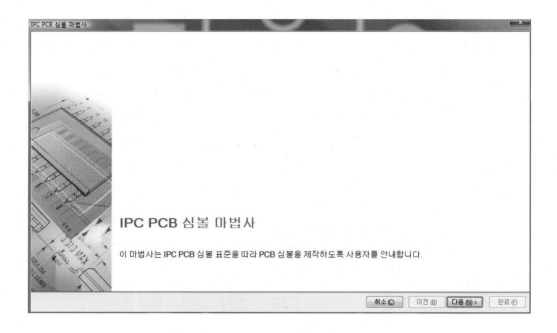

(2) 다음 그림과 같이 SOP Type을 선택한다.

맨 아래에 있는 참고를 보면 IPC는 모두 mm 단위를 사용하고 있다. 이점을 주의하길 바란다.

(3) 다음 그림에서 데이터시트에 해당되는 내용을 입력한다.

우측 미리보기에서 Footprint 모양을 참고하여 완성된 모양을 미리 알아볼 수 있다. 기본적인 Footprint에 설정되는 것은 이 작업창에서 마무리할 수 있다.

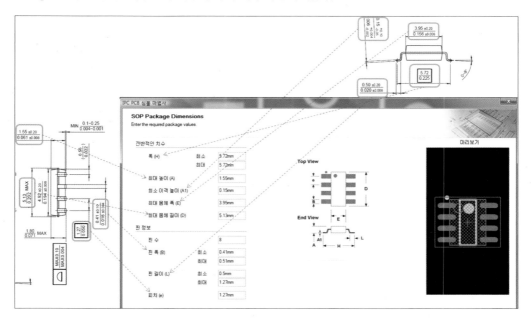

(4) 다음 그림은 단열패드가 있을 경우 「단열패드 추가」를 체크하고 Size를 입력하면 된다.

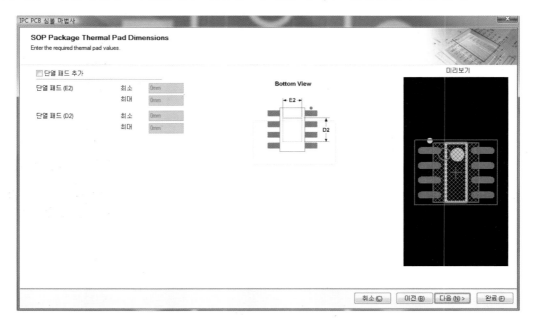

(5) 부품에 몸체 사이즈 입력

(6) 부품의 납땜 리드길이 입력

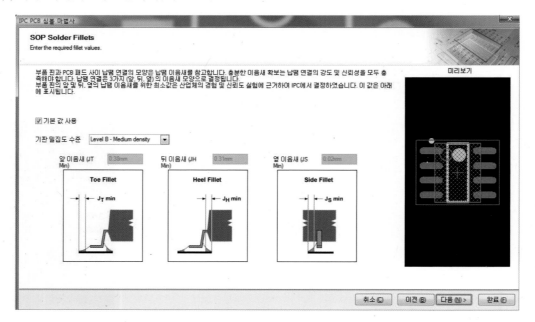

(7) 부품의 전체 폭 입력

(8) 실장 패키지 허용오차 입력

(9) Pad 간격오차 입력

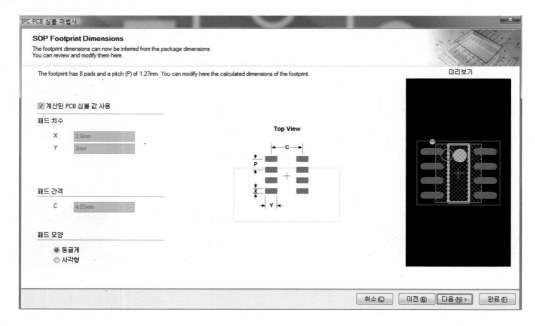

(10) 실크스크린 두께 선정

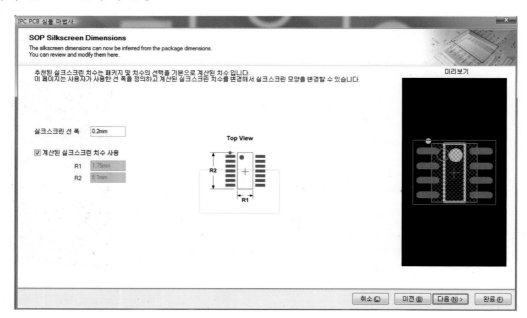

(11) 조립 시 부품크기 입력

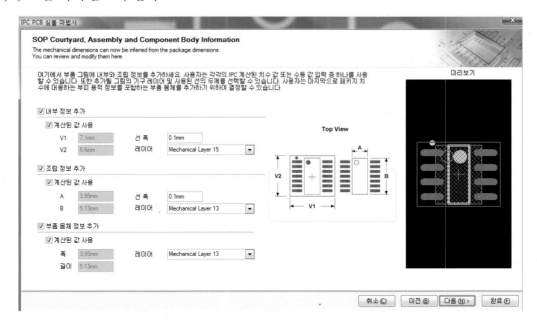

(12) Footprint 명칭 지정

다음 그림에서는 Footprint 명칭이 자동으로 지정된다. 권장하는 값을 사용하기 원치 않으면 체크박스를 해제하고 사용자가 원하는 명칭을 입력하면 된다.

(13) Footprint를 저장하는 방법

기존 또는 신규 그리고 현재 작업하고 있는 방에 저장하는 방법을 명기하고 있다. 사용자가 원하는 위치에 저장할 수가 있다.

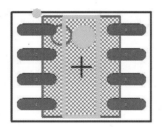 좌측 그림과 같이 완성된 Footprint 모양을 볼 수가 있다.

4 3D Body(3D 부품 제작)

FootPrint(PCB Component)에 3D 몸체를 올리는 방법에 대해서 알아본다.

3D 부품을 기구 CAD를 이용하여 3D 몸체를 얻을 수 있고, 또는 무료로 3D 몸체를 사이트에서 다운 받아서 작업할 수 있다. 여기서는 무료로 다운 받아서 사용하는 방법에 대해서 알아보도록 한다.

(1) http://www.3dcontentcentral.com/으로 이동한다.

(2) 회원가입을 하기 위해서 「로그인」을 클릭한 후 로그인 페이지 우측 하단에 있는 「등록」을 클릭한다.

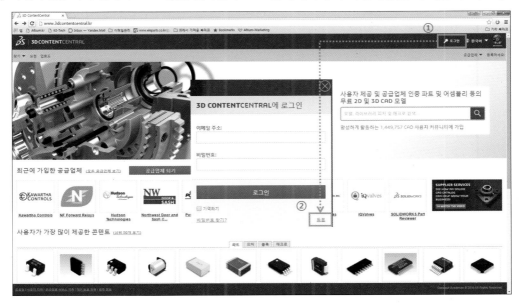

(3) 계정에 필요한 이메일과 비밀번호를 다음과 같이 입력한다.

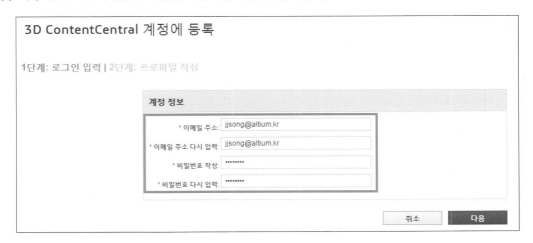

(4) 계정 등록에 필요한 정보를 입력한다. 여기서는 ※로 되어 있는 부분은 반드시 입력하여야 한다. 그리고 맨 밑에 있는 「다음에 동의함」을 반드시 체크하여야 한다.

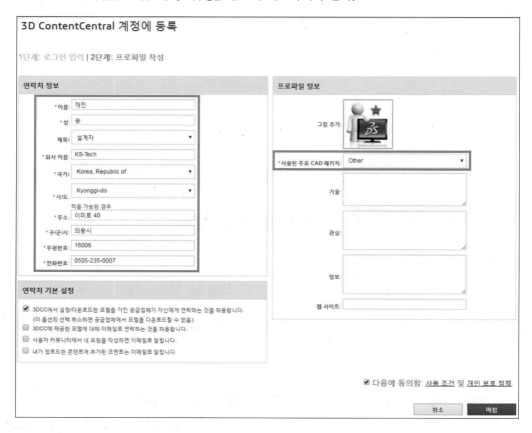

(5) 다음과 같은 안내 페이지까지 진행이 되었으면 회원 가입이 되었다.

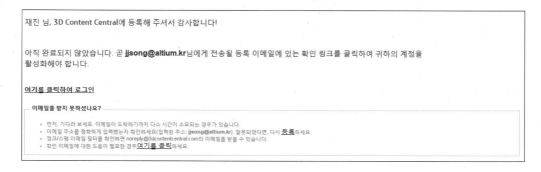

(6) 계정 가입 시 이메일을 통하여 활성화 작업을 한다.

위와 같이 '로그인 페이지에서 링크 주소를 클릭하세요.'라는 문구가 나타나면 가입 시 사용한 이메일 받은 편지함에 다음과 같이 '3D ContentCentral'에서 온 메일이 있다. 클릭하여 확인한다.

(7) 다음 그림을 보면 링크 주소가 있다. 활성화하려면 주소를 클릭한다.

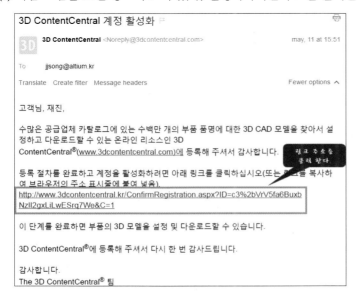

(8) 부품을 찾기 위해서 검색창에 파트명 「metal can package 8」을 입력한다.

검색 문구는 데이터시트에 있는 문구를 이용하여 검색어를 사용하여 검색을 진행한다.

Metal Can Package (H)
Order Number LM555H or LM555CH
NS Package Number H08C

다음 그림과 같이 검색 결과를 볼 수 있다. 정렬을 「Highest Rated」로 놓은 상태에서 결과를 보면 보정이 잘되어 있는 부품을 찾을 수 있다.

(9) 다운로드하기 위해서 파일 형식(Format)을 「STEP(∗.step)」과 버전을 「AP214」로 세팅하고 [Download] 버튼을 클릭한다.

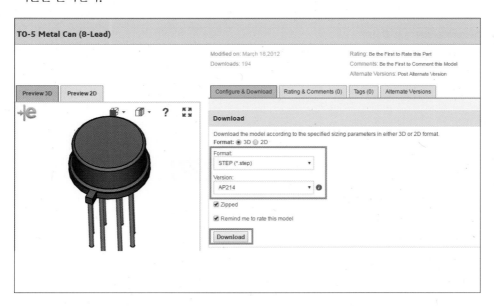

다음과 같이 팝업창이 뜨면 부품 이름을 클릭하여 다운로드를 진행한다.

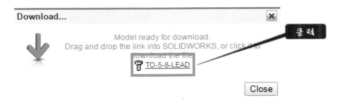

(10) 다음과 같이 FootPrint에서 3D 몸체를 올리는 방법에 대해서 알아본다.

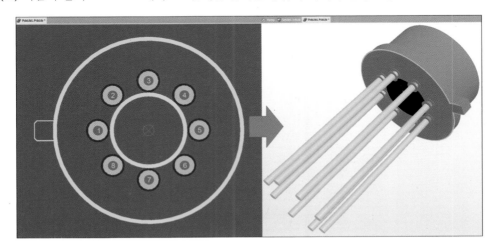

(11) 「2D Layout Mode」에서 「3D Layout Mode」로 변환하여 작업한다.

View 〉 3D Layout Mode [단축키 ③]를 클릭하여 그림과 같이 3D Layout Mode로 변환한 후 작업한다.

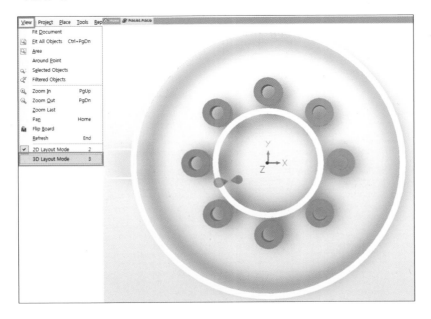

(12) 3D 몸체를 올리기 위해서 Place 〉 3D Body를 클릭한다.

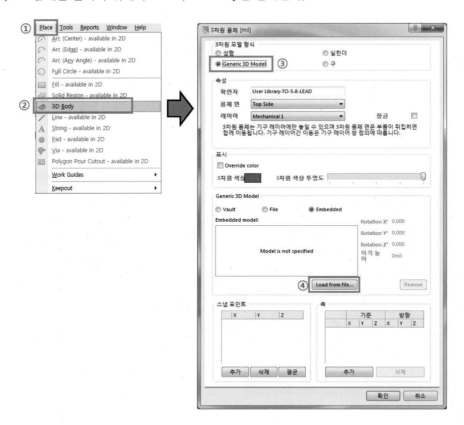

위의 그림과 같이 「Generic 3D Model」을 클릭하고 「Load from file...」을 클릭한다.

(13) 「3D ContentCentral」에서 다운 받은 3D 파일을 선택한다.

다음 그림과 같이 3D 몸체를 올린 상태이다.

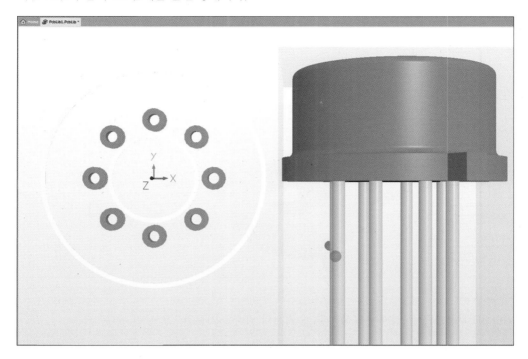

(14) 3D 몸체를 'X,Y,Z'로 움직이기 위해서 3D Body를 더블클릭한다.

대화상자 중앙에 'Generic 3D Model'이 있다. 여기서 'X,Y,Z'를 이용하여 몸체를 움직일 수 있다. 그림과 같이 'Rotation X'에 값을 '90'으로 바꿔준다.

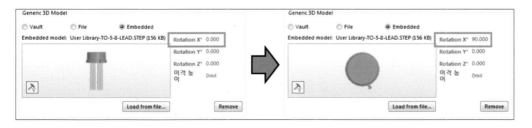

Summary

3D 몸체를 움직일 때는 'X, Z' 값을 90°씩 움직이는 방법이 좋다. 수평을 기준으로는 X, 수직을 기준으로는 Z를 이용하여 3D 몸체 회전을 하면 된다. 일반적인 회전은 몸체를 잡고 Spacebar 키를 눌러서 90°씩 회전할 수 있다.

3D 몸체가 바닥보다 높거나 낮을 경우 '이격 높이'를 이용하여 올리고 내릴 수 있다.

(15) 3D 몸체를 PCB FootPrint 부품에 올리려면 화면을 뒤집어서 올리는 방법을 이용한다.
View〉Flip Board [단축키 V + B]를 클릭하여 화면을 뒤집어 준다.

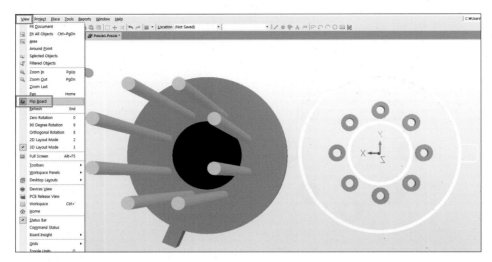

(16) 3D 부품을 잡은 상태에서 움직일 때 커서의 위치를 기준점으로 보면 된다.

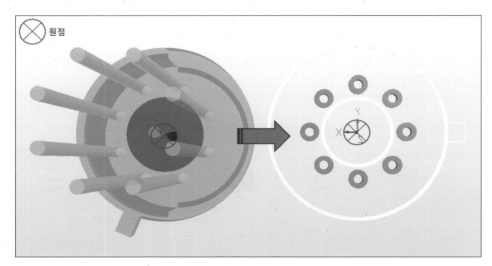

부품을 잡은 상태에서 원점으로 이동 시에는 'Jump to Location' [단축키 J + L]을 클릭하고
X, Y에 값을 '0'으로 입력하여 원점으로 이동시킨다.

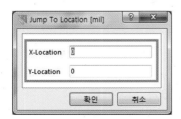

(17) 3D 몸체를 원점으로 이동하였지만 PCB PAD와 부품 LEAD가 핀 배열에 맞지 않는다. 이것을 회전하여 핀 번호 위치와 PAD 위치에 맞게끔 회전하기 위해서 회전 각도를 변경하여야 한다. 회전각도 변경은 환경 설정 ⃞O + ⃞P 키를 클릭하여 General 페이지에서 '기타' 항목에 있는 회전 각도를 22.5°로 변경한다.

3D 몸체를 잡은 상태에서 1번 핀에 해당하는 탭을 기준으로 ⃞Spacebar 키를 눌러서 다음 그림과 같이 회전한다.

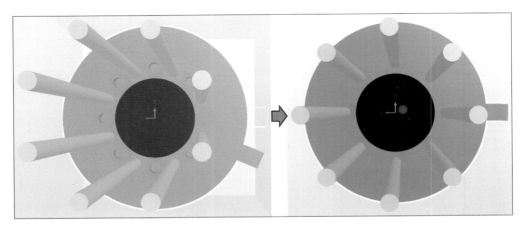

위 그림과 같이 PAD 중앙에 3D LEAD가 올라가 있는 모습을 확인할 수 있다.

 **Summary**

3D 몸체에 원점이 없는 경우 해결 방법 [자체적으로 원점 설정하기]

Tools 〉 3D Body Placement 〉 Add Snap Points From Vertices를 클릭한다.

① 기준이 될 LEAD 바닥면을 클릭한다.

② 바닥면을 클릭하면 3차원 십자가가 나타나서 포인트를 찍을 수 있는 형태로 되어 원에 외곽 쪽을 클릭한다. 될 수 있으면 4개 이상에 포인트를 주는 것이 좋다. 90°씩 4개로 나누어 포인트로 찍어준다.

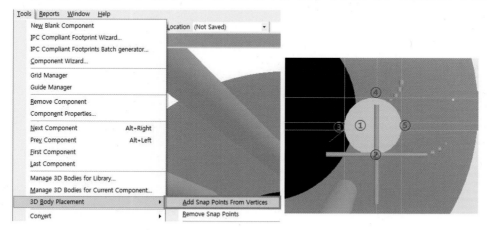

위와 같이 포인트를 찍어준 값은 3D 몸체를 더블클릭하여 좌측 하단에 보면 '스냅 포인트'를 확인할 수 있다. 포인트 값을 전체 선택(Ctrl + A 키)한 후 [평균] 버튼을 클릭하면 부품에 원점을 얻을 수 있다.

이렇게 작업한 경우에는 '2D Layout Mode'를 이용하는게 손쉽게 작업할 수 있는 방법이다.
'2D Layout Mode'로 가기 위해 2 키를 눌러 작업한다.

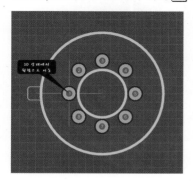

배포용 라이브러리 제작

통합 라이브러리 작성 방법에 대해서 알아보도록 한다.
준비할 사항은 반드시 회로 라이브러리와 PCB 라이브러리를 가지고 있어야 한다는 것이다.

1 Integrated Library 작성 방법

(1) File > New > Project를 선택한다.

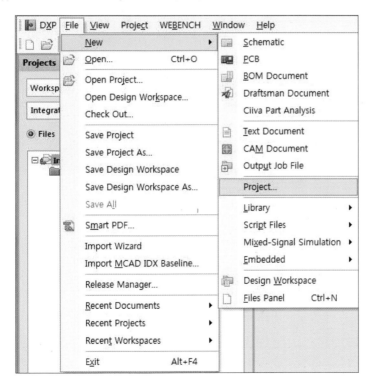

다음 그림과 같이 Project Type란에서 「Integrated Library」를 선택하고 Name에 해당하는
Integrated Library 이름을 적용한다.

우측에 있는 「Create Project Folder」 체크 박스를 체크 시 자동으로 Integrated Library로 적용
된 이름으로 자동 폴더 생성이 된다.

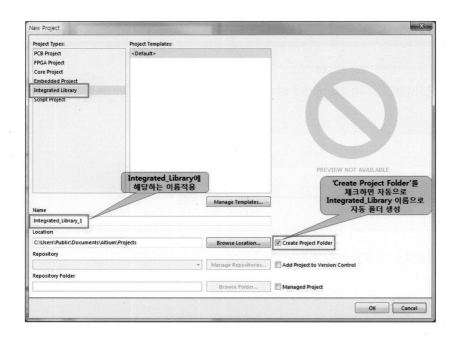

(2) File 〉 Save Project As를 선택한다.

라이브러리 이름을 정한다.

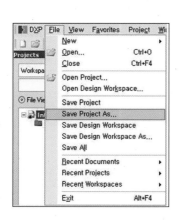

(1) Project 〉 Add Existing to Project 또는 마우스의 우측 버튼을 클릭하고 Add Existing to Project를 선택해도 된다.

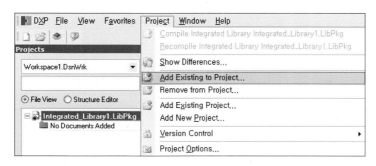

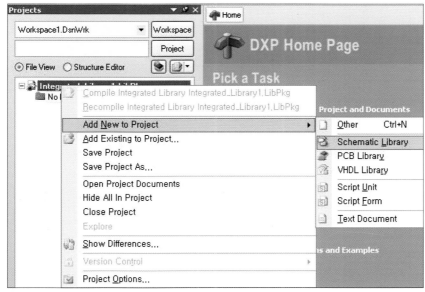

▲ 그림 마우스 우측 버튼 사용 시

(2) Schematic Library를 선택하여 Project 안으로 추가한다.

※ 마우스 우측 버튼 사용이 더욱 편하다고 생각되어 마우스 우측 버튼 사용을 권장한다. 앞으로 계속 발간될
   매뉴얼도 메뉴뿐만 아니라 마우스의 우측 버튼 사용 사례를 적극 설명할 계획이다.

(1) Project 〉 Add Existing to Project 또는 마우스의 우측 버튼을 클릭하고 「Add Existing to Project」를 선택해도 된다.

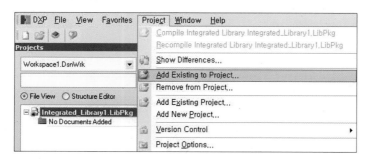

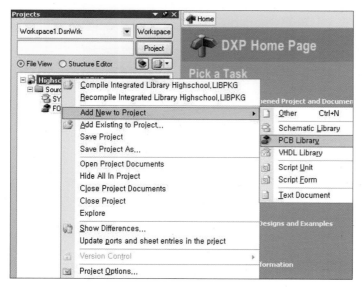

(2) PCB Library를 선택하여 Project 안으로 추가한다.

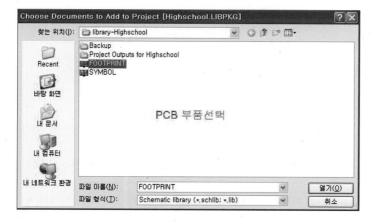

4 Setting the Pathname to Model Libraries and Files [FootPrint 열기]

PCB 부품을 저장하는 폴더를 이용하여 path를 열어서 언제든지 FootPrint를 선택할 수 있는 기능이다. Schematic뿐만 아니라 PCB, Spice, Signal integrity…등을 관리하는 과정이다.

(1) Project 〉 Project Option 또는 마우스의 우측 버튼을 클릭하고 「Project Options」을 선택한다.

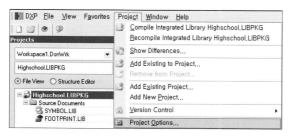

(2) 다음 창에서 「Search Paths」를 선택한다.

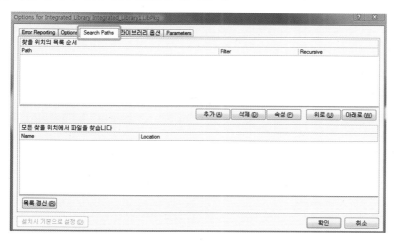

(3) 그림과 같이 [추가] 버튼을 클릭한다.

(4) 다음 그림에서 [...] 버튼을 클릭한다.

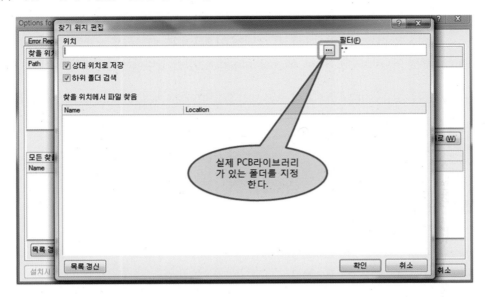

위 그림에서는 추가하려는 PCB 라이브러리를 등록하면 된다. 사용자가 PCB 부품이 들어 있는
Path를 선택하여 라이브러리를 추가하면 된다.

(5) 다음 그림과 같이 PCB 라이브러리가 저장되어 있는 Path를 선택한다.

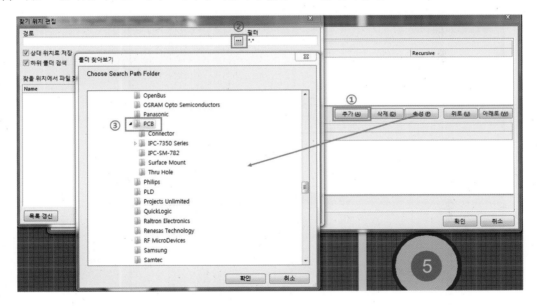

(6) 다음 그림에서 [목록 갱신] 버튼을 클릭한다.

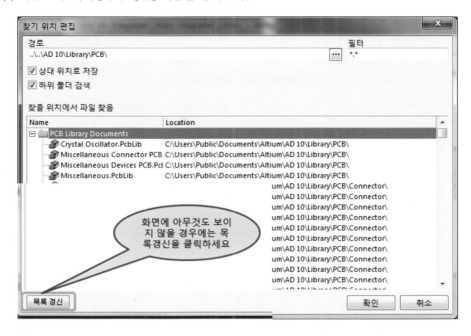

위와 같은 PCB 라이브러리가 등록이 되었으면 [확인] 버튼을 클릭한다.

(7) 다음 그림에서 [목록 갱신] 버튼을 클릭한다.

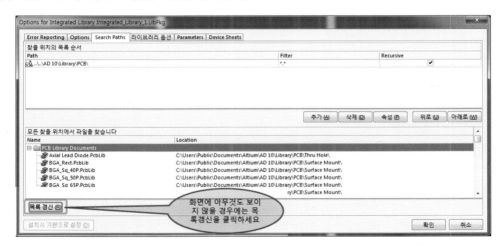

(8) 다음 그림에서처럼 Error Reporting 탭을 클릭하고 「Components with duplicate Pins」을 오류로 선택한다.

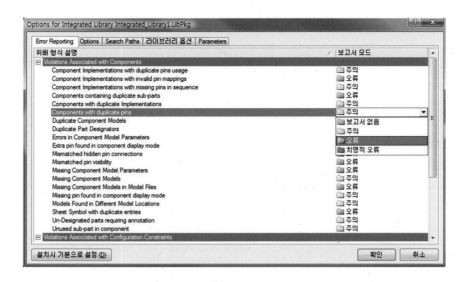

위와 같이 설정이 끝났으면 [확인] 버튼을 클릭한다.

5 Compiling the Integrated Library [라이브러리 오류검사]

지금까지 작업한 라이브러리의 이상 유무를 체크하는 과정이다.

(1) Project 〉 Compile Integrated Library 또는 마우스의 우측 버튼을 클릭하여 「Compile Integrated Library」를 선택한다.

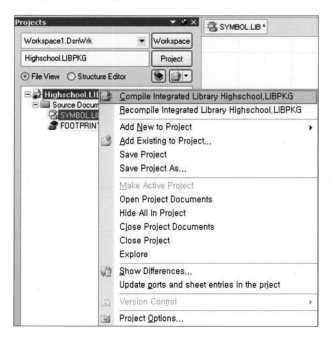

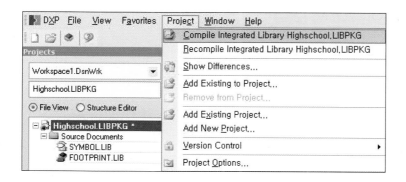

(2) 다음 그림과 같이 Massages 창이 뜬다. 여기서 Error라는 란은 다 수정을 하여야 한다.

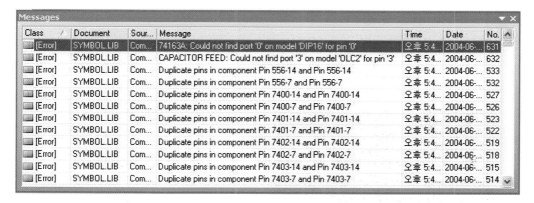

(3) Error가 난 부품을 수정하는 작업이다.

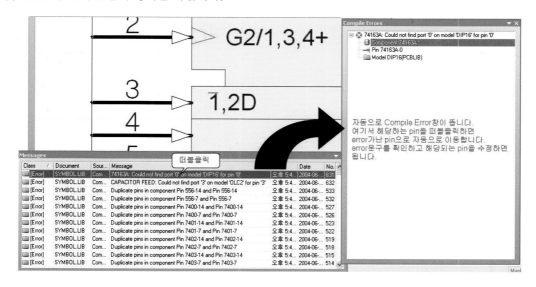

위와 같은 작업을 완벽하게 마치면 Integrated Library 작업이 끝난다.

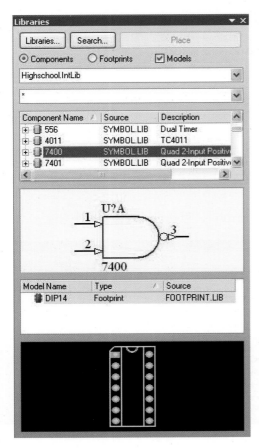

▲ 그림 라이브러리가 등록된 모습

이제 완벽한 라이브러리를 이용하여 작업을 시작하면 된다.

Schematic(II)

학습 목표

이 장에서는 Find Similar Objects/Inspector, Parameter Manager, Footprint Manager, Connectivity and Multi-Sheet Design Manual, OR-CAD 변환 등에 대해 자세히 알아본다.

여러 개체 한꺼번에 바꾸기

PCB ARTWORK

Find Similar Objects/Inspector는 동일한 모든 작업을 한 번에 작업하는 방법이다. 'Find Similar Objects'는 바꾸고자 하는 대상을 찾을 때 사용한다. 'Inspector'는 선택되어 있는 개체를 바꾸려고 할 때 사용한다.

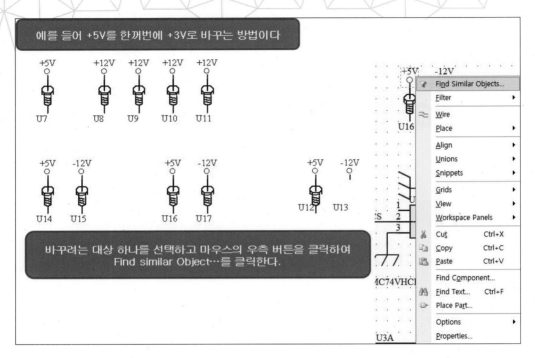

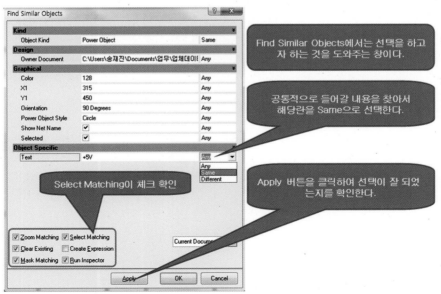

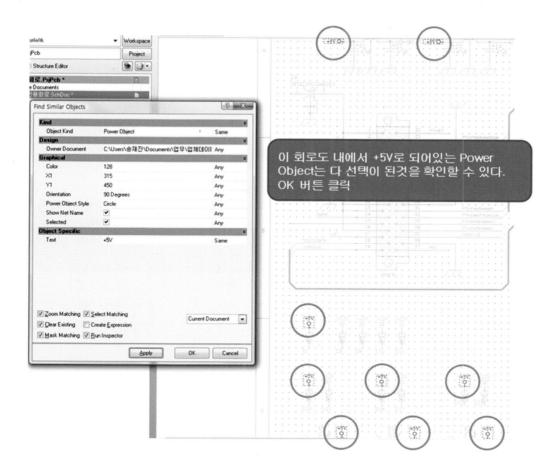

이 회로도 내에서 +5V로 되어있는 Power Object는 다 선택이 된것을 확인할 수 있다.
OK 버튼 클릭

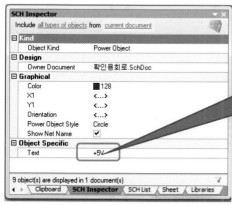

SCH Inspector 창에서 실질적으로 바뀌어야 할 내용들을 입력하여 수정을 완료할 수 있다.
+5V에 값을 +3.3V로 수정하고 enter를 누르면 회로도에서 수정된 것을 볼 수 있다.

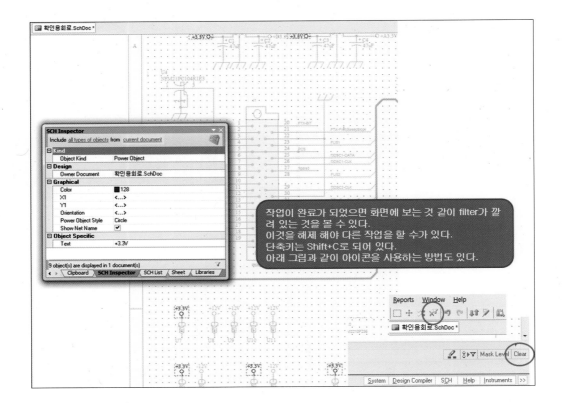

작업이 완료가 되었으면 화면에 보는 것 같이 filter가 깔려 있는 것을 볼 수 있다.
이것을 해제 해야 다른 작업을 할 수가 있다.
단축키는 Shift+C로 되어 있다.
아래 그림과 같이 아이콘을 사용하는 방법도 있다.

Parameter Manager 부품정보 일괄 바꾸기

부품에 대한 정보 입력을 쉽고 빠르게 작업할 수 있는 방법이다. 부품 속성에 해당하는 전반적인 내용을 입력할 수 있다. 예제는 '4 Port Serial Interface.PRJPCB'로 설명한다.

'Designator', 'Comment', 'Footprint'…의 부품 전체적인 속성을 하나의 창에서 바꿀 수 있는 방법이다. 엑셀 시트에서 작업하는 방법과 동일한 방법으로 사용하면 될 것이다.

(1) Tools 〉 Parameter Manager…를 클릭한다.

다음 우측 그림처럼 Parameter Editor Options 창이 뜬다. 여기서 여러 가지를 체크하지 말고 「Parts」만 체크하고 [OK] 버튼을 클릭한다.

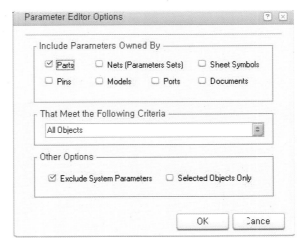

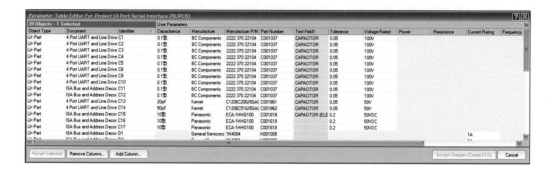

위 그림과 같이 Parameter Table Editor For Project 창이 뜬다. 전체적으로 보면 부품에 대한 정보는 전부 다 올라온 것을 확인할 수 있다.

(2) Footprint Column을 추가하는 방법

다음 그림에서 [Add Column...] 버튼을 클릭하고 Add Parameter 창에서 Name란에 'Footprint'라고 추가한다.

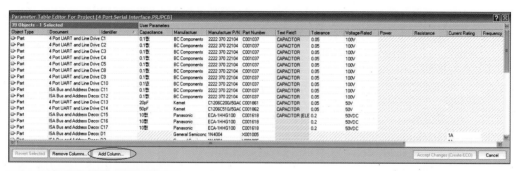

위 그림과 같이 추가하면 하나의 Column이 생성된다. 스크롤을 이용하여 맨 끝 쪽을 확인한다.

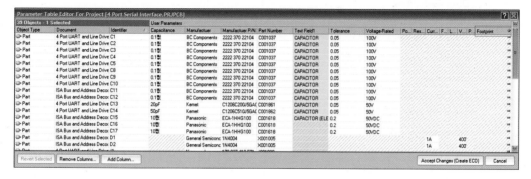

(3) 회로도에 있는 Footprint 값 가져오는 방법

우선 다음 그림과 같이 Footprint란에서 마우스의 우측 버튼을 클릭하여 「Select Column」을 선택한다.

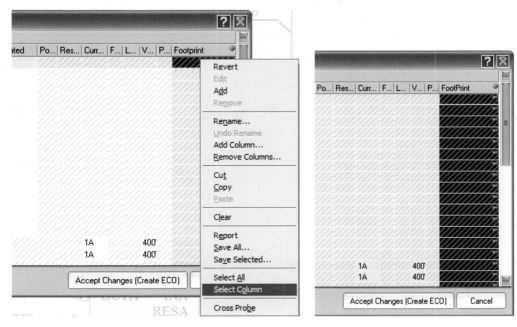

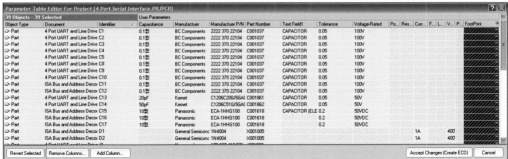

위 그림에서 선택된 부분만 Footprint 값을 가지고 올 수 있는 [Revert Selected] 버튼을 클릭한다.

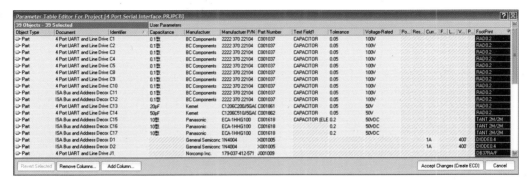

여기서 비어있는 란이나 수정하고자 하는 부품이 있으면 수정하면 된다. 사용하는 방법은 엑셀과 동일하다.

(4) 회로도에 업데이트하는 과정

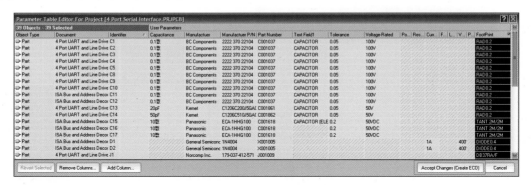

위 그림에서 [Accept Changes (Create ECO)]를 클릭한다. 그러면 다음의 그림과 같은 Engineering Change Order 창이 뜬다.

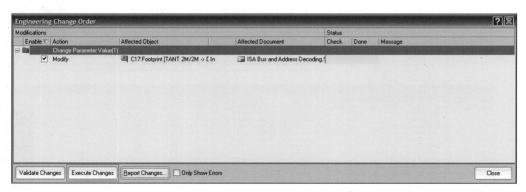

위 창에서 수정이 된 내용이 보이고 맨 아래에 있는 「Only Show Errors」에 체크를 하면 창에 에러 내용만 보인다. 에러 내용이 없으면 [Execute Chanages] 버튼을 클릭한다.

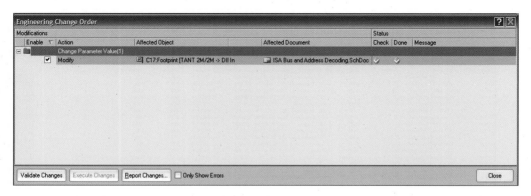

위 그림과 같이 Status란에 보면 Check와 Done에 파란 체크가 되어 있으면 정확히 업데이트가 끝난 것을 확인할 수가 있다. 그럼 회로도에서 수정이 되었는지 확인해 보길 바란다.

Footprint Manager PCB부품 일괄 선택하기

Footprint Manager는 회로도를 작성하고 각 부품에 대해서 Footprint 설정 시 작업을 손쉽게
할 수 있는 방법이다. 이에 대해서 알아보도록 한다.

Footprint에 대한 정보를 모르는 경우 PCB Component View 창에서 사용자가 등록시키려고 하는
부품의 모양을 보고 입력할 수가 있어서 초보자도 어려움 없이 작업을 완료할 수가 있다.

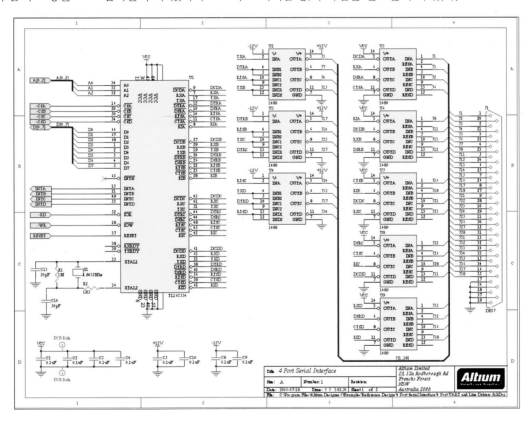

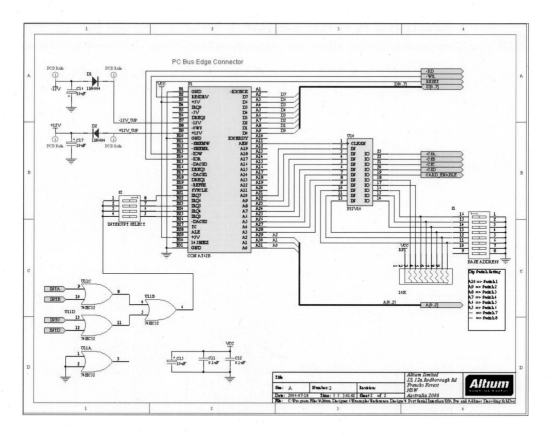

위와 같은 회로를 Footprint로 수정하는 작업에 대해서 알아보도록 한다.

1 Footprint Manager 실행

Tools 〉 Footprint Manager...를 클릭한다.

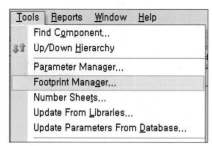

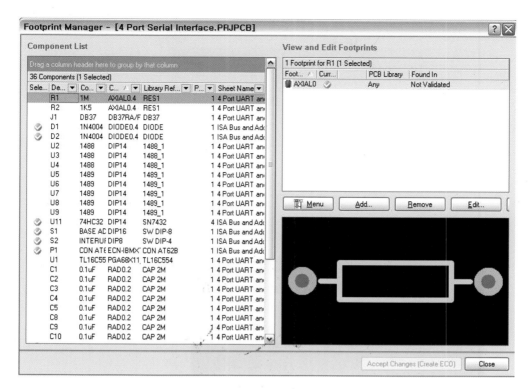

위와 같은 Footprint Manager 창이 나타난다. 여기서 부품 리스트를 정렬하는 방법은 Current Footprint를 기준으로 하거나 Current Comment로 정렬하여 작업하는 것이 편리하다. 여기서는 Footprint로 정렬하여 설명하도록 한다.

(1) R1과 R2를 한 번에 바꾸는 방법에 대해서 알아본다.

기존 Footprint AXIAL0.4를 1608[0603]로 바꾸는 방법에 대해서 설명한다. 그림과 같이 해당 부품을 선택하고 [Edit] 버튼을 클릭한다.

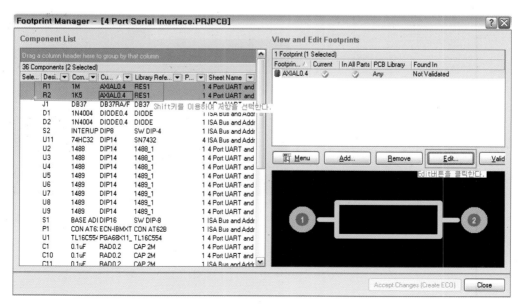

(2) PCB Model 창에서 바꾸고자 하는 부품을 찾기 위해서 [Browse...] 버튼을 클릭한다.

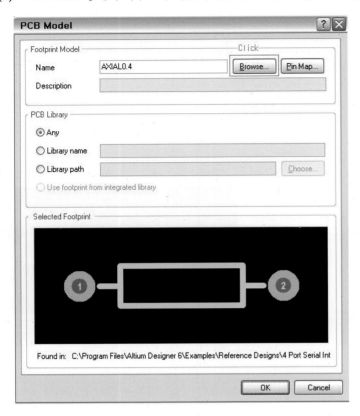

등록되어 있는 기본적인 라이브러리는 「Miscellaneous Device.IntLib」가 있다.

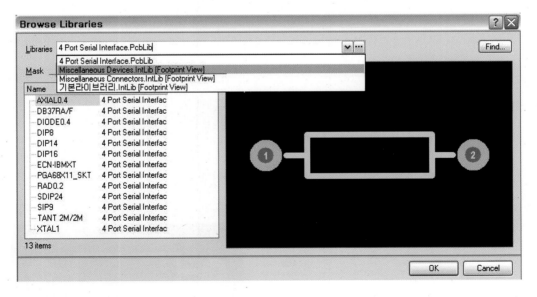

다음은 Miscellaneous Device.IntLib가 선택되어 있는 그림이다. 해당(1608)되는 Footprint를 선택하고 [OK] 버튼을 클릭한다.

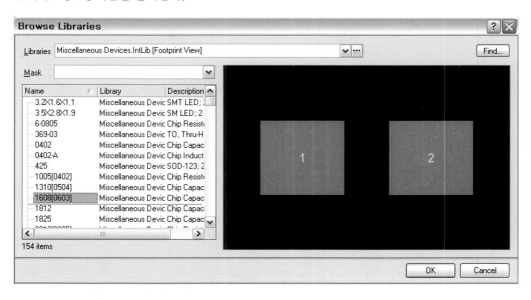

(3) 다음 그림에서는 PCB Model 창에 1608[0603] Footprint가 선택되어 있는 것을 볼 수가 있다.

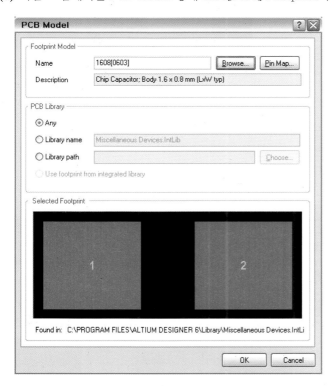

예를 들어 기본 라이브러리 안에 찾고자 하는 Footprint가 없는 경우엔 다음 Path에 가서 찾아 볼 수 있다.

위 PCB 폴더 안에 있는 것은 순수한 Footprint만 들어가 있어서 파일 형식을 「*.PcbLib」로 선택하고 Footprint를 선택하여야 한다. 이 작업은 다음 작업에서 자세히 설명하기로 한다.

(4) 다음 그림처럼 등록되어 있는 것을 확인할 수가 있다. 확인이 되었으면 라이브러리를 등록하기 위해서 [Validate] 버튼을 클릭한다.

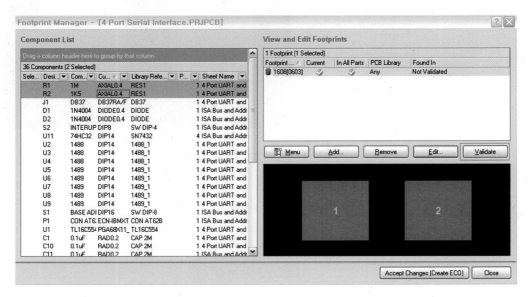

이 작업을 하지 않으면 똑같은 라이브러리(Footprint)가 있을 경우 등록된 라이브러리 우선으로 Footprint가 선정된다. 그래서 반드시 Validate Footprint Paths를 하여야 한다.

(5) 다음 그림은 정확한 Path가 지정되어 있는 것을 확인할 수가 있다. 그리고 [Accept Changes (Create ECO)] 버튼을 클릭한다.

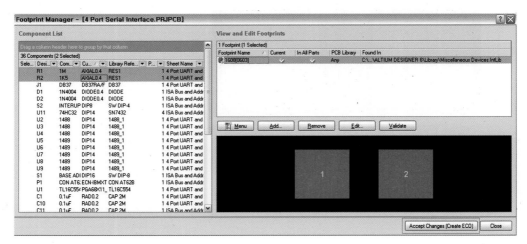

(6) 다음 그림에서는 Engineering Change Order 창을 볼 수 있다. [Execute Changes] 버튼을 클릭하여 회로도에 업데이트하는 과정이다.

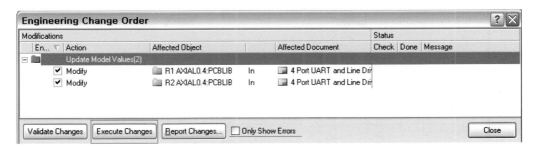

변경될 내용이 많을 경우에 에러가 있을지 모르기 때문에 「Only Show Error」를 체크하여 에러가 있는지 없는지를 반드시 확인하고 [Close] 버튼을 클릭한다.

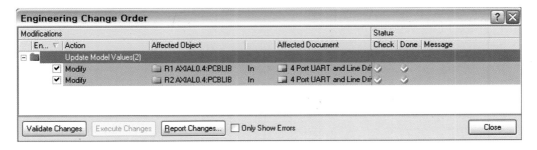

위 그림은 [Execute Changes] 버튼을 클릭한 후의 모습이다.

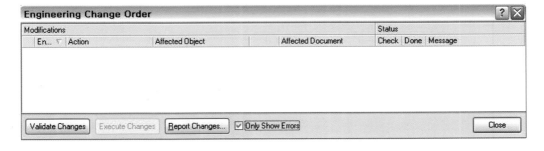

위 그림은 「Only Show Error」를 체크하고 나서 에러 메시지가 있는지 확인하는 작업이다.

여기까지 작업이 완료가 되었으면 [Close] 버튼을 클릭하여 창을 닫아주면 된다.

이제 회로도에 가서 Footprint가 수정이 되었는지 확인해 보도록 하겠다.

우선 회로도에 가서 R1을 더블클릭하면 다음 그림과 같이 Footprint가 수정된 것을 확인할 수 있다.

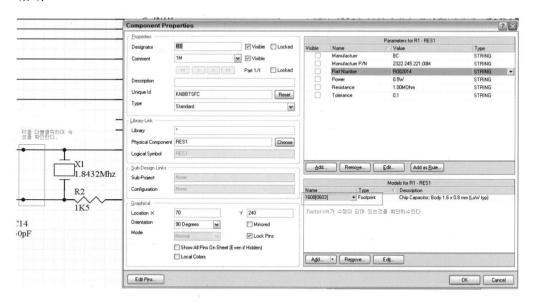

(1) Footprint를 가지고 있는 것을 바꾸는 방법에 대해서 알아보도록 한다.

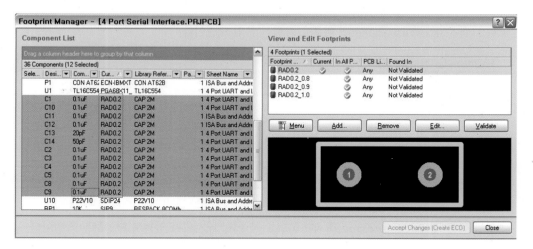

위 그림과 같이 Footprint가 다수로 등록되어 있는 경우, 「Current」에 체크가 되어 있는 Footprint가 실제 사용되고 있는 것이다. 예를 들어 RAD0.2_0.8로 바꾸는 방법에 대해서 알아보도록 한다.

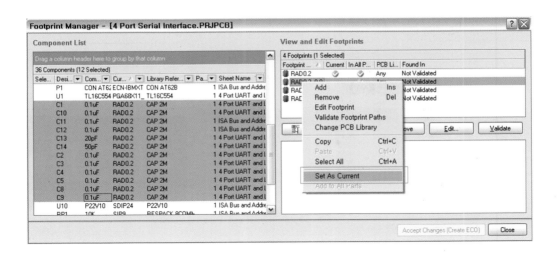

위 그림과 같이 「RAD0.2_0.8」을 선택하고 마우스 우측 버튼을 클릭하여 「Set As Current」를 선택한다.

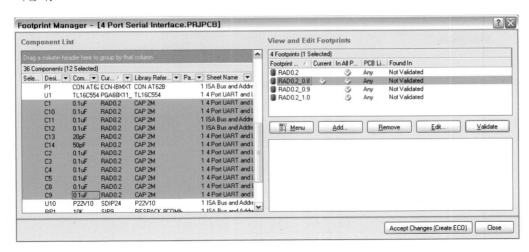

위 그림과 같이 Current가 바뀐 것을 확인할 수 있다. 여기서도 마찬가지로 위에서 설명한 대로 [Validate] 버튼을 클릭하고 Accept Changes(Create ECO)를 작업하면 된다.

(2) 「C:\Users\Public\Documents\Altium\Library\Pcb」 폴더에 있는 Footprint를 입력(추가)하는 방법을 알아보겠다.

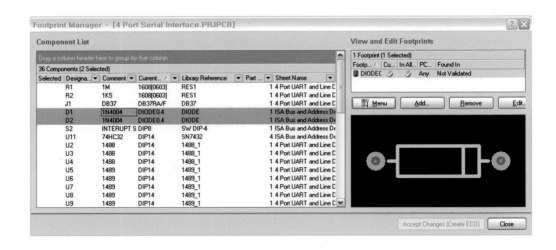

위 그림처럼 DIODE를 가지고 작업하도록 한다. 우선 Footprint를 추가하기 위해서 [Add...] 버튼을 클릭한다. 다음 그림과 같이 PCB Model 창에 아무것도 등록되어 있지 않은 것을 볼 수 있다. [Browse...] 버튼을 클릭한다.

다음 그림에서는 라이브러리가 기본 등록된 것을 사용하지 않고 PCB 폴더 안에 있는 라이브러리를 이용하도록 한다. 라이브러리를 추가하기 위해서「...」버튼을 클릭한다.

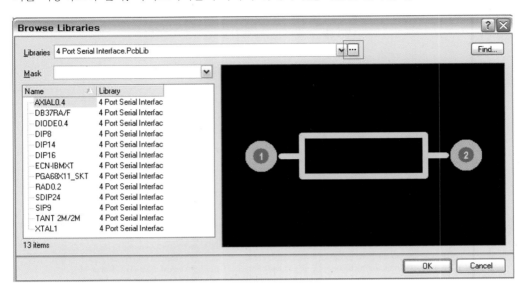

다음 그림에서처럼 라이브러리를 추가하기 위해서 [Install...] 버튼을 클릭한다.

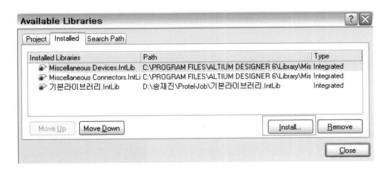

다음 그림과 같이 path를 지정한다.

다음 그림처럼 파일 형식이 「Protel Footprint Library(*.PCBLIB)」로 선택되어야 라이브러리가 보일 것이다. 그리고 「Small OutLine Diode - 2 C-Bend Leads.PcbLib」를 선택하고 [열기] 버튼을 클릭한다.

C: ₩Users ₩Public ₩Documents ₩Altium ₩AD16 ₩Library

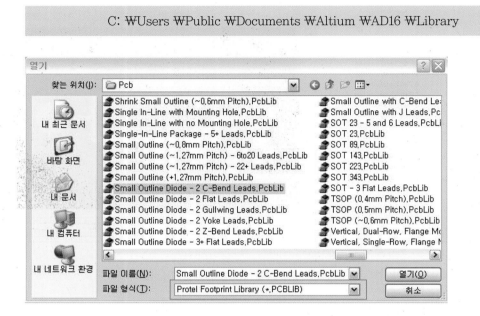

다음 그림에서 Libraries를 「Small OutLine Diode - 2 C-Bend Leads.PcbLib」로 선택하고 리스트 중 「DSO-C2/G1.6」을 선택한 후 [OK] 버튼을 클릭한다.

여기에서의 선택의 기준은 Description 내용에 자세히 기술되어 있다. 부품 선택 시 데이터시트에 있는 내용이 Description 내용과 동일한 부품을 선택하면 된다. Description 내용은 다음과 같다.

DO-214-AC/SMA; 2 C-Bend Leads; Body 5.3 x 2.6 mm, inc. leads (LxW)

위에 있는 항목과 데이터시트 항목이 동일한 것을 사용하면 된다.

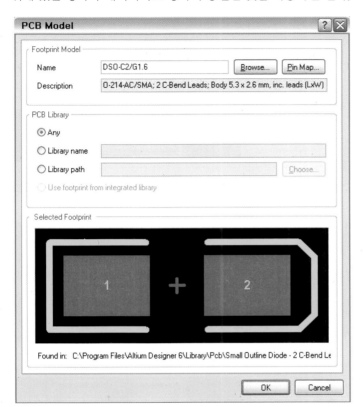

PCB Model 창에서 다시 한 번 등록될 부품을 보여준다. [OK] 버튼을 클릭한다.

(3) Footprint Manager 창에서 「DSO-C2/G1.6」을 선택하고 마우스의 우측 버튼을 클릭하면 「Set As Current」 메뉴가 있다.

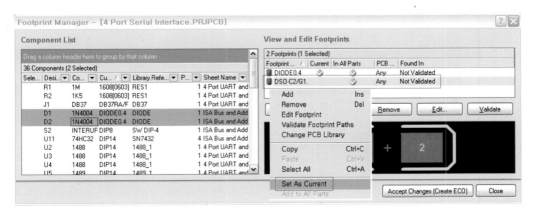

이 메뉴를 클릭하여 사용하고자 하는 Footprint에 우선권을 준다.

(4) Footprint Manager 창에서 우선권이 선정된 후 [Validate] 버튼을 클릭한다.

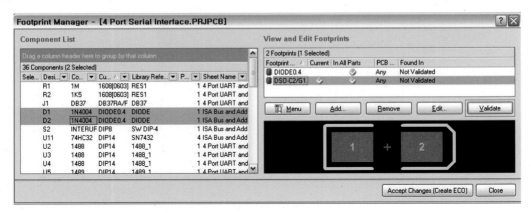

(5) Footprint Manager 창에서 Found In에 보면 부품에 대한 자세한 정보를 가지고 있는 것을 알 수가 있다. [Accept Changes [Create ECO]] 버튼을 클릭한다.

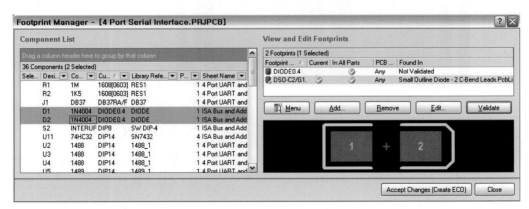

(6) Engineering Change Order 창에서 [Execute Changes] 버튼을 클릭한다.

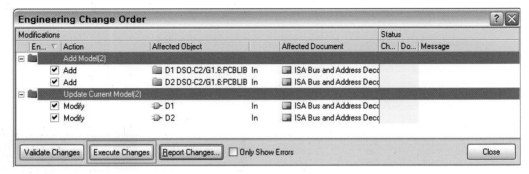

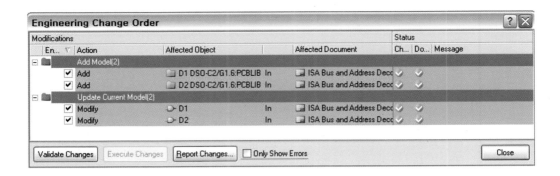

Engineering Change Order 창에서 이상이 있는지 없는지를 확인하기 위해서 「Only Show Error」를 체크한다.

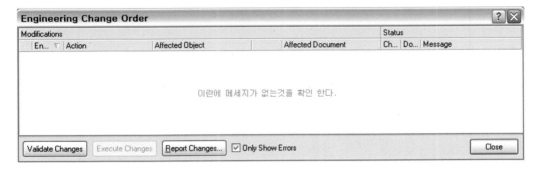

Engineering Change Order 창에서 에러 메시지가 없으면 [Close] 버튼을 클릭하여 작업을 완료한다. 작업이 잘 되었는지는 부품의 속성을 확인하는 방법을 이용하면 된다. 나머지 부품들도 마찬가지로 위에서 작업한 대로 작업을 완료한다.

계층도면 연결성 알아보기

PCB ARTWORK

Multi-Sheet Design(Project)을 하기 위해서 여러 가지 작업에 대해서 알아보도록 한다.

(1) 개요

프로젝트 회로도에 대한 여러 가지 작업 방법을 설명한다. 엔지니어는 다양한 이유로 Multi-Sheet 작업을 진행하고 있다. 회로도가 너무 크거나 복잡해서 하나의 Sheet로 작업을 진행하지 못하는 경우에 이 방법으로 작업을 진행하면 회로도를 깔끔하게 정리할 수 있다.

(2) 회로도 구조

① Multi-Sheet로 작업할 때 컴파일 시 회로도의 구조는 새로운 변화가 있을 것이다. 이것은 Tree 구조로 되어 있다. 최상단에 있는 것을 Main Project라고 지칭한다. 그리고 밑에 있는 회로도를 하위도면이라고 지칭한다.

② 첫 번째는 그 같은 최상단 표(Sheet1)에 Sheet2와 Sheet3을 위해 기호를 위치시키는 것에 의해 새로 만들어졌다. 두 번째는 Sheet1, Sheet2, Sheet3을 차례로 위치시키는 것에 의해 만들어졌다.

평면도면과 계층적인 연결성을 상세히 논의할 것이다. 또한 계측적인 도면을 연결하는 방법에 대해서 설명한다.

1 Net Identifiers and Scope

Sheet 상에 신호선을 표기하는 방법은 Net와 같다. 이것을 작업하는 것은 Wire, Net Label, Port, Powerport로 표현한다. 다음 그림과 같이 표현하는 방법을 볼 수가 있다.

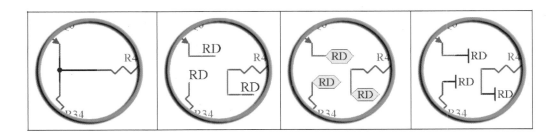

Net로 연결하는 방법 중에 왼쪽에 있는 그림은 틀린(연결이 되지 않은) 작업을 보여준다. 오른쪽에 있는 방법은 Port를 이용하여 Net Label을 사용한 올바른 예를 볼 수 있다.

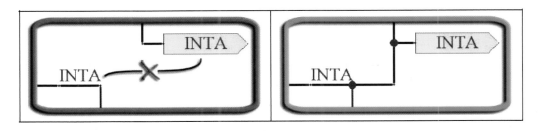

2   Net Ldentifiers

회로도를 가장 기본적인 방법으로 연결하는 것은 Net Label이다. 이러한 방법은 Wire에 대한 작업량을 대폭적으로 줄일 수 있는 방법 중에 하나라고 볼 수 있다.

위와 같은 방법은 평면도면일 경우에만 해당된다. 계층도면을 작업할 때 이러한 사항을 고려하여 위와 같은 방법을 통하여 작업의 효율을 높일 수 있다. Port 사용 시 Net Label을 기준으로 연결되기 때문에 Net Label에 대한 연결에 대해서 자세히 알아 두어야 한다. 그러나 이런 작업은 계층도면에서 적용이 되므로 사용에 대한 방법을 상세히 알아 두어야 한다.

3   Reference for Net Identifiers

Net Label	NetLabel	일반적으로 Wire에 name을 주는 것으로 사용한다. 사용 시 Wire 위에 위치하여야 한다. 같은 Net Label일 경우에는 자동으로 인식한다.
Port	Port	Port는 Sheet에서 Sheet를 연결 시 사용한다. Port 사용은 Net label을 기준으로 연결된다.
Sheet Entry	Entry	Sheet Entry는 회로도에서 사용한 Port를 표시한다.

Off-Sheet Connector	⊰⊰ OffSheet	이 기호는 하이라키 블록을 가지고 있는 상태에서만 연결이 가능한다.
Power Port	⏚	전원에 사용한 Net name을 가지고 자동으로 연결한다.
Hidden Pin		Hidden Pin에 같은 Net일 경우 자동으로 연결된다.

4 Hierarchical Block 작성 방법

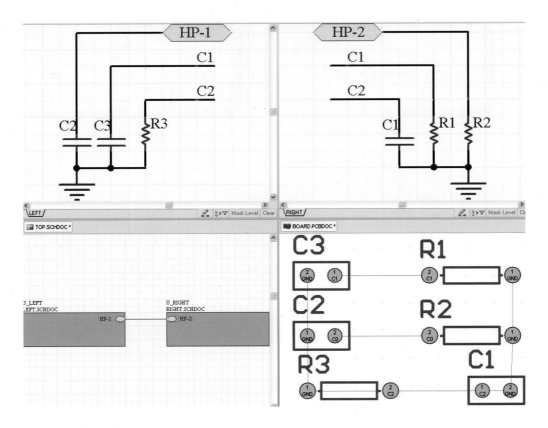

위에 있는 Project로 작업할 경우 Tree 구조를 만들어 주는 것은 위 그림과 같이 LEFT, RIGHT 회로를 작성하고 Top 회로를 구성하기 위해서 다음과 같은 작업을 진행한다.

(1) 새로운 도면을 작성한다. 도면 이름을 「Top.SCHDOC」로 지정한다.

(2) Design 〉 Create Sheet Symbol From Sheet를 클릭한다.

(3) 다음과 같은 Choose Document to Place 창이 나오면 등록되어 있는 회로를 하나씩 클릭하여 Hierarchical Block을 자동으로 작성한다.

(4) 연결에 대한 정보는 다음 페이지에서 자세히 설명하도록 하겠다.

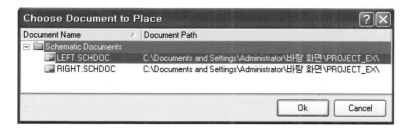

Connectivity Examples

다음과 같은 예제를 보고 작업자의 연결 정보를 확인할 수 있다.

(1) Example 1 – Hierarchical

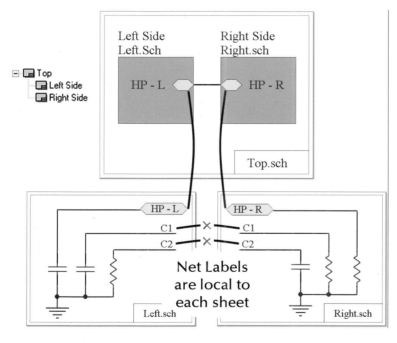

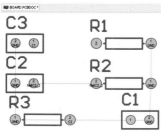

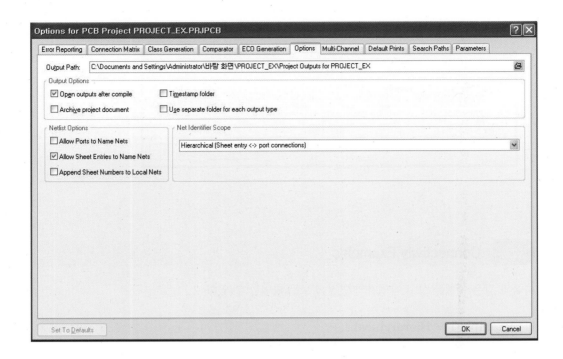

(2) Example 2 – Ports Global

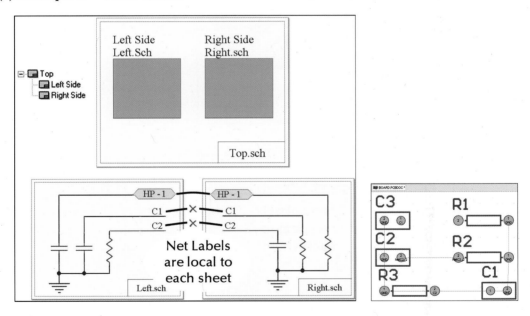

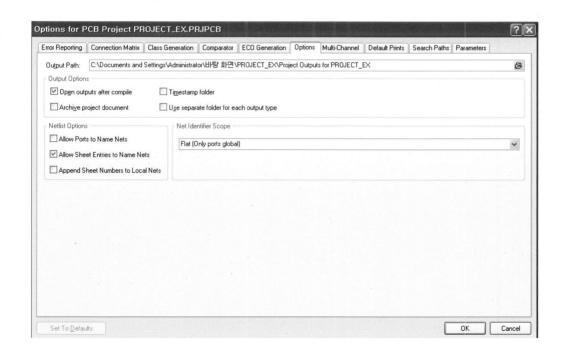

(3) Example 3 - Net Labels Global

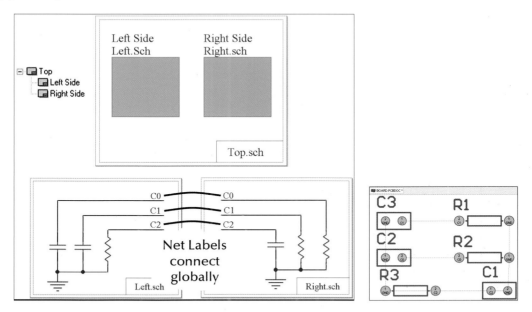

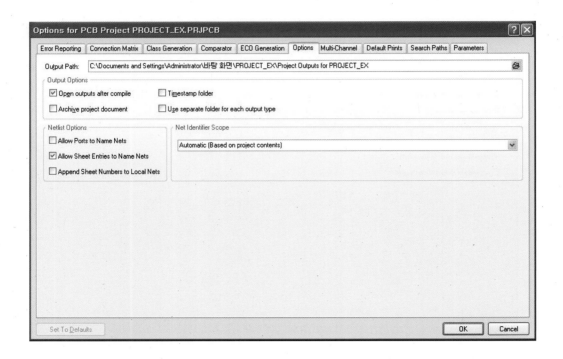

(4) Example 4 — Net Labels and Ports Global

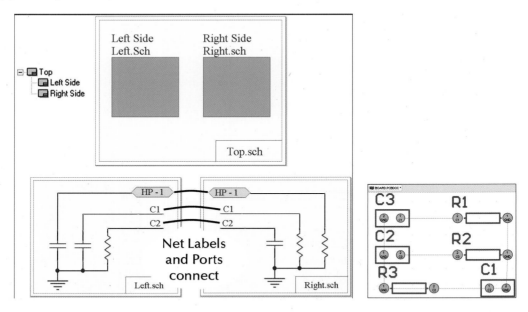

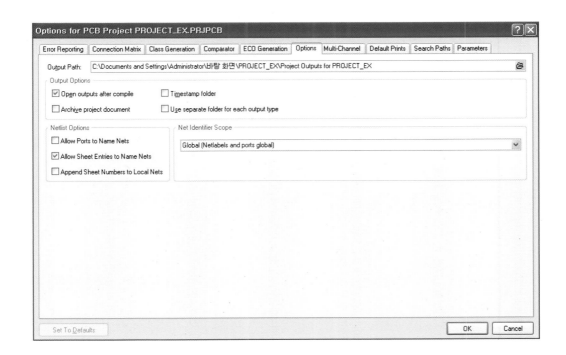

(5) Example 5 — Off-Sheet Connectors

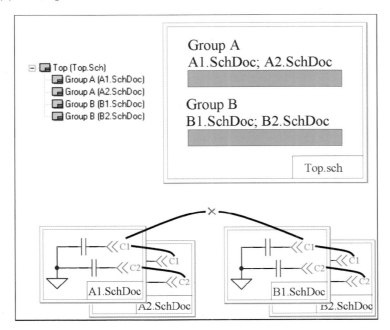

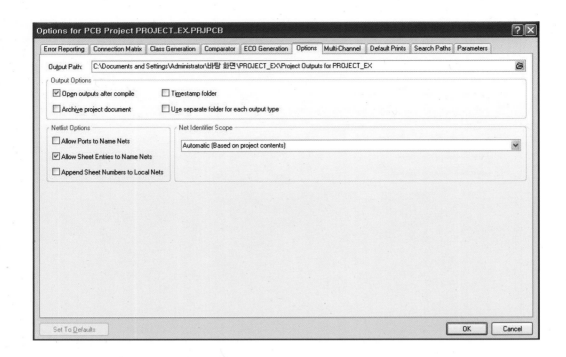

Netlist를 이용한 PCB 설계 -OrCad 활용하기-

여러 가지의 Netlist를 Protel 2004로 불러오는 방법에 대해서 알아보도록 한다.

1   OR-CAD Netlist Import

Netlist Import 과정은 다음과 같다.

(1) 「Project_Name.PcbPrj」를 생성한다.

(2) 새로운 「pcb_name.pcbdoc」를 생성한다.

(3) Netlist를 Project 안에 넣어준다. 탐색기에서 protel Project 창으로 드래그하면 된다.

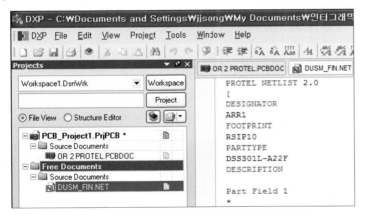

(4) 맨 다음에 있는 Net 파일을 위에 있는 Project로 드래그한다. 그럼 하나의 「prjPCB」 파일로 묶이는 것을 알 수가 있다. 이러한 과정은 반드시 해주길 바란다.

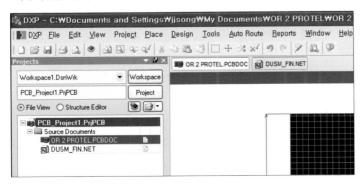

(5) Project 〉 Show Differences…를 클릭한다.

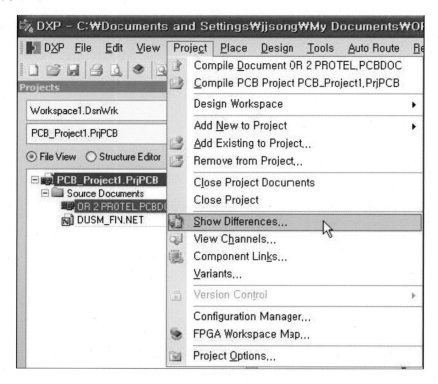

(6) 다음 그림에서 「Advanced Mode」를 체크하면 우측 그림과 같이 Ero로 창이 나뉘는 것을 볼 수가 있다. 우측 그림과 같이 우측 창에는 Net를, 좌측 창에는 PCB를 선정하고 [OK] 버튼을 클릭한다.

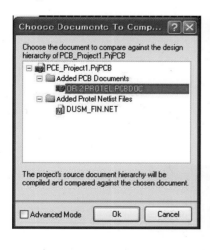

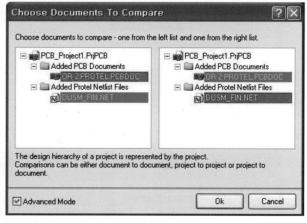

(7) 다음과 같은 창이 나타나면 마우스의 우측 버튼을 클릭해서 Update All in 〉 PCB Document를 클릭한다.

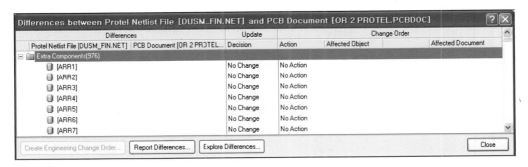

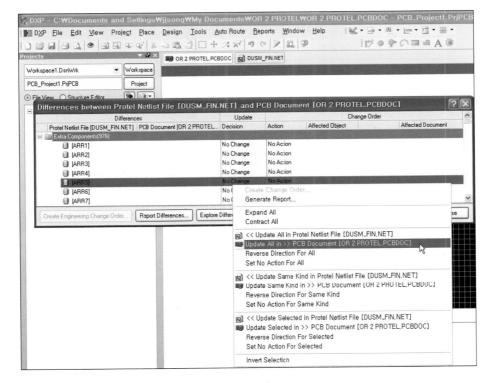

(8) 다음 그림에서 「Create Engineeing Change Order....」를 클릭한다.

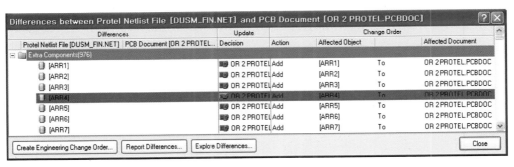

(9) [Validate Changes] 버튼을 클릭하여 Check를 한다. 이상이 없으면 옆에 있는 [Execute Changes]를 클릭해서 PCB로 업데이트한다.

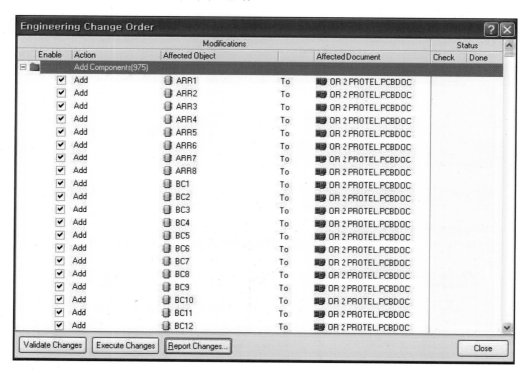

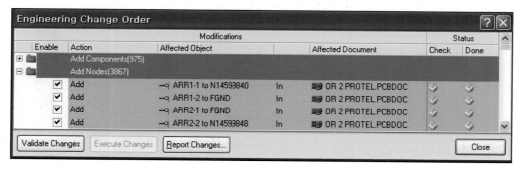

이상으로 외부에서 가져온 Netlist를 Protel로 Import하는 과정을 알아보았다. 이제는 PCB만 작업하면 된다.

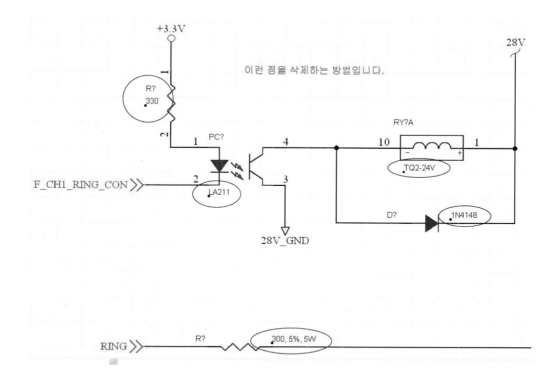

위에서 보는 것 같이 OR-CAD(DSN) 파일을 변환한 Part Type 앞에 점들이 나온다. 이것을 굳이 삭제하지 않아도 PCB Design하는 데는 지장이 없다. 하지만 회로도가 보기에 지저분하다는 생각이 드는 경우 이 기능을 사용하길 바란다.

여기에서는 예전에 사용하던 Global 기능도 같이 설명하도록 하겠다.

(1) 점이 있는 Part Type을 1번 클릭한다. 그림과 같이 Part Type만을 한 번 클릭한 상태에서 마우스의 우측 버튼을 클릭해서(반드시 Part Type 위에서) 「Find Similar Objects...」를 선택한다.

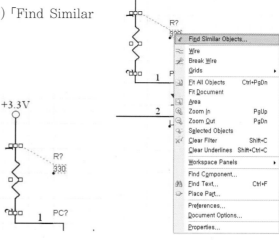

(2) 다음 그림이 나오면 Part Type 위에서 설정을 하였기 때문에 다른 설정 없이 Parameter를 Same으로 기본 설정한다. [Apply] 버튼을 클릭해서 선택이 전부되었는지 확인하고 [OK] 버튼을 클릭해서 Inspector 창으로 이동한다.

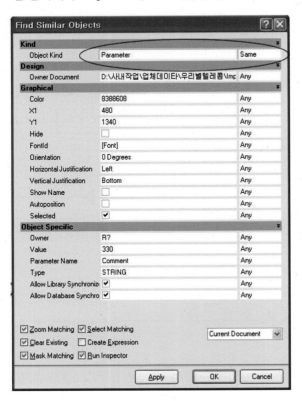

(3) 그림처럼 「Autoposition」을 체크한 후 Enter 키를 누르면 수정이 전부 다 된다. 그림 확인을 해 보도록 한다.

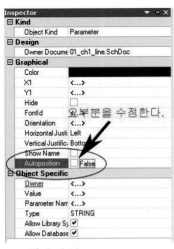

▲ 그림 수정 전

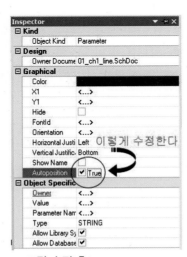

▲ 그림 수정 후

다음 그림과 같이 수정이 다 끝났다.

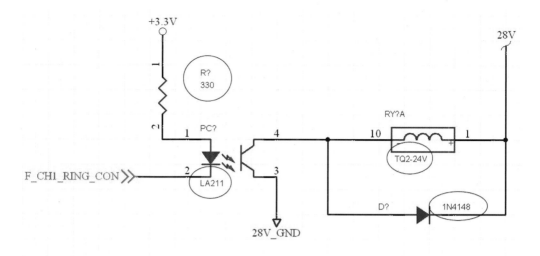

회로도에 **part type**에 있던 점들이 싹 정리가 되었지요.

알아두기 **열려있는 모든 회로도의 점 지우는 방법**

이러한 작업을 계속해서 사용하시는 분은 다음 그림을 참고하기 바란다. 그림의 오른쪽 아래에서 보는 것처럼 「Open Documents」를 선택하고 실행하면 열려 있는 회로도는 전부 다 수정된다.

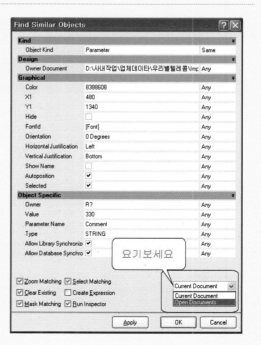

3 ORCAD DSN 파일 변환

Altium Schematic을 OR−CAD 파일로 저장하는 방법을 알아보자.

File 〉Export 〉Orcad v7 Capture Design을 선택한다.

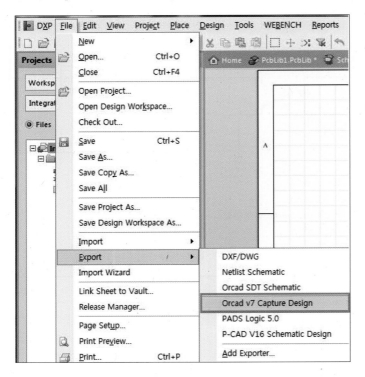

다음 그림과 같이 파일 형식을 「Orcad v7 Capture Design(*.dsn)」으로 지정하고 저장한다.

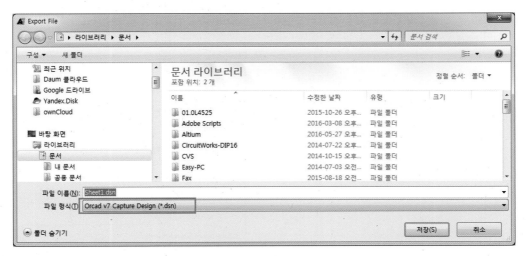

Summary

Altium에서 지원하는 Schematic Export!!!

- Altium Schematic Binary (*.SchDoc)
- Altium Schematic binary 4.0 (*.sch)
- OrCAD v7 Capture Design (*.dsn)
- AutoCAD DWG/DXF (*.dwg, *.dxf)

- Altium Schematic ASCII (*.SchDoc)
- OrCAD SDT Schematic (*.sch)
- Altium Schematic Template (*.SchDot)

Schematic 추가 기능

회로에서 사용하는 메뉴 기능을 추가적으로 설명한다. 사용자가 유용하게 사용할 수 있는 기능이며 알아두면 좋은 메뉴만 정리해 보자.

1 Smart Paste [스마트 붙여넣기]

① [Edit 〉 Smart Paste] [단축키: Shift + Ctrl + V]

 Summary

'Smart Paste'는 Altium 개체 및 Windows 개체에 텍스트 정보를 변환할 수 있다. 회로 작성 시 많이 사용하는 Port, Net label, Bus, Harness와 2가지 이상 복합적으로 사용되는 Wire+Netlabel 또는 Wire+Netlabel+Port 등을 복합적으로 사용되는 작업을 한다.

작업 진행 시 먼저 복사할 텍스트를 'Altium' 또는 'Windows'에서 복사한 다음 진행한다. Edit 〉 Smart Paste를 클릭하면 다음 그림과 같이 [스마트 붙여넣기] 창이 뜬다. '회로도 객체 형식'과 '윈도우 클립보드 내용' 중 복사한 곳을 선택한다.

Paste 대상을 「Ports, Wires and NetLabels」로 선택한다. (Paste 대상은 사용자가 원하는 메뉴를 선택한다.)

Paste Option에서는 배선길이 값을 입력한다.

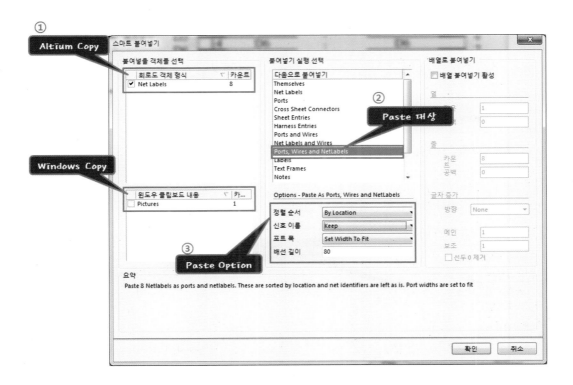

다음은 Altium에서 NetLabel을 복사하고 Smart Paste를 적용한 그림이다.

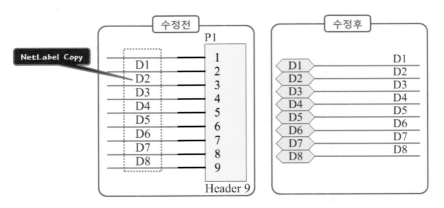

① [Edit 〉 Break Wire]　[단축키: Shift + Ctrl + V]

 Summary

Wire 작업 중 Wire 사이를 절삭할 경우 사용한다.

Break Wire를 실행하여 해당하는 Wire에서 선택하면 Wire 중간을 절삭할 수 있다.

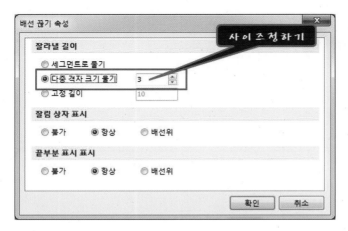

배선 끊기 속성은 3가지로 나눌 수 있다. 다음과 같이 ↹(Tab) 키를 눌러서 변경할 수 있고, Spacebar 키를 눌러서 '다중 격자 크기 물기'과 '고정길이' 속성을 바꿀 수 있다.

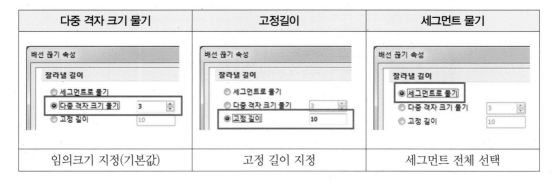

다중 격자 크기 물기	고정길이	세그먼트 물기
임의크기 지정(기본값)	고정 길이 지정	세그먼트 전체 선택

다음은 Break Wire를 적용한 그림이다.

3 Increment Component Part Number [Gate 부품 파트 변경]

① [Edit 〉 Increment Part Number]

 Summary

TTL 부품 사용 시 Gate를 변경할 때 사용한다. 메뉴를 선택 시 한 단계씩 증가되는 것을 확인할 수 있다.

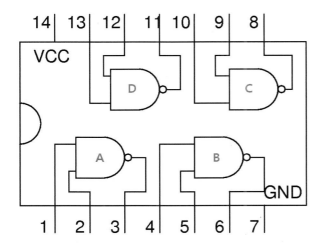

① [Edit 〉 Find Similar Objects]   [단축키: Shift + F]

 Summary

선택한 객체와 유사한 객체를 찾을 때 사용한다. 한 번에 여러 개를 찾거나 선택하여 일괄적으로 수정할 수 있는 기능이다.

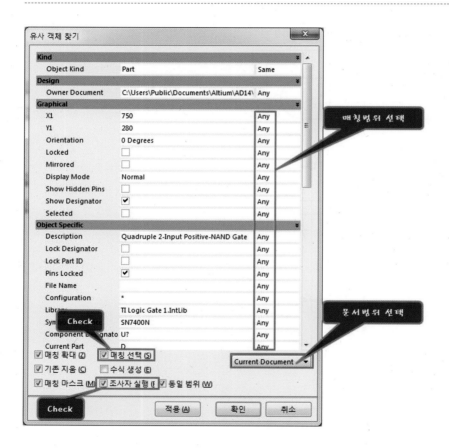

[유사 객체 찾기] 표의 오른쪽 열에는 관련된 특성의 비슷한 개체를 찾을 수 있는 방법에 사용하는 옵션의 목록이 다음과 같이 되어 있다.

Any	필터의 설정을 무시한다.
Same	필터의 특성이 같은 개체의 값을 설정한다.
Different	필터의 특성이 다른 개체의 값을 설정한다.

① [Design > Make Schematic Library] [단축키: D + M]

 Summary

현재 프로젝트에 있는 회로도 소스 문서에 배치된 모든 구성 요소의 개략적인 소스 라이브러리를 생성하기 위해 사용된다. 완성된 디자인의 정확한 라이브러리 또는 라이브러리 문서를 저장할 때 유용하게 사용된다.

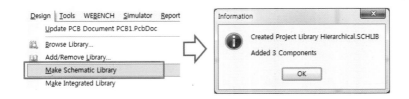

메뉴를 클릭하면 Information 대화창에서 회로에 배치한 라이브러리 수만큼 추가되었고 회로도 이름과 같은 라이브러리 소스가 자동으로 추가된다. 다음 그림에서는 SCH Library 패널에서 보는 것과 같이 회로에 배치된 심볼들이 등록되어 있는 것을 확인할 수 있다.

알아두기 변화된 Project 구조

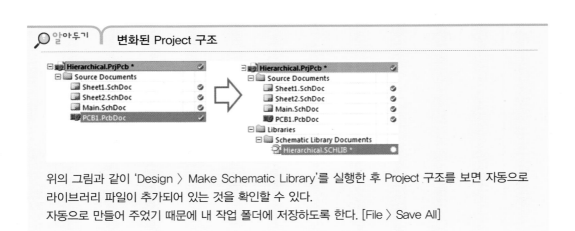

위의 그림과 같이 'Design > Make Schematic Library'를 실행한 후 Project 구조를 보면 자동으로 라이브러리 파일이 추가되어 있는 것을 확인할 수 있다.
자동으로 만들어 주었기 때문에 내 작업 폴더에 저장하도록 한다. [File > Save All]

6 Differential Pair [차동배선 설정]

① [Place 〉 Directives 〉 Differential Pair] [단축키: P + V + F]

  Summary

전기적인 신호 두 쌍을 똑같은 형태와 길이로 배선할 수 있도록 미리 세팅하는 방법이다.

PCB 설계 시 여러 모듈에 적용하는 것을 다음과 같이 알 수 있다.

적용 사례 : RS-422, RS-485, Ethernet over twisted pair, PCI 익스프레스, 디스플레이, HDMI 및 USB 등에 많이 사용하고 있다.

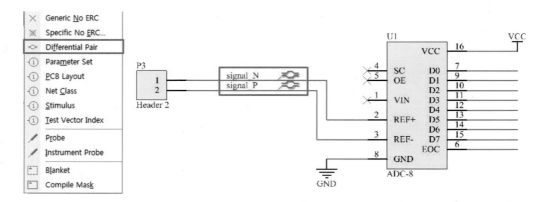

Differential Pair로 연결할 Wire 위에 「Differential Pair」를 배치한다. 그리고 각 해당하는 Net label을 'xxx_N'과 'xxx_P'로 표현하면 다음 그림과 같이 PCB 상에서 Differential Pair가 성립되어 있는 것을 확인할 수 있다.

PCB 상에서 「Differential Pairs Editor」를 선택하고 「All Differential Pairs」를 선택하면 회로에서 Differential Pair를 설정한 내용으로 반영된 것을 확인할 수 있다.

'Interactive Differential Pair Routing'을 이용하여 차동 라우팅을 완성할 수 있다.

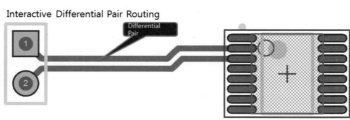

Interactive Differential Pair Routing

① [Place 〉 Directives 〉 PCB Layout] [단축키: P + V + P]

 Summary

단일 Net에 PCB Rules을 적용하는 기능이다. 세밀하게 특정 Net를 선정하여 작업자가 PCB Rules를
세밀하게 입력할 수 있는 방법이다.

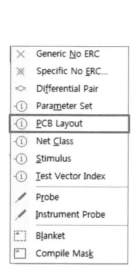

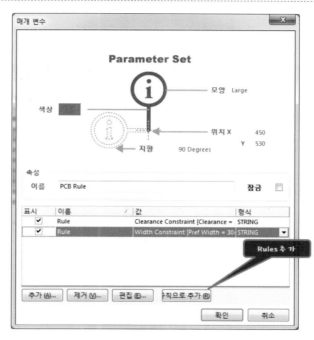

적용할 Rule을 하나씩 추가해서 적용하면 된다.

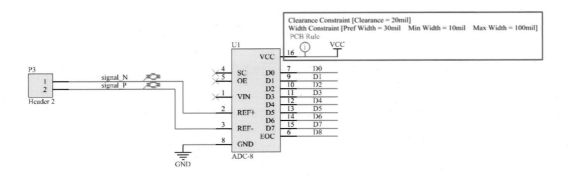

② PCB 상에서 Design Rules 확인

[Design 〉 Rules]　　[단축키: D + R]

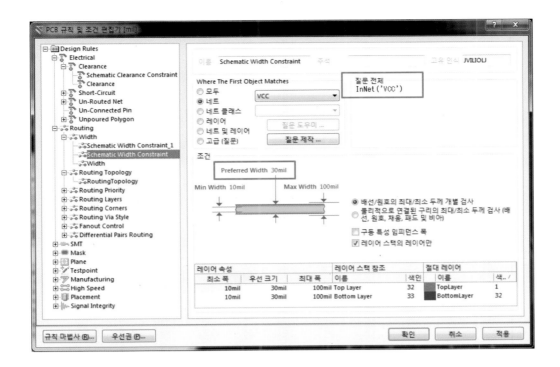

---

8 Blanket

① [Place 〉Directives 〉Blanket] [단축키: P + V + L]

 Summary

Blanket은 그물에 의해 신속하게 그물의 그룹에 적용할 수 있는 다른 매개 변수 집합을 기반으로 지시할 수 있다. 단순히 그물 모양(사각형) 또는 다각형 모양으로 개체의 범위를 더 세부적으로 정의할 수 있다.

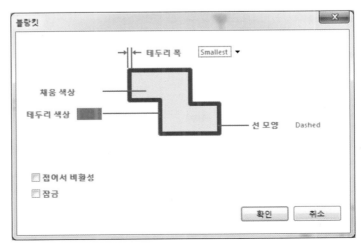

사각형 및 다각형으로 Blanket을 적용할 수 있다.

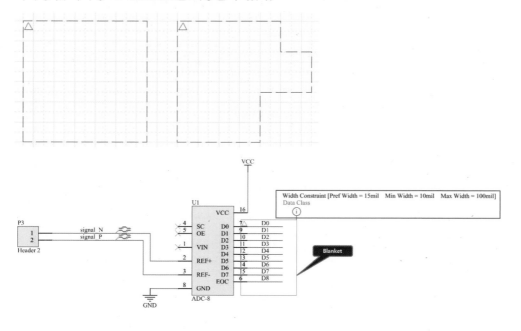

9 Net Class

① [Place 〉 Directives 〉 Net Class] [단축키: P + V + C]

Summary

다수에 Net를 PCB Rules에 적용하는 기능이다. Blanket을 이용하여 선택한 후 Net Class를 배치하여
다수의 Net를 Class로 적용시키고 해당 전체 Class에 Rules를 적용할 수 있다.

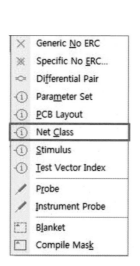

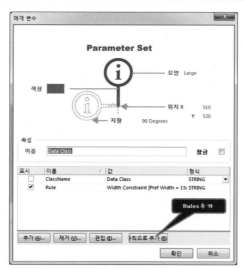

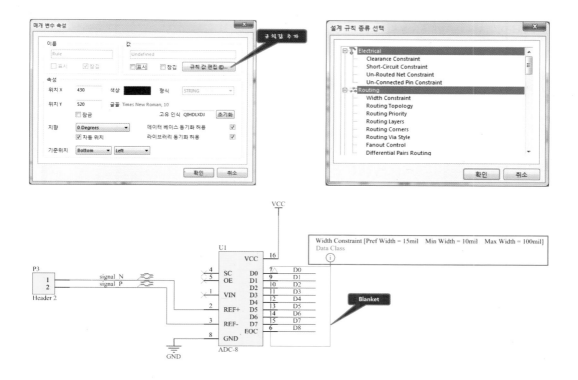

② PCB 상에서 Class 확인

[Design > Class]   [단축키: D + C]

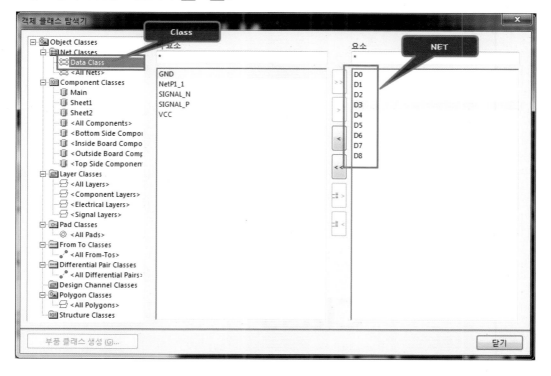

③ PCB 상에서 Design Rules 확인

[Design 〉 Rules]　　[단축키: D + R]

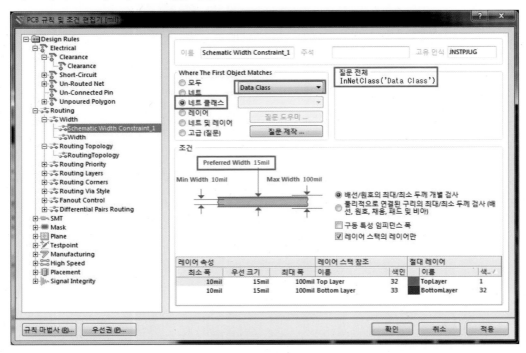

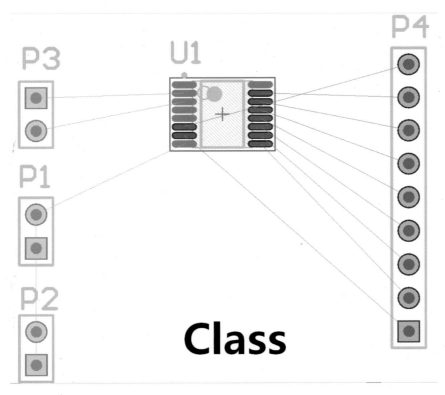

Class

10 **Show Physical Differences [문서 비교하기]**

① [Project 〉 Show Physical Differences]

Summary

Show Physical Differences는 물리적으로 틀린 부분을 비교하는데 사용한다. 작업파일이 따로 저장되어 있다면 틀린 부분에 대해서 보고서를 만들어 준다. 또한 Netlist(OrCad)를 가지고 PCB(Altium)로 전환해서 작업할 경우도 사용된다.

두 개의 PCB를 다음과 같이 비교해보자.

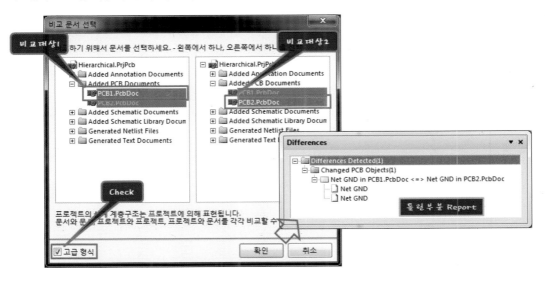

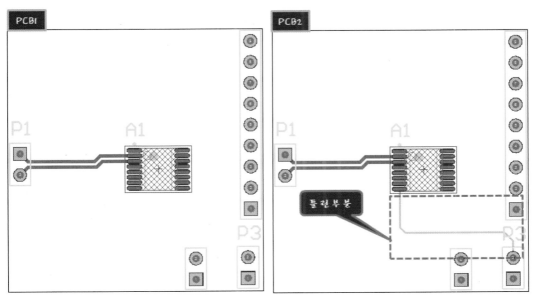

① [Reports 〉 Bill of Materials] [단축키: R + T]

Summary

BOM(Bill of Material)은 특정 제품(Item)이 어떠한 부품(Item)으로 구성되는지에 대한 정보를 담고 있다. 즉, BOM은 Item 간의 관계(relationship)를 정의하는 데이터라고 할 수 있다. 우리가 접하는 대부분의 제품들은 모두 여러 가지 부품의 조립품이라고 볼 수 있다. 예를 들어 전화기, 자동차, 컴퓨터, 키보드, 오디오, 비디오, 카메라, 세탁기, 청소기 등은 모두 많은 부품의 조립을 통해 만들어진 것이다. 부품의 파생품을 뽑는 방법에 대해서 알아보도록 한다.

본 Bill of Materials은 회로도에서 작성하는 방법이다. 회로에 사용한 부품의 정보를 추출하여 보고서를 작성하도록 한다. 그림과 같이 뽑고자 하는 항목을 체크하여 보고서를 완성한다.

Comment	Description	Designator	Footprint	LibRef	Pins	Quantity

다음 그림과 같이 '모든 열'에서 필요한 항목을 체크하여 우측에 항목이 등록되는 것을 볼 수 있다.

'묶인 열'은 'Comment', 'Footprint'가 똑같으면 Group으로 묶어서 열을 정리한다.

Comment	Description	Designator	Footprint	LibRef	Pins	Qt
ADC-8	Generic 8-Bit A/D Converter	A1	DIP-16	ADC-8	16	1
Header 9	Header, 9-Pin	P1	HDR1X9	Header 9	9	1
Header 2	Header, 2-Pin	P2, P3, P4	HDR1X2	Header 2	2	3

12 Add Port References Document [Port 정보 생성, 정보 작성]

① [Reports 〉 Port Cross Reference 〉 Add To Sheet] [단축키: R + P + D]

 Summary

회로 작성 시 여러 포트를 볼 수 있다. 서로 연결되어 있는 부분을 도면에 추가하기 위해 문자열을 추가한다. 각 포트 옆에 시트 이름과 위치 정보를 자동으로 생성한다.

회로도 작업 시 포트 위에 커서를 올려놓으면 자동으로 연결된 정보를 바로 볼 수 있다. 하지만 회로도를 출력(프린트)하여 볼 때에는 해당 정보를 확인하는 것이 힘들기 때문에 도면에 위치 정보를 자동으로 입력하는 'Port Cross Reference' 기능이 필요하다.

작업 방법은 추가할 때는 'Add Too Project', 삭제할 때는 'Remove from Project'를 이용하여 추가와 삭제를 간편하게 작업할 수 있다.

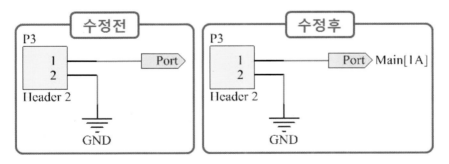

다음 그림은 메인에 해당하는 도면이다. 위 그림에서 포트 옆에 표기('Main[1A]')된 위치를 확인할 수 있다.

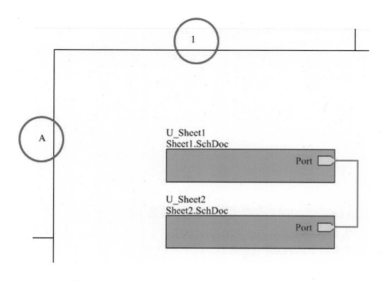

도면에서 우측 마우스 버튼을 클릭하면 'Sheet Actions 〉 Port Cross Reference 〉 Add To Sheet'를 쉽게 찾을 수 있다. 단축키를 이용하는 방법도 있지만 마우스를 이용하여 편리하게 작업하는 방법도 있다.

13 회로도에서 PCB Footprint 바꾸기

① [Tools 〉 Footprint Manager] [단축키: [T]+[G]]

 Summary

FootPrint Manager는 회로도를 작성하고 각 부품에 대해서 FootPrint 설정 시 손쉽게 작업할 수 있게 하는 방법이다.

PCB Design을 하기 위해서 설계자가 원하는 부품을 편하게 선택하여 작업하는 과정이다. 설계자는 해당 부품을 DIP 또는 SMD 부품을 사용할지 미리 선정한 후 이 작업을 진행하면 된다.

Tools 〉 Footprint Manager…를 클릭한다. Footprint Manager 창에서 다음 그림과 같이 부품 리스트 항목을 확인할 수 있다. 변경할 부품을 선택하여 해당 부품에 Footprint를 변경할 수 있다.

다음 그림과 같이 해당 「A1」, 「ADC-8」 부품을 선택하고 [편집] 버튼을 클릭한다. 변경할 부품은 DIP Type으로 「DIP-16」으로 수정하도록 한다.

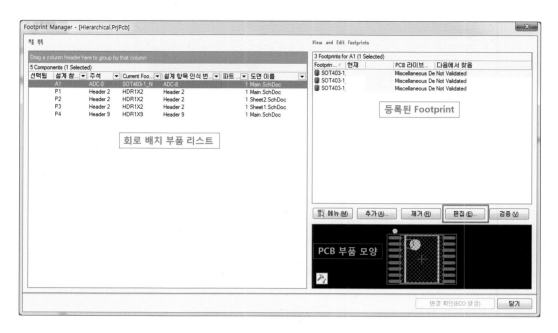

다음 그림에서 「모두」를 선택하고 [찾기] 버튼을 클릭한다.

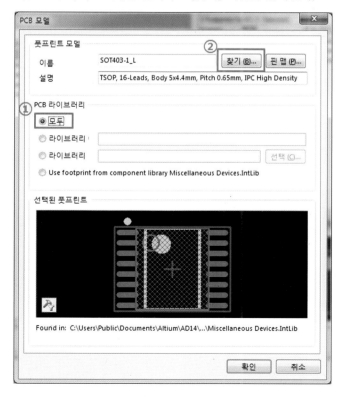

라이브러리를「Miscellaneous Devices.IntLib」를 선택하고「DIP-16」을 선택한다. 라이브러리 위치
는 'C:₩Users₩Public₩Documents₩Altium₩AD₩Library'이다.

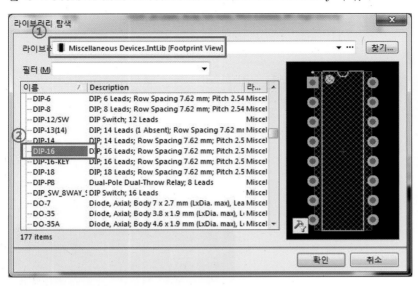

선택된 풋프린트를 뷰창을 통해서 확인하고 [확인] 버튼을 클릭한다.

선택한 부품에 대해서 해당 라이브러리 위치를 [검증] 버튼을 클릭하여 인식해 준다. 이러한 작업을 통해 나머지 부품도 편하게 작업을 마친 후 [변경 확인(ECO 생성)] 버튼을 클릭한다.

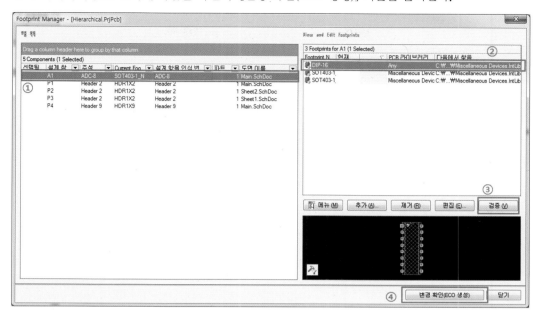

[변경 실행] 버튼을 클릭하여 회로도에 적용시키면 된다.

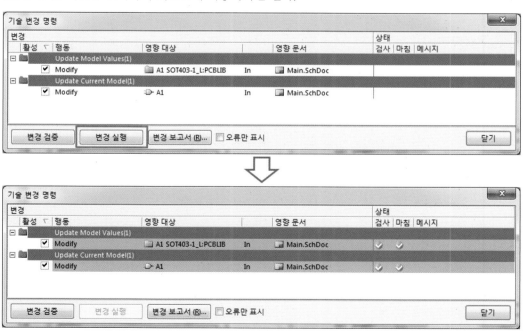

14 **회로도에서 부품번호 자동 넣기**

① [Tools 〉 Annotate Schematics Quietly....] [단축키: T + U]

 Summary

회로도에서 부품번호를 자동으로 입력하여 주는 기능이다. 단일도면에서 간단하게 많이 사용한다. 빠르고 간단한 방법으로 부품번호 입력을 완성할 수 있다.

Tools 〉 Annotate Schematics Quietly....를 클릭하면 다음 그림과 같이 부품번호가 바뀐다는 메시지를 볼 수 있다.

[Yes] 버튼을 클릭한 후 회로도에서 반영된 것을 확인하면 된다.

② [Tools 〉 Annotate Schematics] [단축키: T + A]

Summary

회로도에서 부품번호를 자동으로 입력하여 주는 기능이다. 다중도면에서 각각의 도면에 번호를 부여할 수 있고 부품번호에 대해서 방향을 선택할 수 있다.

Tools 〉 Annotate Schematics을 클릭한다. [변경 목록 갱신] 버튼을 클릭하여 변경 목록에 '?'로 되어 있는 부분이 자동으로 숫자로 바뀌게 한다.

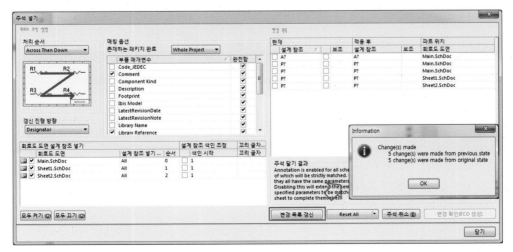

[변경 확인(ECO 생성)] 버튼을 클릭하여 '기술 변경 명령'을 생성한다.

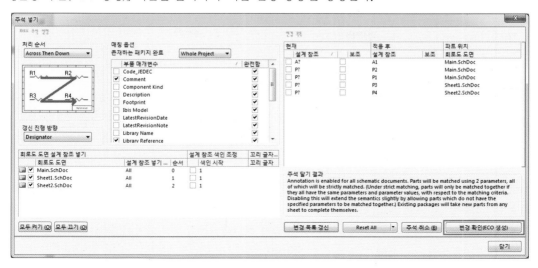

[변경 실행] 버튼을 클릭하여 회로도에 적용시킨다.

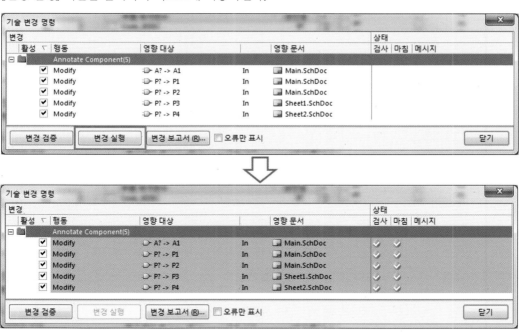

15 Board Level Annotate

① [Tools 〉 Board Level Annotate] [단축키: Ctrl + L]

Summary

부품번호를 회로도와 PCB에서 서로 바꿀 수 있는 기능이다. 무조건적으로 회로에서 부품번호를 정해서 사용하지만 PCB 상에서 부품번호를 수정하여 회로도로 반영하는 경우에 사용된다.

Altium에서는 기본적으로 회로에서 PCB로 변경되는 구조를 가지고 있다. 이러한 변경 방식을 해제하고 이 'Board Level Annotate'를 사용하여야 한다. 다음 그림과 같이 Project 〉 Project Options을 클릭하고 「ECO Generation」 탭을 클릭하여 좌측 하단에 있는 「주석 파일이 부품 설계 참조 변경 넣기」를 체크하지 않은 상태에서 작업을 진행하여야 한다.

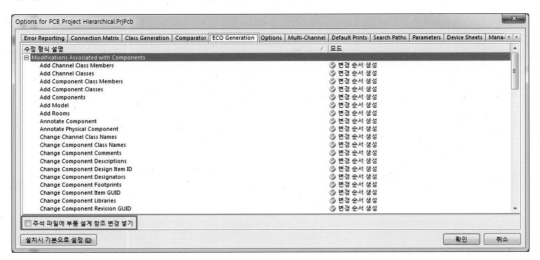

Tools 〉 Board Level Annotate를 클릭한다. 「설계 참조 넣기」에서 「모두 설계 참조 넣기」를 선택하여 회로도 소스 부품번호를 PCB 부품 사례에 반영한다.

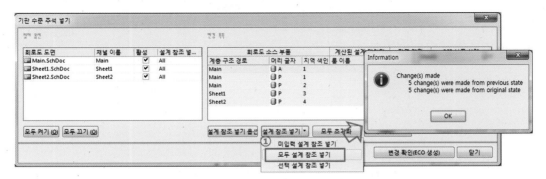

회로도 소스 부품이 PCB 부품 사례로 변경된 것을 확인하고 [변경 확인(ECO 생성)] 버튼을 클릭하여 '기술변경명령'을 생성한다.

[변경 실행] 버튼을 클릭하여 회로도에 적용시킨다.

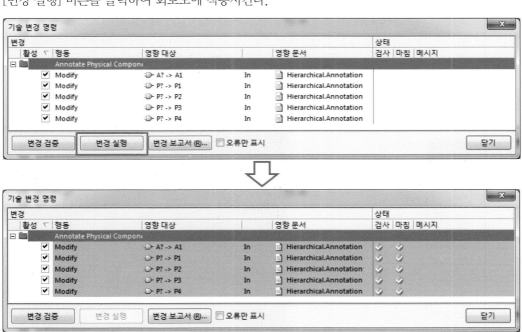

16 Cross Probe

① [Tools 〉 Cross Probe] [단축키: T + C]

Summary

회로도와 PCB 상에 선택한 개체를 자동으로 찾아주는 기능이다. 명령은 양쪽에 똑같이 존재하여 '부품', 'Wire(Net)', 'Pin' 등을 자동으로 확인할 수 있다.

작업하는 파일을 회로와 PCB를 이용하여 연결 정보와 해당하는 위치를 확인하려고 할 때 사용한다.

사용하는 방법은 Tools 〉 Cross Probe를 선택하고 찾고자 하는 개체를 클릭하면 자동으로 팝업되고 주변은 Mask 처리가 된다. Mask를 지우려면 Ctrl + C 키를 누르면 된다.

이 기능을 사용할 때는 Dual Monitor를 사용할 때 100% 사용률이 나올 수 있다. Single Monitor에서는 화면이 전환되어 메뉴를 취소한 상태에서 해당 파일을 클릭하여 보기 때문에 회로 수정 시 불편한 점들이 있다.

다음 그림은 Cross Probe를 회로에서 적용하여 PCB에서 부품이 선택된 상태이다.

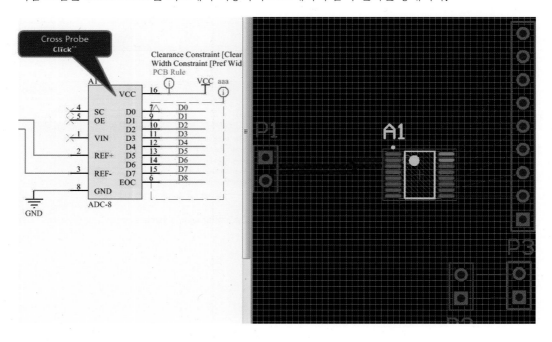

다음 그림은 「Signal_N」 Wire를 선택하여 「Cross Probe」를 적용해 PCB 상에 패턴이 연결된 정보를 확인할 수 있다.

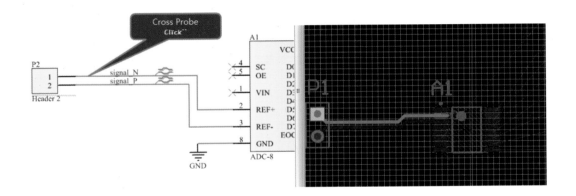

단축키 및 아이콘 바꾸기

Altium Designer에서 사용하는 아이콘 및 툴바 메뉴를 사용자가 원하는 대로 만들어 낼 수 있는 방법에 대해서 알아보도록 한다.

1 툴바에 명령 추가하기

이 연습에서는 Schematic Editor의 Main 툴바에 Find 〉 Text 명령을 추가할 것이다.

(1) Schematic 문서 메인 메뉴(또는 툴바)에서 마우스의 우측 버튼을 클릭하고 나타나는 메뉴에서 「Customize」를 선택한다. Customizing 다이얼로그가 나타날 것이다.

(2) Find Text 명령은 메뉴에서 이미 사용가능하고 Customizing 다이얼로그에서 찾는 것보다 간단하게 메뉴에서 툴바로 명령을 복사한다.

(3) Edit 메뉴에서 일단 클릭하고 Find Text 명령을 클릭한다. 블랙박스로 하이라이트될 것이다.

(4) [Ctrl] 키를 누른 채, Find Text 명령을 클릭하여 메인 툴바까지 드래그한다. Cut 버튼 전에 놓으면 다음 그림처럼 보인다.

(5) Customizing 다이얼로그를 닫고, 새 버튼이 작동하는 것을 확인하기 위해 클릭하면 Find Text 다이얼로그가 열린다.

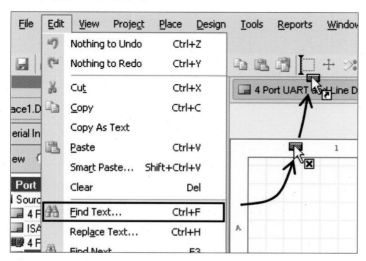

▲ 그림 메뉴에서 툴바로 명령 복사하기

이번 연습은 사용자가 Schematic Editor의 마우스 우측 메뉴로 Deselect All 명령을 추가하는 것이다. Right Mouse Click 메뉴에서 나타나는 메뉴 아이템은 Options 팝업 메뉴(단축키 $\boxed{\text{O}}$ 를 누름)나 Filter 팝업 메뉴(단축키 $\boxed{\text{Y}}$ 를 누름)가 Help 〉 Popups 메뉴 하에 나열된다.

(1) Schematic 문서 메인 메뉴(또는 툴바)에서 마우스의 우측 버튼을 클릭하고 나타나는 메뉴에서 「Customize」를 선택한다. Customizing 다이얼로그가 나타날 것이다.

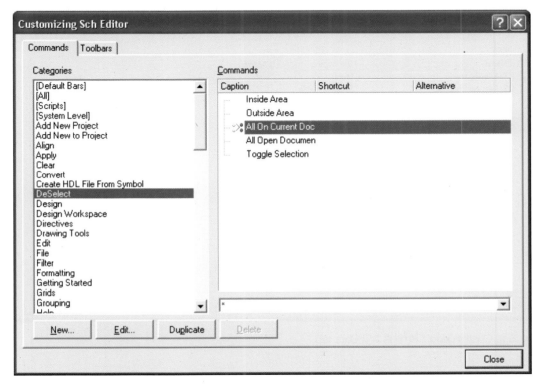

▲ 그림 Right Mouse Click 명령으로 디스플레이된 Customizing 다이얼로그

(2) 그 다이얼로그의 Categories 목록에서 「DeSelect」를 선택한 후, 오른쪽에 Commands list를 「All on Current Document」 명령에 위치시킨다.

(3) 이 명령을 클릭한 채로 Help 메뉴까지 드래그한다. 일단 열고 Popups로 끌어내린 후, Right Mouse Click을 내려서 Clear Filter 메뉴의 Entry 다음으로 명령을 놓는다.

(4) 이 메뉴를 닫기 전에 이 메뉴에 나타난 캡션을 편집한다. 이것을 하기 위해서 새 메뉴 Entry에 더블클릭하여 Edit Command 다이얼로그를 연다.

(5) Edit Command 다이얼로그에서 De&Select All을 읽기 위해 캡션을 편집한다. Ampersand 문자 '&'의 위치에 주의한다. 이것은 그 문자가 액셀러레이터처럼 동작하는 것을 정의한다. 사용자는 메뉴에서 사용되는 어떤 액셀러레이터 키를 자유롭게 재 할당한다.

새 메뉴바나 툴바를 생성하는 것은 하나를 편집하는 것과 유사하다. 절차는 다음 개요를 보자.

DXP System 메뉴(File 메뉴의 왼쪽)에서 「Customize」 명령을 선택한다.

이것은 다음 그림에서 보이는 것처럼 Customize Editor 다이얼로그를 디스플레이한다.

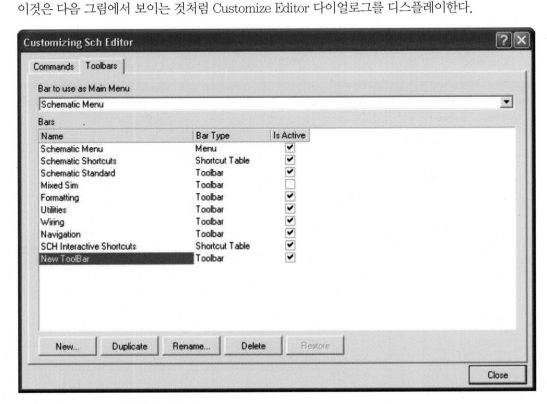

▲ 그림 Customizing 다이얼로그의 Bars tab

Bars 탭은 새 툴바 생성에 사용되고 툴바의 화면은 제어하며, 메뉴바가 될 바를 선택한다. 오직 하나의 메뉴만 어느 때나 활성화될 수 있지만, 툴바는 메뉴바가 되기 위해 선택될 수 있다. 새로운 바를 메뉴바로 설정하기 위해서 「Bar to use as Main Menu」를 내려서 변경한다.

🔍 알아두기 **새 툴바 생성**

1. Schematic Editor가 실행 중인 동안, DXP 메뉴에서 Customizing 다이얼로그를 디스플레이하기 위해 Customize 명령을 선택한다.
2. Toolbars 탭을 클릭하고 New를 클릭한다. 새 툴바는 리스트에 나타날 것이다. Rename을 클릭하고 My Toolbar처럼 이름을 변경한 후에, Is Active 체크박스를 실행한다.
3. 새 blank bar를 위치시키고, 메뉴와 툴바가 기본 위치에 있다면 Help 메뉴의 오른쪽에 있을 것이고, 그것을 드래그하면 workspace에 뜰 것이다.
4. 마지막으로 앞의 '툴바에 명령 추가하기'에서와 같이 툴바에 명령 추가하기에 설명된 순서를 이용하여 사용자의 새 툴바에 버튼을 추가한다.

PCB ARTWORK

PCB_DESIGN(II)

학습 목표

이 장에서는 Power Plane 작업과 Design Rules 설정법에 대해 배운다.

Power Plane 작업

이번 장에서는 Power Plane에 대한 작업 방법을 알아보도록 하겠다.

1 | Power Plane 4층, 6층... 다층 설계 방법

전체적으로 하나의 층을 Plane으로 사용하는 방법과 하나의 층을 여러 개(Net)로 나누어서 사용하는 방법에 대해서 알아보도록 한다.

(1) 그림은 양면 PCB에서 배치한 후 4층의 설계 방법이다.

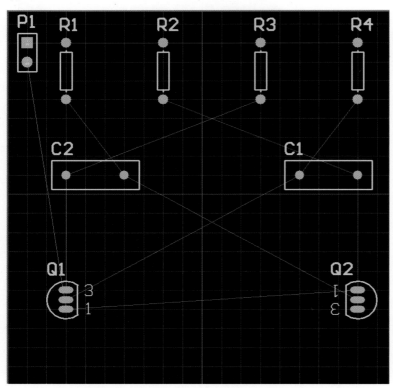

(2) Design > Layer Stack Manager를 선택한다. → D + K 키

그림에서처럼 PCB 보드를 보면서 Layer를 추가 및 삭제할 수 있다.

(3) Signal Layer 추가 방법

Top Layer를 선택하고 [Add Layer] 버튼을 클릭한다.

▲ 그림 Signal Layer 추가

(4) Power Plane 추가 방법

Power Plane이 들어갈 Layer를 잡아서 [Add Internal Plane] 버튼을 클릭한다.

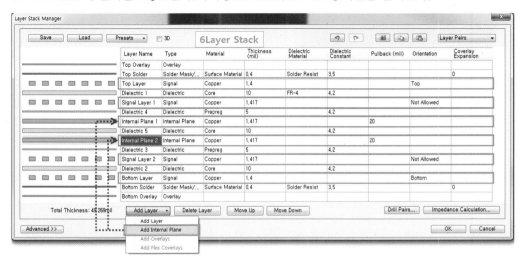

▲ 그림 Power Plane 추가

위 그림과 같이 Layer 및 Plane을 추가할 수 있다. 이것을 위 아래로 조정하는 것이 Move Up과 Move Down이다. 이 버튼을 이용하여 설계자의 보드 Layer 위치를 바로 잡아 준다.

(5) 그림과 같이 키보드 [L] 키를 클릭하여 레이어 창을 띄운 후 위에 박스 안에 있는 레이어를 다 켜준다.

(6) 다음과 같은 그림으로 표현하기 위해서 [Shift]+[S] 키를 클릭하면 Single Layer Mode로 변환 된다. 이렇게 하여야 Plane 작업하기가 편하다.

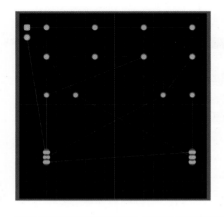

위에서 Layer를 Plane1로 위치하여 위 그림과 같이 표현한다.

Net 색상을 바꾸는 방법에 대해 알아보자. Net 색상을 바꾸는 이유는 라우팅 작업과 부품 배치 시 Net에 흐름을 확인하기 위해서이다.

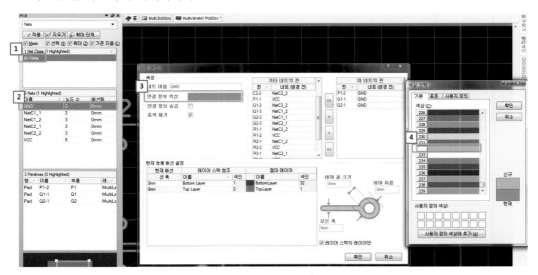

위 그림에서 원하는 Net의 색상을 바꿀 수 있다.

(1) 좌측 PCB Pannel에서 All Nets를 클릭한다.

(2) 바로 밑에 해당하는 Net(GND)를 더블클릭한다.

(3) Edit Net 창에서 연결정보 색상 란에 있는 색상을 클릭한다.

(4) 색상선택 창에서 원하는 색상을 지정하면 된다.

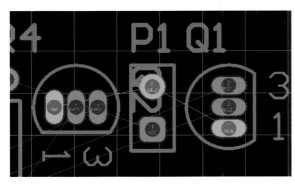

▲ 그림 GND Net 색상 변경

위와 같은 방법으로 Plane에서 작업할 Net(예 3.3V, 12V...)를 색상 변경한다. 이렇게 해야 작업하기가 편하고 보기에도 좋다.

(1) Plane을 잘라보도록 한다.

우선 다음 그림과 같이 Line을 잡고 내가 원하는 부위를 땅따먹기 하듯이 잘라주면 된다.

(2) 다음 그림에서 오른쪽 그림은 Line 두께를 변경하기 위해 [↵] 키를 눌러서 1mm로 바꾼 모습이다.

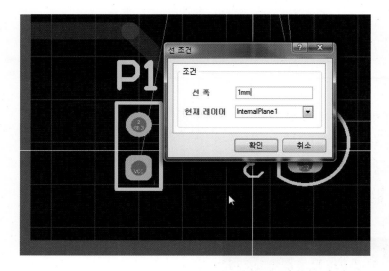

Line의 두께는 하나의 Plane에서 다른 하나의 Plane을 겹쳤을 때 떨어지는 거리라고 보면 될 것이다. Clearance라고 보면 되겠다.

(3) 다음 그림은 Line을 가지고 Layer를 잘라낸 모습이다. 위와 아래 두 개의 Plane으로 구성되었다.

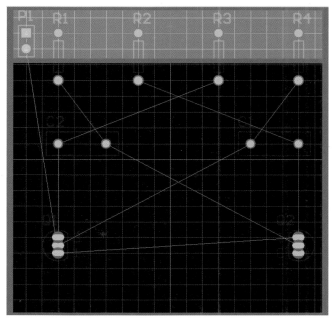

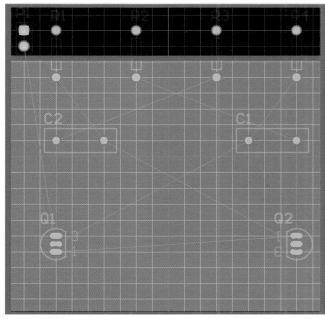

(4) 다음 그림은 잘라진 바닥을 더블클릭하여 Net를 입력하는 장면이다.

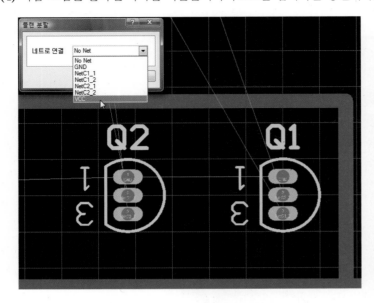

이렇게 영역을 표기하면 하나의 Plane에서 2개 이상의 Net를 사용하는 것을 쉽게 알아볼 수가 있다. 다음 그림에서처럼 Net 색상을 바꾸고 나서 영역이 설정되면 Plane 색상이 틀린 것을 볼 수 있다.

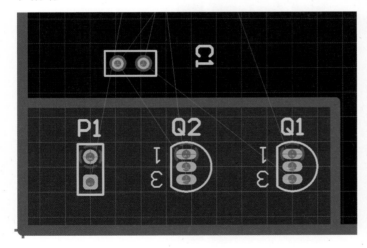

Design Rules 설정법

Design Rules은 PCB Design 활용 시 더욱 편하게 작업할 수 있고 효과적인 방법으로 작업할 수 있게끔 미리 Rule을 선정하는 것이다. PCB Design을 더욱 편하고 정확하게 작업하기 위해서는 Rule 설정을 꼼꼼히 해야 한다. 그럼 Design Rules에 대해서 알아보도록 한다.

참고로 「C: ₩Users ₩Public ₩Documents ₩Altium₩AD16 ₩Examples」 안에 있는 예제 파일을 사용하였다.

다음 그림은 Design Rules에 대한 모든 내용이다. → D + R 키

위 그림에서 보는 것 같이 Design Rules에 대해서 하나씩 알아보도록 한다.

우선 좌측에 있는 Tree를 기준으로 설명한다.

Electrical Rules에서는 Clearance, Short-Circuit, UnRouted Net, Unconnected Pin에 대해서 알아본다.

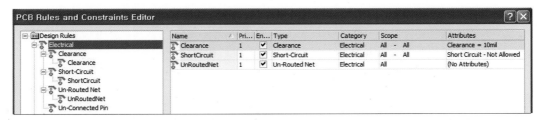

1 Clearance

(1) Clearance는 Pad, Track, Polygon 등 전기적인(Net) 신호를 가진 것은 모두 다 해당된다. 각각에 이격거리를 설정하는 방법이다.

(2) 작업 방법

다음 그림과 같이 「Clearance」를 클릭한다.

① Minimum Clearance : 설정하고자 하는 최소 이격거리를 나타낸다. (Default = 10mil)

② Connective Checking : 작업공간에서 적용되는 Rule의 범위를 설정해 준다.

③ Different Nets Only(Default) : 다른 Net에 속해 있는 대상물에만 적용이 된다.

④ Same Net Only : 서로 같은 Net에 있는 대상물에만 적용이 된다.

⑤ Any Net : Net와 상관없이 서로 다른 대상물에 모두 적용된다.

(3) 적용범위

Online DRC, Batch DRC, Interactive Routing, Auto Routing, During Polygonplacement

---

예제 **+12V에 해당하는 Net를 기준하여 Clearance를 20mil로 적용하시오.**

특정 Net에 대한 적용 방법이다.

● 새로운 Rule을 만들기 위해서 다음 그림과 같이 Clearance에서 마우스의 우측 버튼을 클릭하여 「New Rule…」을 클릭한다.

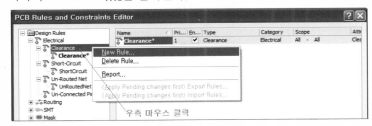

● Clearance_1이 생긴다. 이것을 다음 그림과 같이 「Clearance_+12V」로 수정한다. 「Net」를 선택하고 「+12V」를 선택한다. 그리고 Mininum Clearance를 「20mil」로 넣어준다.

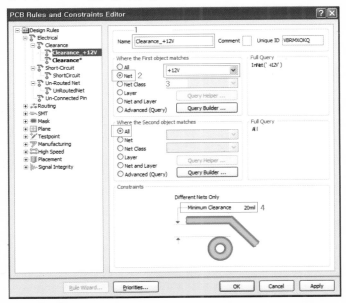

위 작업을 통해서 여러 가지 Rule을 기입할 수가 있다.

2 Short-Circuit

(1) Signal 또는 Plane Layer에서 작업 대상물들의 Short-Circuit에 대한 Rule을 설정하는 옵션이
다. Short-Circuit은 서로 다른 Net의 접촉이 있을 경우 발생한다.

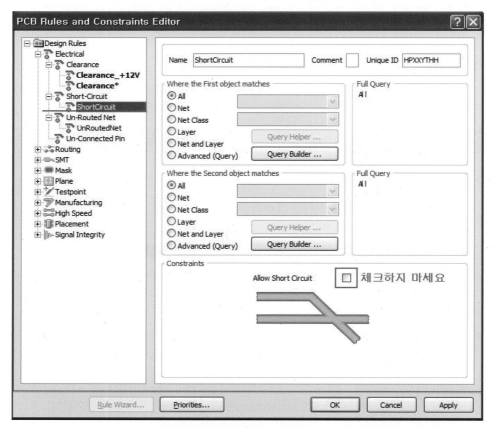

(2) 적용범위

Online DRC, Batch DRC, Auto Routing

3 UnRouted Net

(1) Autoroute 또는 Manual Route 배선을 마친 후, Net들의 연결 상태를 확인한다.

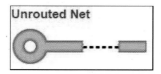

(2) 적용범위

Batch DRC

4 Unconnected Pin

(1) 모든 Net 중에 Route가 안 된 것을 알려 준다.

(2) 적용범위

Online DRC, Batch DRC

2 Routing Rules

Routing에서는 Width, Routing Topology, Routing Priority, Routing Layers, Routing Via Style, Fanout Control에 대해서 알아보도록 한다.

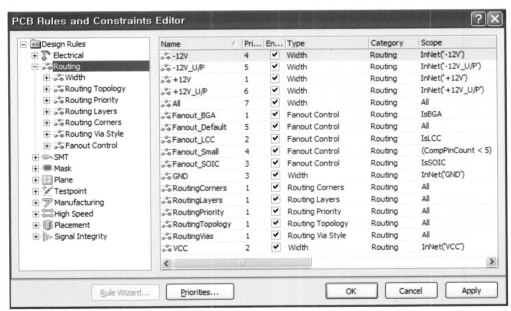

1 Width

Routing 시 배선의 두께를 정의할 수 있는 항목이다.

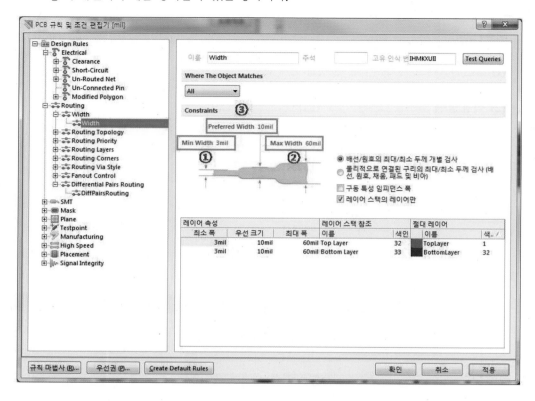

기본적으로 위 그림과 같이 Min Width > Max Width 〉 Preferred Width의 순서로 넓이를 설
정해야 한다.

(1) Characteristic Impedance Driven Width

① Track에 대해서 두께 조정이 아닌 Impedance로 선정하여 두께를 조절할 수 있는 기능이다.
이 설정을 사용할 경우에는 특정 Net를 선정하여 작업하는 것이 좋다.

② 임의의 패턴을 형성하기 때문에 전체적인 것보다는 특정 일부분만 사용할 때 용이하게 사용
된다.

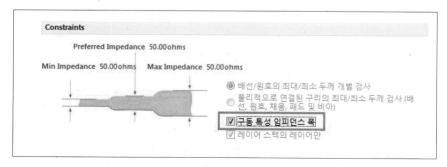

③ 작업 방법은 Min Impedance > Max Impedance > Preferred Impedance의 순서로 값을 설정해야 한다.

(2) Layer in Layer stack only

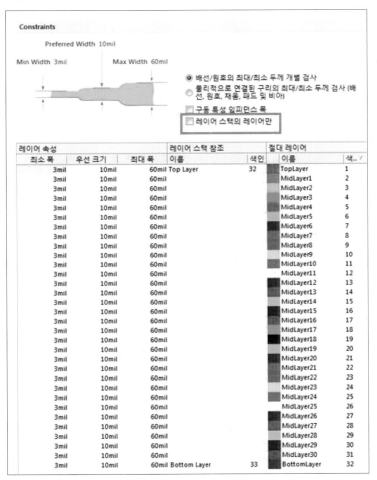

① Autoroute 또는 Manual Route할 때 위 그림에서와 같이 해당 Layer가 선정이 될 경우 설정된 값이 자동으로 바뀌는 작업을 할 수 있다.

② 작업 방법 : 해당 Layer stack에서 Track의 Width를 변경할 수 있다. 변경될 Layer만 수정한다.

(3) 적용범위

① Preferred Width = Autorouter

② Min/Max Width = Online DRC, Batch DRC (Routing 작업 도중 width는 Min~Max 사이에서 자유롭게 변경이 가능하다.)

2 Routing Topology

(1) Topology의 내용

Net의 Topology는 Pin to Pin 연결의 패턴과 배열에 관한 내용이다. Default(Shortest)라면 각
각의 Net의 Pin to Pin 연결은 전체적으로 가장 짧은 거리로 배열되도록 설정된다.

(2) Topology를 Net에 적용하는 이유

Topology를 Net에 적용하는 다양한 이유 중에서 만약 High-Speed Design을 설계할 경우에는
Signal Reflection을 Net에 최소화해야 하는데 이럴 경우에는 Daisy Chain Topology를 사용해
야 한다. 또 다른 예로는 Ground Net의 경우 모든 Track이 공통 단자로 돌아오는 것을 보장해
주기 위해서는 Star Topology를 사용한다.

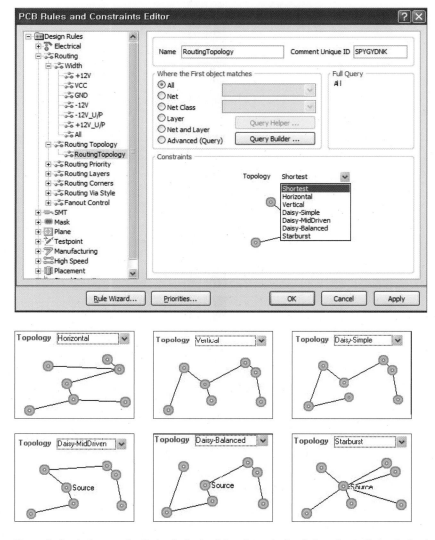

위 그림과 같이 Net에 대한 방향 속성을 바꿀 수가 있다. 이 중에서 제일 많이 쓰이는 것은
Shortest이다.

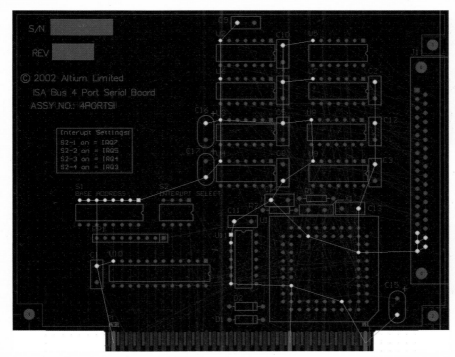

▲ 그림 수정 전 [Shortest]

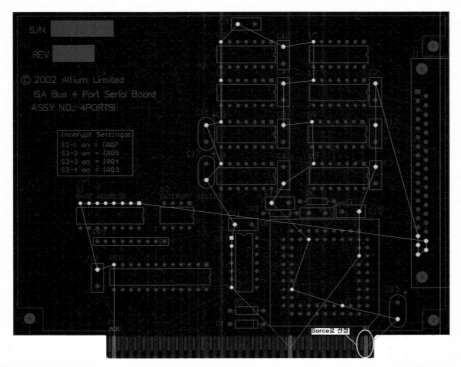

▲ 그림 수정 후 [Daisy—MidDriven]

• 다음 그림과 같이 시작할 Pad를 선정한다.

• 여기서는 Board 오른쪽 끝에 있는 Pad를 「Source」로 선정하도록 한다.

• 해당되는 Pad를 더블클릭하여 위 그림과 같이 Electrical Type을 「Source」로 선정한다. Design Rules에 들어가서 다음 그림과 같이 Daisy-Simple, Daisy-MidDriven, Daisy-Balanced 중 하나를 선택한다.

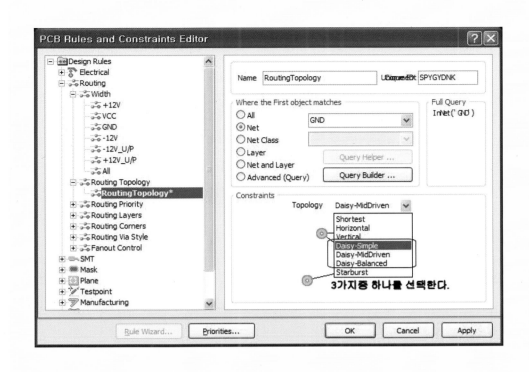

3 Routing Priority

(1) Rule Routing Priority 설정에 의해서 Routing의 우선순위가 결정된다.

(2) Autorouter를 사용할 때 Net를 기준으로 여러 Net들 중에서 제일 우선적인 Net에 대해서 우선
순위를 부여할 수 있다.

(3) Net에 설정된 Priority 값은 Rule의 범위 안에서 설정된다.

(4) 설정 가능한 범위는 0~100까지며, 값의 숫자가 높을수록 우선순위는 더욱 높아진다.

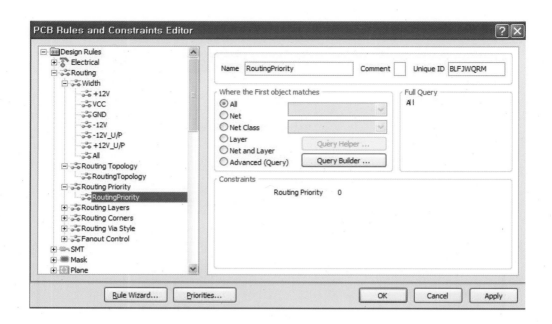

(5) 적용범위

Autoroute

예제 **+12V와 GND에 대해서 순위를 정하여 보자.**

● 새로운 Rule을 만들기 위해서 다음 그림과 같이 마우스의 우측 버튼을 클릭한다.

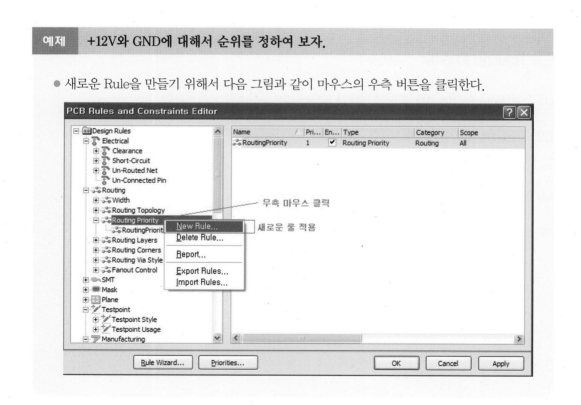

● 맨 위에 있는 Name란의 「RoutingPriority_1」을 「RoutingPriority_+12V」로 수정한다.
그리고 「Net」를 선택하고 우측에서 「+12V」를 찾아서 선택한다. Routing Priority에서 순
위를 1로 정한다.

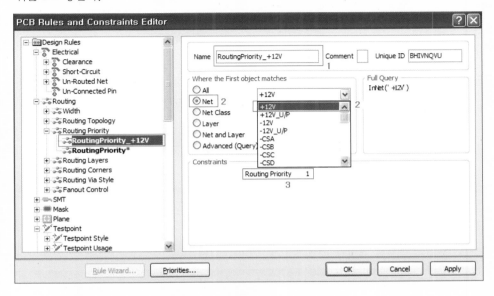

● 새로운 Rule을 만들기 위해서 다음 그림과 같이 마우스의 우측 버튼을 클릭한다.

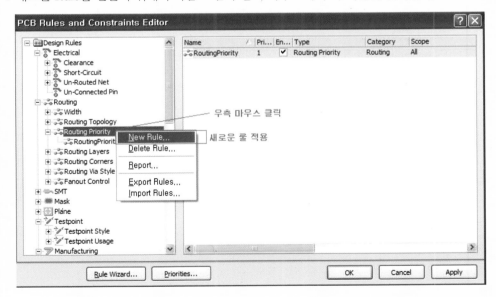

● 맨 위에 있는 Name란에서 「RoutingPriority_1」을 「RoutingPriority_GND」로 수정한다.
그리고 Net를 누르고 우측에서 GND를 찾아서 선택한다. Routing Priority에서 순위를
2로 정한다.

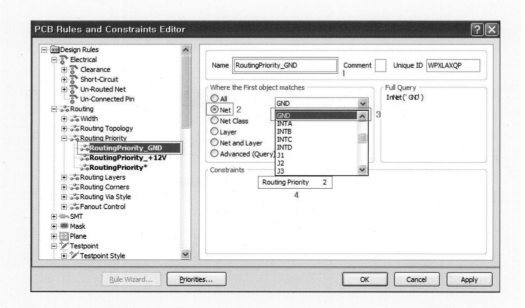

● 다음 그림은 작업을 진행할 순위를 전체적으로 본 Routing Priority이다.

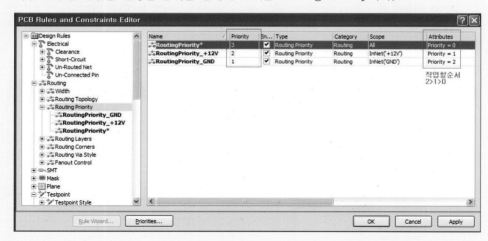

4 Routing Layers

(1) 실제로 Routing 시 사용할 Layer를 선택할 수 있는 곳이다. 표시 내용은 Signal Layer들이 표시된다. (Layer Stack Manager에서 설정된 Layer)

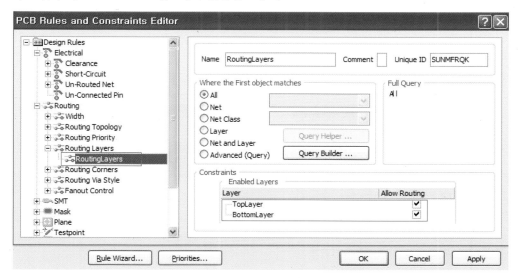

위 그림과 같이 Layer를 선정하는 작업은 Layer Stack Manager에서 할 수가 있다.

(2) Design 〉 Layer Stack Manager...를 클릭하면 다음 그림과 같이 Layer Stack Manager 창이 뜬다.

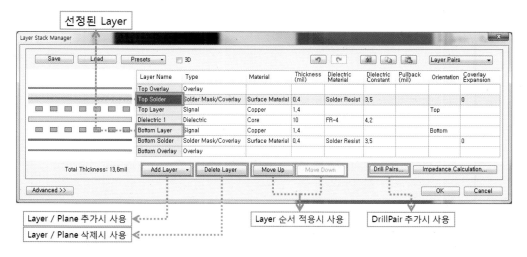

위 그림은 Top, Bottom Layer로 구성되어 있는 양면기판을 볼 수 있다.

(3) 적용범위

Autoroute

예제   **Signal Layer 4층과 Power Plane을 포함한 6층을 설정하시오.**

● Design 〉Layer Stack Manager...를 클릭하면 다음 그림과 같이 Layer Stack Manager 창이 뜬다. Signal 4층 작업을 먼저 한다.

위 그림에서 「Add Layer」를 클릭하여 「MidLayer1, 2」가 생성된 것을 볼 수가 있다.

● 이제 Power Plane을 추가하여 6층 기판을 만들어 본다.

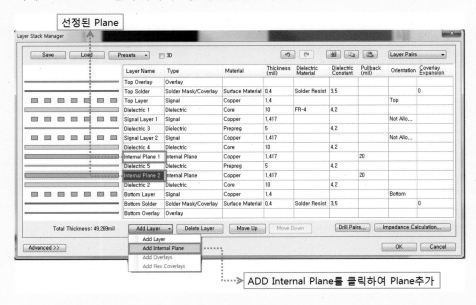

위 그림에서처럼 「Add Internel Plane」을 클릭하여 「Internal Plane1, 2」가 생성된 것을 볼 수가 있다.

● 6층 기판을 실제로 제작할 경우 Layer 순서를 정의하는 방법에 대해서 알아본다.

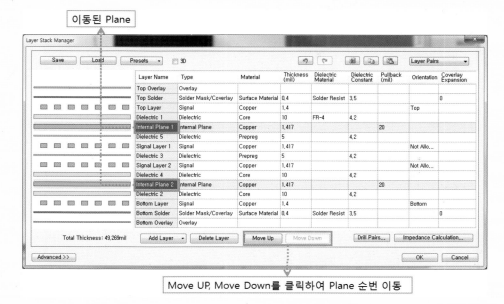

이동된 Plane

Move UP, Move Down를 클릭하여 Plane 순번 이동

5 Routing Corners

(1) Autorouting하는 동안에 코너의 모양을 결정한다. 사용자가 어떠한 방법을 이용하느냐에 따라서 코너 부분을 여러 가지로 표현할 수가 있다.

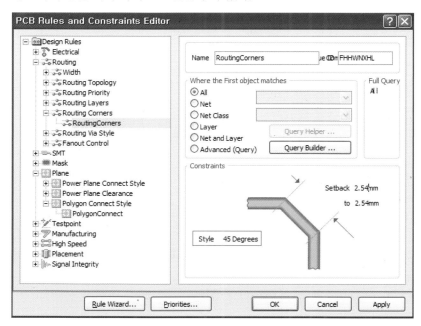

▲ 그림 45Degrees

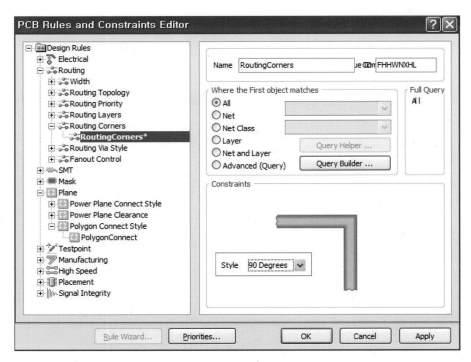

▲ 그림 90Degrees

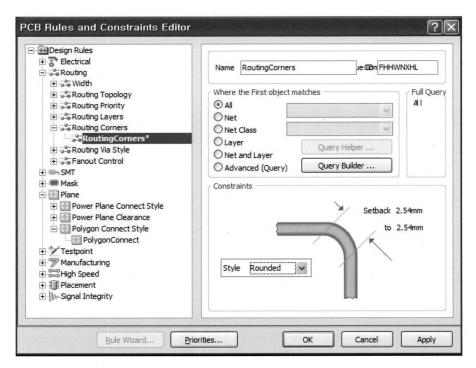

▲ 그림 Rounded

(2) 적용범위

Autoroute

6 Routing Via Style

(1) Description

Routing할 때 Via Diameter(직경)와 Hole의 크기를 결정한다. 사용자가 미리 원하는 Via Style을 적용하므로 Manual Route 또는 Auto Route 시 자동으로 Via Size를 사용할 수 있다.

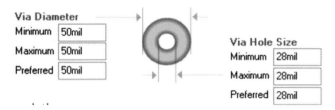

(2) Constraints

① Via Diameter & Via Hole Size : 원하는 크기의 값을 적용하면 된다.

② Default(Diameter 전부: 50mil, Hole Size 전부: 28mil)

(3) Rule Application

① Preferred는 Autorouting에 사용된다.

② Minimum 〈= Maximum은 경우를 넘어서지 않은 한도 내에서 작업하는 도중에 변경하면서 사용이 가능하다.

(4) Note

① Blind and Buried Via(B-B Via)를 설정하기 위해서 개개의 규칙들은 다른 Layer Pairs를 지정해서 설정해야 한다. 예를 들어 Top Layer와 Mid Layer1 사이의 Blind Via의 크기를 변경할 때, 다음과 같은 범주를 사용할 수 있다.

> (StartLayer = 'TopLayer') and (STopLayer = 'MidLayer1')

② 만약에 Mid Layer2와 Mid Layer3 사이의 Blind Via의 크기를 변경할 때, 다음과 같은 범주를 사용한다.

> (StartLayer = 'MidLayer2') and (STopLayer = 'MidLayer3')

③ 위의 사항은 개별적인 규칙들을 생성한 것이라면 확장된 규칙을 생성할 때는 OR을 사용할 수 있다.

> ((StartLayer = 'TopLayer') and (STopLayer = 'MidLayer1')) OR
>
> ((StartLayer = 'MidLayer2') and (STopLayer = 'MidLayer3'))

7 Fanout Control

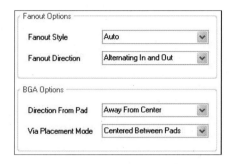

(1) Description

SMD Type Component의 Pads의 Signal and/or Power Plane Nets를 연결하는 Fanning Out 을 할 때 특별한 Fanout Option을 사용할 수 있다. Fanout은 SMD 부품 또는 BGA 부품의 Via 를 자동으로 생성하여 Route하기 쉽게 부품 외곽 쪽에 Via를 생성하여 준다.

이 옵션은 Signal의 이용 가능한 Routing 공간을 Top or Bottom Layer에 국한시키는 게 아니 라, 모든 Routing Layer를 활용할 수 있게 해주는 역할을 하므로 인해서 보드의 Routing을 성 공할 수 있는 가능성을 상당히 많이 증가시켜 준다.

(2) Constraints

① Fanout Option

㉠ Fanout Style : SMT Component의 관계에서 Fanout Via가 어떻게 배치되는지를 결정한다.

- Auto (Default) : 가장 적절한 스타일의 Component Technology와 최선의 Routing 공 간의 확보를 위해서 선택할 수 있는 옵션
- InLine Raw : Fanout Via가 두 줄로 배치되는 옵션
- Staggered Rows : Fanout Via가 서로 엇갈린 두 줄로 배치되는 옵션
- BGA : Fanout은 BGA Option에 부합되게 발생하는 옵션
- Under Pads : Fanout Via는 SMT Component Pads 바로 밑에 배치되는 옵션

ⓛ Fanout Direction : Fanout의 방향을 결정하기 위한 옵션을 위해 사용한다.

- Disable : 일정한 규칙에 의해서 어떠한 Component를 목적으로 하고, Fanout을 허용하지 않는 옵션
- In Only : Fanout이 오직 안쪽 방향으로 향한다. 모든 Fanout Via 그리고 연결 Track은 Component의 사각경계 안에서 배치된다.
- Out Only : Fanout이 밖을 향한다. 모든 Fanout Via 그리고 연결 Track은 Component의 사격경계 밖에 배치하게 된다.
- In Then Out : 모든 Component Pads의 Fanout은 우선적으로 안쪽 방향으로 향한다. 만약 모든 Pads가 안쪽 방향으로 Fanout을 마치지 못했다면, 차선책으로 밖으로 향하게 된다.
- Out Then In : 모든 Component Pads의 Fanout은 우선적으로 밖을 향한다. 만약 모든 Pads가 밖으로 Fanout을 마치지 못했다면, 차선책으로 안쪽으로 향하게 된다.
- Alternating In and Out(Default) : 모든 Component Pads가 교류하는 형태를 띠게 된다. 안쪽 방향이 우선적으로 행하고 후에 밖으로 향하게 된다.

② BGA Option

ⓖ Direction From Pad : Fanout 방향을 결정하는 옵션이다. BGA Component를 Fanout할 때, 4각형의 방향으로 Pads가 Fanout하게 된다.

- Away From Center(Default) : 4방면의 Pads의 Fanout은 Component의 중앙에서 45도 방향으로 향하게 된다.
- North-East : 4방면의 모든 Pads는 북-동쪽 방향으로 향하게 된다. (수평선에서 시계 반대 방향으로 45도)
- South-East : 4방면의 모든 Pads는 남-동쪽 방향으로 향하게 된다. (수평선에서 시계 방향으로 45도)
- South-West : 4방면의 모든 Pads는 남-서쪽 방향으로 향하게 된다. (수평선에서 시계 방향으로 135도)
- North-West : 4방면의 모든 Pads는 북-서쪽 방향으로 향하게 된다. (수평선에서 시계 반대 방향으로 135도)
- Towards Center : 4방면의 Pads는 Component의 중앙 45도 방향으로 향하게 된다.

ⓛ Via Placement Mode : BGA Component Pads의 Fanout Via가 어떻게 배치될지를 선택하는 옵션이다.

- Close To Pad(Follow Rules) : 이미 설정된 Clearance를 위반하지 않고, 가급적 SMT Component Pads에 대응해서 가까운 곳에 Fanout Via가 배치된다.
- Center Between Pads(Default) : Fanout Via는 SMT Component Pads의 사이에 위치하게 된다.

(3) Rule Application

Interactive Routing, Autorouting

(4) Note

Fanout Via의 모양은 Routing Via Style에서 설정한 값이 적용된다. Pads와 Fanout Via를 연결하는 Track은 Routing Width에서 설정한 값이 적용된다. Fanout Control Design Rule의 기본값은 자동으로 생성된다. 이용할 수 있는 대표적인 부품의 패키지 타입으로 포장한다.

① Fanout_BGA : with a query of IsBGA

② Fanout_LCC : with a query of IsLCC

③ Fanout_SOIC : with a query of IsSOIC

④ Fanout_Small : with a query of CompPinCount

⑤ Fanout_Default : with a query of All

3 SMT Rules

1 SMD to Corner

SMD to Corner

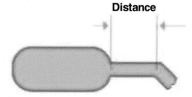

(1) Description

SMD Pad의 끝부분에서 Routing의 첫 번째 Corner까지의 최소 거리

(2) Constraints

SMD Pad의 끝부분에서 Routing의 첫 번째 Corner까지의 허용 가능한 최소 거리의 값 (Default = 0mil)

(3) Rule Application

Online DRC, Batch DRC

2 SMD to Plane

(1) Description

SMD Pad의 중앙에서 Power Plane에 연결된 Pad/Via의 중앙까지의 최대 Routing 거리

(2) Constraints

SMD Pad의 중앙에서 Power Plane에 연결된 Pad/Via의 중앙까지의 허용 가능한 최대 Routing 거리(Default = 0mil)

(3) Rule Application

Online DRC, Batch DRC

3 SMD Neck-Down

(1) Description

SMD Pad의 넓이에 대비한 Track 넓이의 비율을 %로 나타내는 옵션

(2) Constraints

① Neck-Down은 SMD Pad에 대비한 Track 넓이의 비율에 대해 %로 나타내는 값이다.

② 값이 클수록 Track의 넓이가 커진다. (Default = 50%)

③ 참고로 100%가 넘을 수 있는데 이것은 Track의 넓이가 SMD Pad의 넓이보다 크게 설정할 수 있다.

(3) Rule Application

Online DRC, Batch DRC

4 Mask Rules

1 Solder Mask Expansion

Solder Mask Expansion

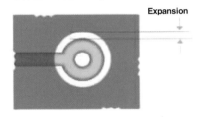

(1) Description

Solder Mask Layer를 사용하는 각각의 Pad와 Via에서 그 크기를 확장이나 팽창시킬 수 있다.

(2) Rule Application

Output(File, Gerber 등) Generation

5 Plane Rules

1 Power Plane Connect Style

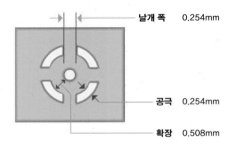

(1) Description

Component Pin과 Power Plane과의 연결모양을 설정하는 옵션

(2) Constraints

① Connect Style : Rule에서 정한 범위 안에서 Component Pin과 Power Plane과의 연결 모양을 결정한다.

㉠ No Connect : Component Pin과 Power Plane을 연결하지 않는다.

㉡ Direct Connect : Pin을 전부 다 씌운다.

㉢ Relief Connect(Default) : Thermal Relief를 이용해서 연결한다.

② Relief Connect Style Option

㉠ Conductor : 연결할 Relief의 개수(2개 or 4개 Default = 4개)

㉡ Conductor Width : Relief Connect와 연결할 Track의 넓이(Default = 10mil)

㉢ Expansion : Hole에서 Air-Gap까지의 거리(Default = 20mil)

㉣ Air-Gap : Relief Connect에서 없어지는 부분(Default = 10mil)

(3) Rule Application

Output Generation

2 Power Plane Clearance

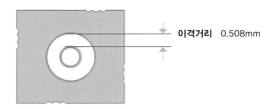

(1) Description

Power Plane에 연결된 서로 다른 Net들에 대한 Clearance값을 지정한다. 그리고 Power Plane 에 연결되어 있지 않은 Via나 Pads에 대해서도 적용이 된다.

(2) Constraints

Clearance : Clearance의 반지름 값(Default = 20mil)

(3) Rule Application

Output Generation

3 Polygon Connect Style

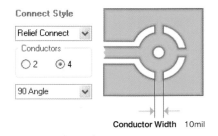

(1) Description

Polygon Plane과 Component Pin의 연결모양을 결정하는 옵션

(2) Constraint

① Connect style : Rule이 허용하는 범위 내에서 Polygon Plane과 Component Pin의 연결모 양을 결정한다.

㉠ No Connect : Polygon Plane과 Component Pin을 연결하지 않는다.

　　㉡ Direct Connect : Component Pin을 Polygon Plane으로 전부 다 씌운다.

　　㉢ Relief Connect(Default) : Polygon Plane과 Component Pin을 Thermal Relief로 연결한다.

　② Relief Connect Style Option

　　㉠ Conductors : Thermal Relief Copper와 연결할 Track의 개수(2개 or 4개 Default = 4개)

　　㉡ Conductor Width : Thermal Relief Copper에 연결할 Track의 넓이(Default = 10mil)

　　㉢ Angle : Copper와 연결될 때의 각도(45도 or 90도 Default = 90도)

(3) Rule Application

Polygon pour

6　Manufacturing Rules

1　Minimum Annular Ring

Minimum Annular Ring (x-y)　10mil

(1) Description

Pad와 Via의 최소 Land 크기 지정

(2) Constraints

Minimum Annular Ring(X−Y)은 Land의 최솟값(Default = 10mil)

(3) Rule Application

Online DRC, Batch DRC

(4) Note

Land의 크기를 작게 해주면 Routing에서 공간을 확보한다는 측면도 있지만, 공정상의 제조능력과 가격적인 측면을 고려하지 않을 수 없다.

2 Acute Angle

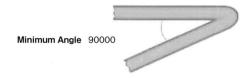

Minimum Angle 90000

(1) Description

Track Corner가 허용하는 최소한의 각도를 나타내는 옵션

(2) Constraints

Minimum Angle은 Track Corner에서 허용되는 최소한의 각도(Default = 90도)

(3) Rule Application

Online DRC, Batch DRC

(4) Note

각도가 크게 설정된 경우 우선순위가 높다.

3 Whole Size

Measurement Method Absolute

Minimum 1mil

Maximum 100mil

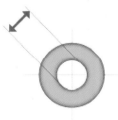

(1) Description

디자인에서 Pads와 Via의 Hole의 크기를 설정하는 옵션

(2) Constraints

① Measurement

㉠ Absolute(Default) : Hole의 Min/Max 크기를 절대값으로 표현

㉡ Percent : Hole의 Min/Max 크기를 %로 표현

② Minimum

  ㉠ Absolute값(Default = 1mil)

  ㉡ Percentage(Default = 20%)

③ Maximum

  ㉠ Absolute값(Default = 100mil)

  ㉡ Percentage(Default = 80%)

(3) Rule Application

Online DRC, Batch DRC

4 Layer Pairs

Enforce layer pairs settings	☑

(1) Description

① 사용된 Layer-Pair를 현재의 Drill-Pair와 확실하게 매치시키기 위해서 선택하는 옵션

② 사용된 Layer-Pair는 보드에 있는 Pad와 Via에서 결정되며, 하나의 Layer-Pair는 각각 Start Layer-End Layer의 조합으로 구성되어 있다.

(2) Constraint

Enforce Layer Pair's Settings : (Default = Enable)

(3) Rule Application

Online DRC, Batch DRC, Interactive Routing

7 High Speed Rule

1 parallel Segment

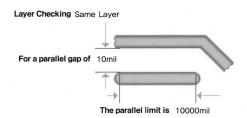

Layer Checking Same Layer

For a parallel gap of 10mil

The parallel limit is 10000mil

(1) Description

평행한 두 Track Segment 사이의 거리와 평행한 Track Segment의 최대 길이이다.

(2) Constraints

① Layer Checking

    ㉠ Same Layer(Default) : Track Segment의 기준이 되는 Net들이 같은 Layer에 있는 경우에 사용

    ㉡ Adjacent Layer : Track Segment의 기준이 되는 Net들이 근접한 Layer에 있는 경우에 사용

② For a parallel gap of

    표준 모드로 인식되기 전에 (Default = 10mil) 두 Track 부분에 존재하는 parallel gap의 수치를 적용

③ The parallel limit is

    다른 Net에서 두 Track Segment가 허용되는 최대의 병렬길이

(3) Rule Application

Online DRC, Batch DRC

(4) Note

이 규칙은 Track Segment들을 검사하는 것이지 Track Segments의 묶음을 검사하는 것은 아니다. Length와 Gap의 기능에 의해 변화하는 Crosstalk에 접하게 하도록 Net에 다양한 Parallel Segment 구속 조건을 적용한다.

2 Length

Minimum 0mil

Maximum 100000mil

(1) Description

Net의 Min/Max 길이를 설정하는 옵션

(2) Constraints

① Minimum : Rule에서 허용하는 Net의 최소길이의 값(Default = 0mil)

② Maximum : Rule에서 허용하는 Net의 최대길이의 값(Default = 10000mil)

(3) Rule Application

Online DRC, Batch DRC

3 Matched Net Lengths

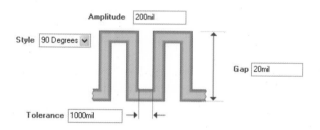

(1) Description

① Net Class에서 Track 중 길이가 가장 긴 것을 기준으로 지정한 범위 안에서 Track의 길이를 같게 만들어 주는 옵션

② 이 옵션을 행사하기 위해서는 우선 Matched Net Lengths Rule을 설정한다.

③ Tool 〉 Equalize Net Lengths를 선택하면 자동으로 설정한 Rule에 맞춰서 길이가 변화하는 것을 볼 수 있다.

(2) Constraints

① Tolerance

설정한 Net 중에서 가장 긴 Net와 비교할 수 있는 허용 한계치의 길이(Default = 1000mil)

② Amplitude

추가되는 Track의 높이 지정(Default = 200mil)

③ Gap

Track Segment의 끝에서 다음 Track Segment의 시작점까지의 거리를 지정한다.

이 옵션은 90도와 45도 Style에서만 적용된다. (Default = 20mil)

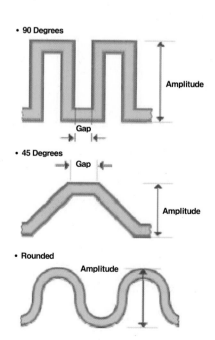

(3) Rule Application

Online DRC, Batch DRC, Equalize Net Length 실행

Net Class를 추가하는 방법은 Design 〉 Classes을 선택하고 원하는 Net를 추가한 후, Class 이름을 새롭게 지정해 주면 된다.

4 Daisy Chain Stub Length

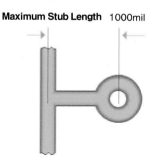

Maximum Stub Length 1000mil

(1) Description

① Stub Length의 최대 길이를 설정하는 옵션

② Pad와 기존 Track 간의 최대 거리를 지정함으로써 자동 배선할 때 배선시간을 최대한 축소할 수 있다.

(2) Constraints

Maximum Stub Length : Stub Length의 최댓값(Default = 1000mil)

(3) Rule Application

Online DRC, Batch DRC

5 Vias Under SMD

(1) Description

Autorouting하는 동안 SMD Pad 아래 Via가 위치할 수 있게 해주는 옵션

(2) Constraint

Allow Vias Under SMD Pads(Default = disabled)

(3) Rule Application

Online DRC, Batch DRC, Autorouting

6 Maximum Via Count

Maximum Via Count 1000

(1) Description

설계 중인 Board에서 허용하는 Via의 최대 개수를 제한하는 옵션

(2) Constraints

Maximum Via Count(Default = 1000)

(3) Rule Application

Online DRC, Batch DRC

8   Placement Rules

1   Room Definition

Room Locked ☐

Components Locked ☐

Define...

x1: 8205mil   x2: 8710mil

y1: 8045mil   y2: 8440mil

Top Layer ▾

Keep Objects Outside ▾

(1) Description

Room의 속성이나 위치, 크기들을 구체화하는 옵션

(2) Constraints

① Room Locked : 배치된 Room의 위치/모양 변경의 허용 여부 결정(Default=Disable)

② Components Locked : Room과 함께 Component의 위치를 고정시키는 기능(Default= Disable)

③ Define : Room의 위치와 크기를 직접 지정. 이 Button을 선택하면 화면이 작업 도면으로 넘어가서 설정할 수 있다.

④ X, Y : Room의 위치를 지정

⑤ Layer : Room이 위치할 Layer 설정(Default = Top Layer)

⑥ Confinement Mode : Component를 배치할 때, Room의 안쪽 혹은 밖으로 배치 여부를 결정(Default = Keep Object Inside)

(3) Rule Application

Online DRC, Batch DRC, Auto placement

(4) Note

① Design 〉 Room을 통해서 다양한 형태의 Room을 생성 및 편집이 가능하다.

② 활용 : Design 〉 Room를 통해 원하는 형태의 Room 생성

(5) Room 설정

생성된 Room을 더블클릭해서 Edit Room Definition 창이 생긴다. 이 창에서 표시된 곳에 기입한다.

① C1 & C2를 Room 안으로 배치시킨다.

② Room의 이름은 New-Room이다.

③ Top Layer에 배치하고, Room 안쪽에 부품을 배치한다.

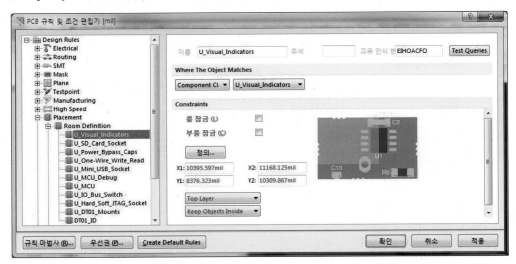

(6) 부품배치

Tool 〉 Component Placement 〉 Arrange Within Room을 선택하면 십자가 모양의 커서가 생긴다. 이때 커서를 Room 위에서 마우스의 왼쪽 버튼을 클릭하면 C1&C2가 Room 안에 자동으로 배치되는 것을 확인할 수 있다.

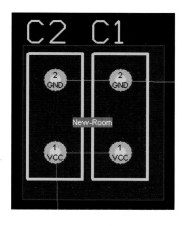

이 기능은 부품을 배치할 때 유용하게 사용할 수 있다.

2 Component Clearance

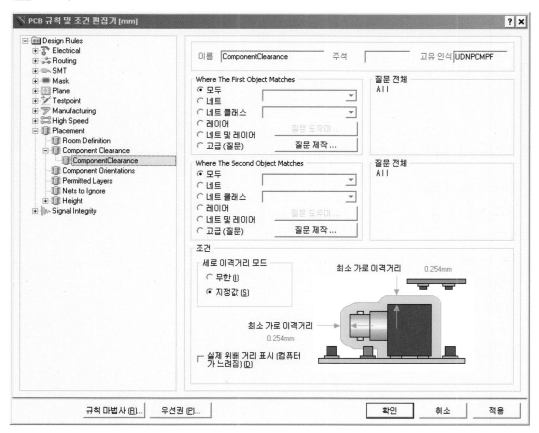

(1) Description

Component를 배치할 때 Component 간의 최소 이격거리를 설정하는 옵션이다.

(2) Constraints

① Minimum Horizontal Gap : 수평거리(Default = 10mil)

② Minimum Vertical Gap : 수직거리(Default = 10mil)

③ Check Mode

　　㉠ Quick Check(Default) : 각각의 Component 사각주변을 기준으로 Clearance를 Check한다. 이 사각주변은 Component가 구성되는 가장 작은 영역을 의미한다.

　　㉡ Multi Layer Check : 각각의 Component 사각주변을 기준으로 Clearance를 Check한다. Bottom—Layer에 있는 Through—Hole Component의 Pads도 Check한다. 그래서 Bottom—Layer에 있는 Through—Hole Component의 Pads와 Bottom—Layer에 배치할 SMD Pads와의 이격거리도 Check하게 된다.

　　㉢ Full Check : Component의 본래적인 모양을 가지고 Clearance를 Check한다.

　　㉣ Use Component Bodies : Component Footprint의 Component Body를 가지고 Check한다. 다른 외적인 요소는 무시한다. 이 옵션은 수평/수직 이격거리를 기입해야 한다. 만약 Component Footprint에 Body가 기본적으로 정의가 안 되어 있다면 Component 사각주변과 높이의 조합으로 Check를 하게 된다.

(3) Rule Application

Online DRC, Batch DRC

3 Component Orientation(방향)

Allowed Orientations

0 Degrees	☑
90 Degrees	☐
180 Degrees	☐
270 Degrees	☐
All Orientations	☐

(1) Description

Auto Placement를 수행할 때 Component의 방향을 선정하는 옵션이다.

(2) Constraints

Allowed Orientation

① 0Degree(Default = Enable)

② 90Degree(Default = disable)

③ 180Degree(Default = disable)

④ 270Degree(Default disable)

⑤ All Orientation(Default = disable)

(3) Rule Application

Online DRC, Batch DRC, Auto Placement

4 Permitted Layer

Permitted Layers

☑ Top Layer

☑ Bottom Layer

(1) Description

Auto Placement를 하는 동안 Component가 배치될 수 있는 Layer를 설정한다.

(2) Constraints

Permitted Layer

① Top Layer(Default = Enabled)

② Bottom Layer(Default = Enabled)

(3) Rule Application

Auto Placement

5 Height

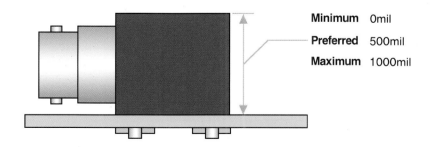

Minimum	0mil
Preferred	500mil
Maximum	1000mil

Description은 부품의 높이를 설정하는 옵션이다.

실무설계

학습 목표

이 장에서는 Altium Designer를 회로에서부터 PCB Design과 CAM 파일까지 전반적으로 간략히 설명하고 Multi Channel 회로를 이용하여 다양한 기능에 대해서 알아보도록 한다.

실무설계 –Multi Channel을 이용한 제어회로–

Multi Channel을 사용하여 다중 채널 설계에 필요한 사항을 알아보도록 한다.

Multi Channel은 하나의 회로를 작성하여 다중 채널을 손쉽게 늘리고 줄일 수 있고, PCB 상에서 한 번에 작업으로 배치, 배선, 실크정리 등등을 자동으로 설계하는 방법이다.

- **Creating Library Component**
  - 회로도를 작성해본다.

---

1 회로도 작성

Main 회로도와 Multi의 부품 조견표를 참조하여 라이브러리 및 회로를 작성한다.

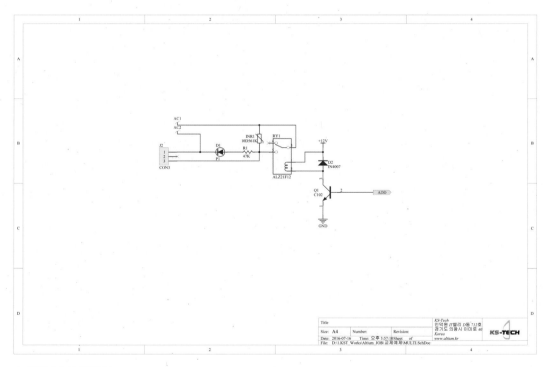

▲ 그림 Multi 회로도

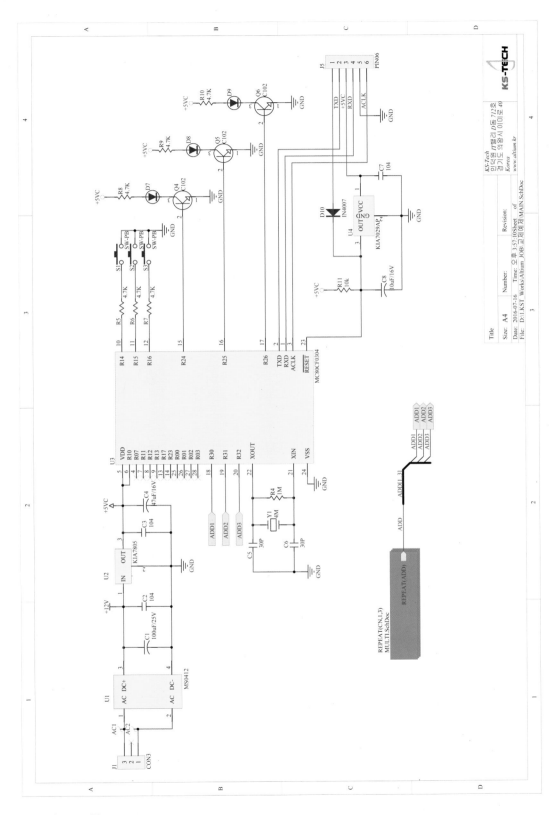

▲ 그림 Main 회로도

▣ 부품 조견표

Library Name	Symbol Type	Description	Footprint	PCB Component
78L05		1Volt Reg	TO126ECB	
CAPACITOR		Capacitor	CAP−EC06A CAP−EC10A	
CAPCITOR		Capacitor	CAP−AX05A	
CON3		Header3	CN500C03S	
CON6		Header6	Pin06	
CRYSTAL		Crystal	OSC_5MM	
DIODE		Diode	DIODESW10B	
KIA7029AP		Volt Reg	TR−TO92A	
LED_1		Led	LEDA05A	

Library Name	Symbol Type	Description	Footprint	PCB Component
MC80CF0304		MC80CF0304	SOP28	
MS0412		Brirdge Diode	MS0412	
RELAT-SPDT_B		Relay	OZ-SS-112LM1	
RES1		Res	RES10A	
SW-PB		Push SW	TESW05B2P	
TR_NPN_S		npn	TR-TO92A	
TR_NPN_S2		npn	TR-TO92A	
VARISTOR		VARISTOR	ZNR75M	

(1) 새로운 Project 만들기

File > New > Project를 클릭한다.

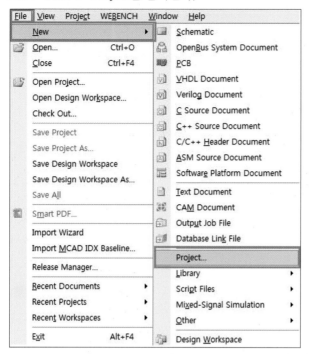

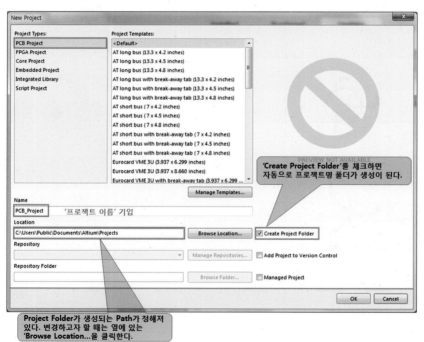

'Create Project Folder'를 체크하면
자동으로 프로젝트명 폴더가 생성이 된다.

'프로젝트 이름' 기입

Project Folder가 생성되는 Path가 정해져
있다. 변경하고자 할 때는 옆에 있는
'Browse Location...을 클릭한다.

⊟ MULTI CHENEL을 이용한 제어회로.PrjPcb
    No Documents Added

(2) 라이브러리 작성 방법 [Schematic / PCB Component]

조견표를 보고 라이브러리를 찾을 수 없는 회로심벌을 작성
하는 방법에 대해서 알아보도록 한다. 우측에 있는 심벌을 작
성하는 방법에 대해서 알아보도록 한다.

라이브러리를 작성하기 위해서는 부품에 대한 정보를 알고
있어야 한다. 데이터시트나 부품에 대한 스펙이 있으면 라이
브러리 작업을 진행하는 데 이상이 없을 것이다.

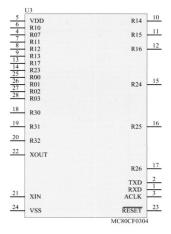

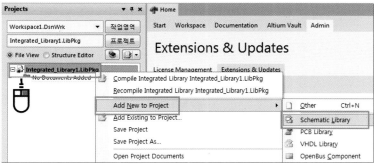

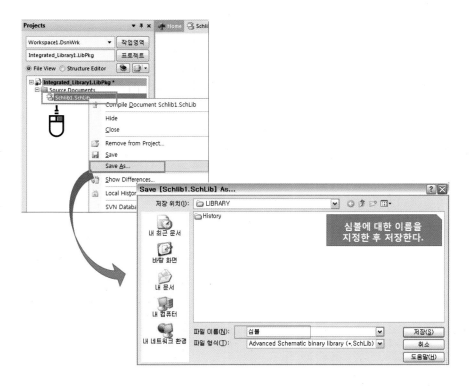

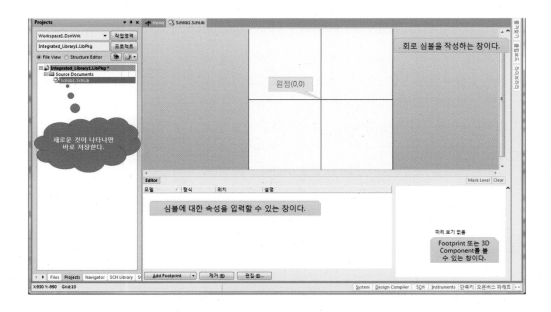

위 그림 좌측 하단 부위를 보면 「SCH Library」 패널을 볼 수 있다. 다음과 같이 패널을 이동하여 심벌을 작성한다.

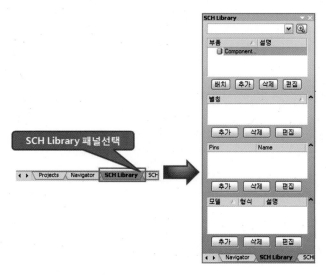

(3) 심벌에 외곽을 그리기 위해서 Place > Rectangle을 클릭한다.

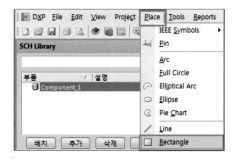

또는 다음 그림과 같이 Place Rectangle을 사용해도 된다.

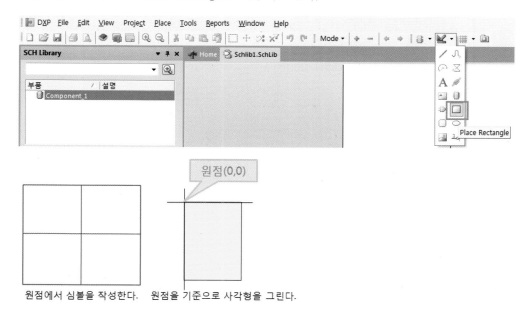

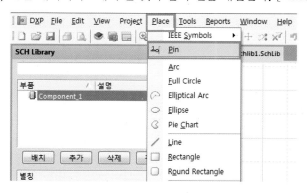

원점에서 심볼을 작성한다.   원점을 기준으로 사각형을 그린다.

(4) 핀을 데이터시트에서 본 것과 같이 핀을 배열한다. [Place 〉Pin]

또는 다음 그림과 같이 Place Pin을 사용해도 된다.

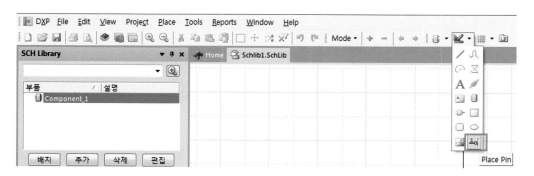

핀 배치 시 핀 방향은 부품의 바깥쪽으로 향하게 배치하여야 한다.

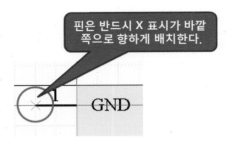

자, 이제 핀에 대한 속성을 수정하기 위하여 핀을 잡은 상태에서 ⇄ 키를 누르면 핀에 대한 속성으로 들어갈 수 있다. 다음과 같이 핀을 입력하여 보자.

■ **메인 회로도 작성요령**

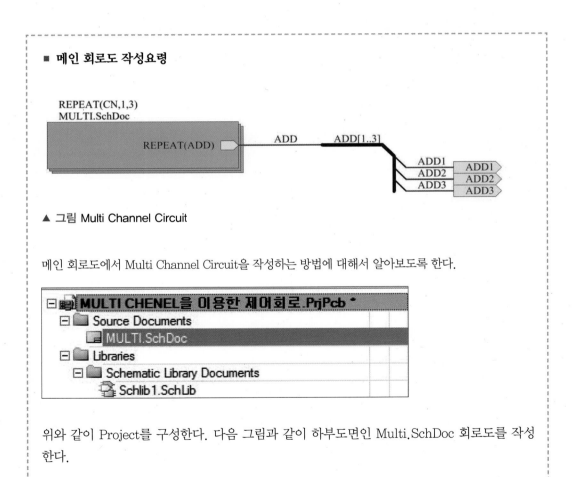

▲ 그림 Multi Channel Circuit

메인 회로도에서 Multi Channel Circuit을 작성하는 방법에 대해서 알아보도록 한다.

위와 같이 Project를 구성한다. 다음 그림과 같이 하부도면인 Multi.SchDoc 회로도를 작성한다.

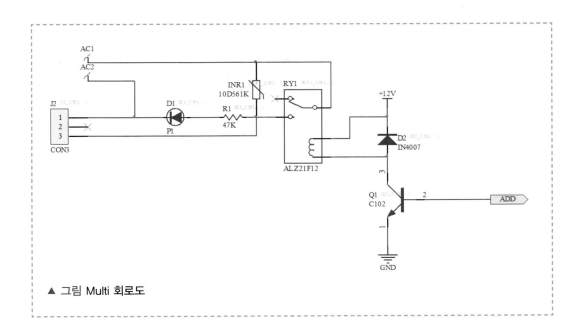

▲ 그림 Multi 회로도

(5) 「Main.SchDoc」를 만들어 준다.

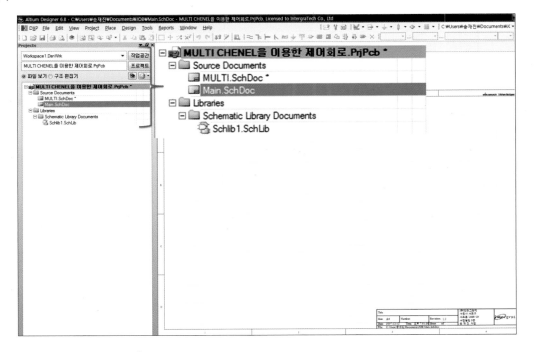

(6) Main.SchDoc에서 Design > Create Sheet Symbol From Sheet Or HDL을 클릭한다.

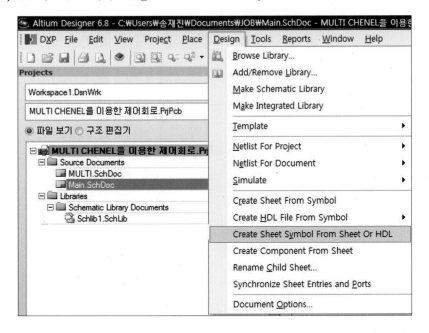

여기서 메인에 들어갈 Hierarchy를 자동으로 작성하여 준다. 다음과 같이 Choose Document to Place 창에서 Multi.SchDoc 회로도를 볼 수가 있다.

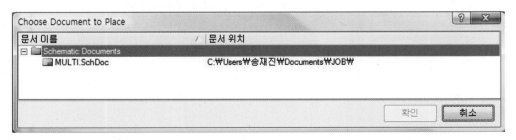

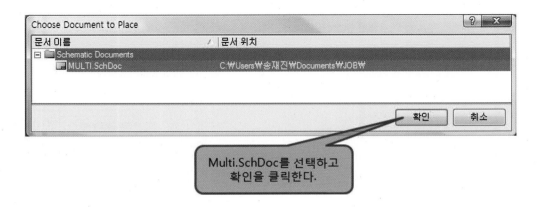

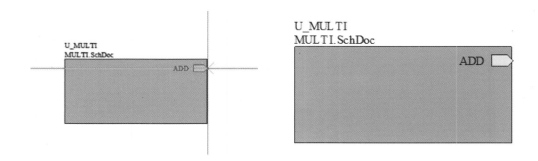

위와 같이 회로도에 배치를 한다.

(7) Multi.SchDoc 회로를 멀티 회로도로 작성하기 위해서 Sheet Symbol을 더블클릭한다. Sheet Symbol 창에서 Designator(설계 참조)란에 「REPEAT(CN,1,3)」을 입력한다.

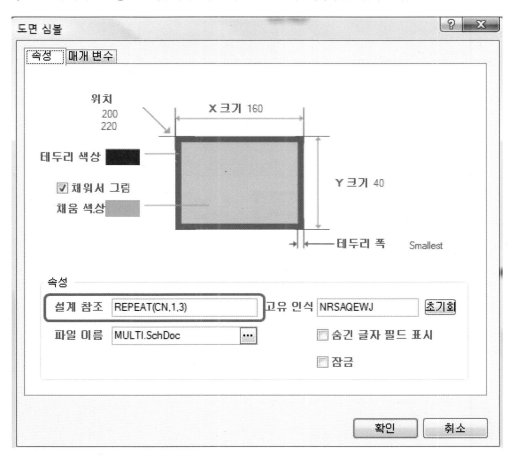

다음 그림과 같이 Sheet Symbol이 여러 층으로 나누어진 것을 볼 수 있다.

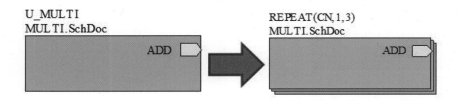

(8) Sheet Symbol 안에 있는 Entry 수정 방법

이 작업은 하나의 Port를 가지고 있지만 채널마다 연결되는 Net가 틀리기 때문에 여기에서도 Repeat를 사용하여 각각의 연결정보를 나누는 작업을 하도록 한다.

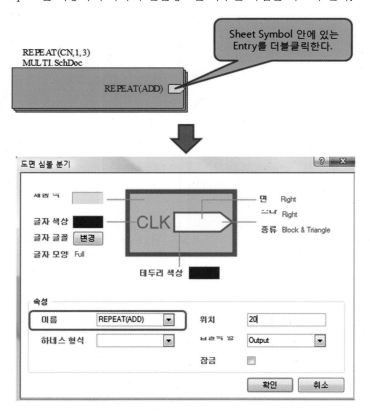

다음 그림과 같이 완성하도록 한다.

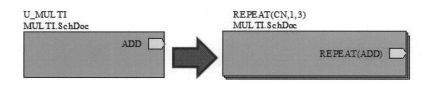

(9) 계층구조로 되어 있는 회로를 정리하는 방법

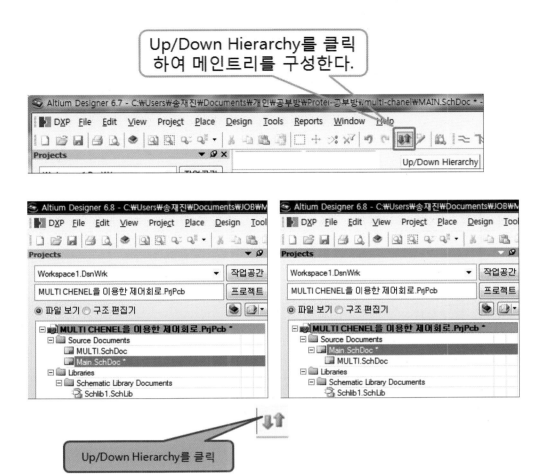

위 그림과 같이 계층구조로 자동으로 작성되는 것을 볼 수 있다.

(10) 다음 그림과 같이 반드시 Net Label과 Bus를 이용하여 나머지 회로를 작업한다. 반드시 사용된 Port를 달아주어야 한다.

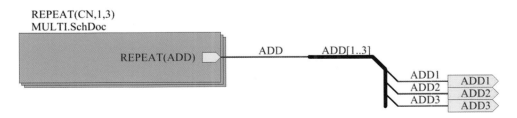

▲ 그림 Multi Channel Circuit

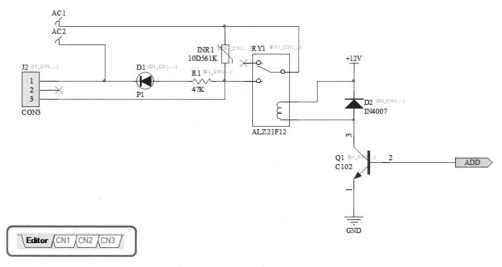

▲ 그림 Multi.SchDoc 회로도 좌측 하단에 자동으로 채널이 나뉜 모습

회로도 Main과 Multi를 다 완성한다.

2 PCB Design 설계

▣ 멀티회로를 가지고 PCB 설계에서도 다양한 기능을 소개하려 한다.
• Multi Channel 설계 방법
• 부품번호 및 실크폰트정리 및 폰트 수정
• 출력 데이터 일괄처리 방법

(1) Multi Channel 설계 방법

Multi Channel 설계 방법에는 여러 가지 기능을 가지고 있다.

① 부품에 자동배치

② 부품번호 및 부품의 값 자동배치

③ Route된 Net 자동 Route

④ Room에 대한 크기 자동조정

자세한 내용은 다음 그림과 같이 볼 수가 있다.

(2) PCB Board 생성

보드를 자동으로 설계하기 위해서 「Files」 패널에서 「양식으로 새로만들기」 안에 「PCB Board Wizard…」를 클릭한다. 보드 사이즈는 $130 \times 110mm$로 설정한다.

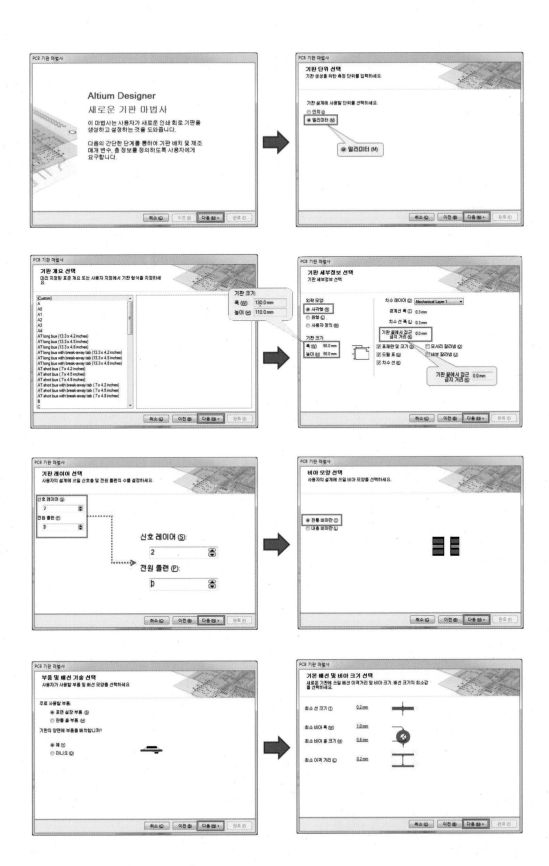

위와 같이 작업을 하였다면 작업화면에서 보드가 완성된 것을 볼 수가 있다.

(3) PCB 파일 Project로 넣어주기

다음 그림과 같이 Project 밖에 있는 「PCB1.PcbDoc」 파일을 Project 안에 올려준다.

(4) PCB 파일 Project로 저장하기

다음과 같이 Project 작업파일 안에 「PCB1.PcbDoc」를 다른 이름으로 저장한다.

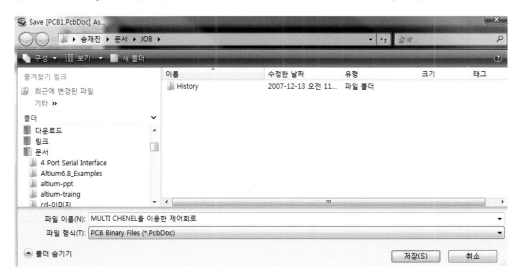

(5) Project Option 설정하기

Multi Chanel을 설계할 때 Project Option이 전에 사용하는 방법과는 다른 것이 있다.

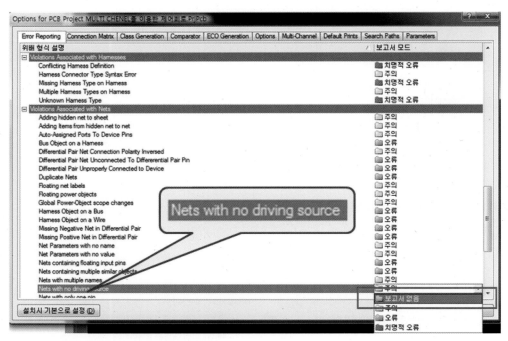

▲ 그림 Project Option – Error Reporting

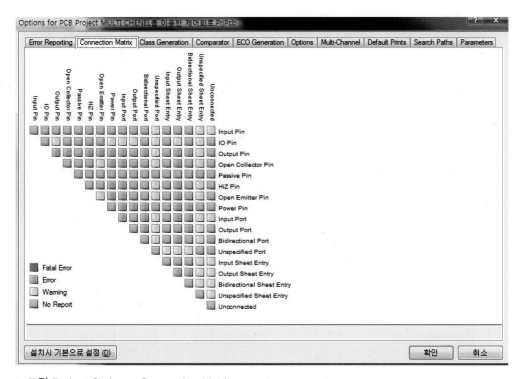

▲ 그림 Project Option – Connection Matrix

▲ 그림 Project Option – Comparator

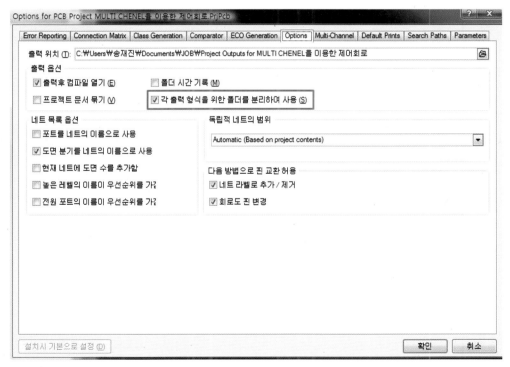

▲ 그림 Project Option – Options

(6) 회로도를 PCB로 옮기기 [Update PCB]

이제는 회로도에서 PCB로 넘기는 작업을 해 보도록 하겠다.

① 회로도로 이동하여 Design > Update PCB...를 클릭한다.

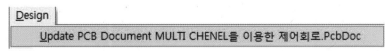

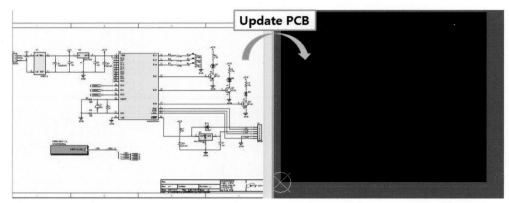

② 체크박스를 선택하고 [예] 버튼을 클릭한다.

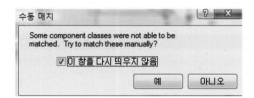

③ [계속] 버튼을 클릭한다.

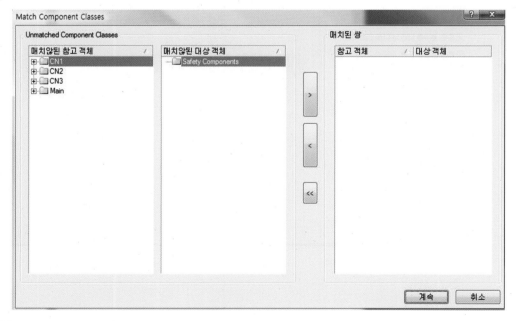

④ 체크박스를 선택하고 [예] 버튼을 클릭한다.

⑤ 그림과 같이 Update PCB를 하기 위해서 [변경 실행] 버튼을 클릭한다. 반드시 에러가 있는
지 없는지는 「오류만 표시」 앞에 있는 체크박스를 클릭하여 에러를 표시하고, 변경 보고서로
출력하여 에러를 잡을 때 도움을 얻는다.

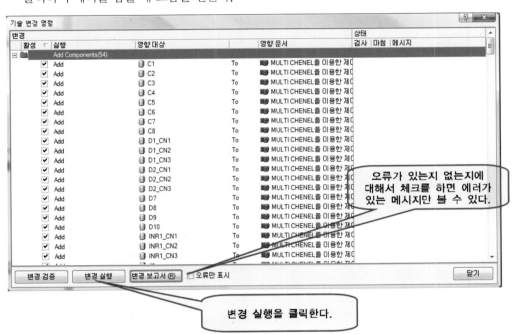

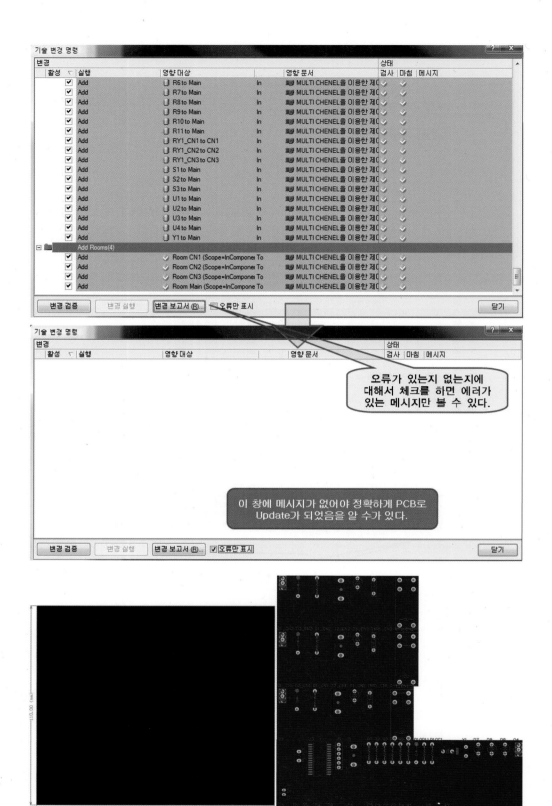

▲ 그림 PCB로 업데이트한 모습

(7) 원본 Chanel 배치

이번 내용에서는 기준이 되는 CN1 Room을 가지고 배치를 해 보겠다.

① 다음 그림과 같이 Room 안에 있는 부품에 대해서 Net를 기준으로 배치하도록 한다.

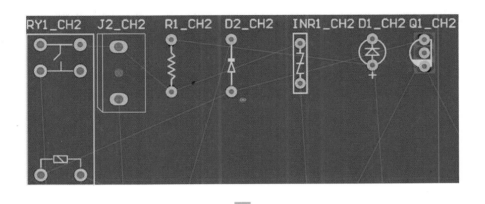

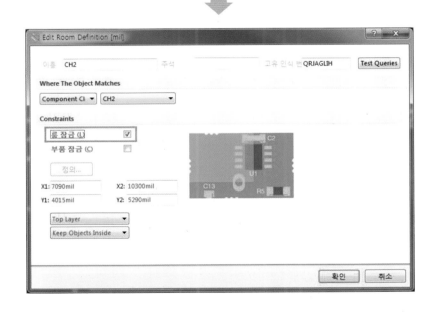

② 위와 같이 룸을 잠궈두고 배치를 해야 룸(Room)이 움직이는 것을 방지할 수가 있다. Room 크기를 조절할 때 「룸 잠금」 체크박스를 빼 주면 된다.

③ 부품배치를 마치고 실크정리를 할 때 Design 〉 Document Option을 클릭하여 「Display Logical Designators」를 선택하면 바로 다음 그림처럼 실크정리를 할 수 있다.

(8) Design Rules 설정하기

배치가 완료가 되었으면 Route를 하기 위해서 Design Rules을 설정하는 방법에 대해서 알아보도록 한다.

다음 그림과 같이 Design Rules을 설정한다.

① Clearance

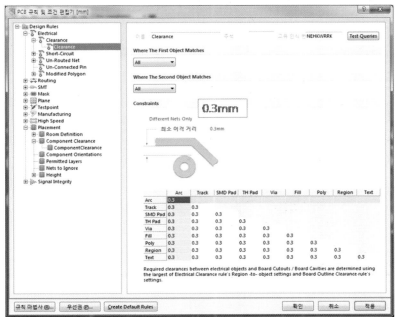

② Routing Width(2mm)

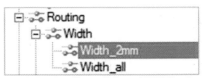

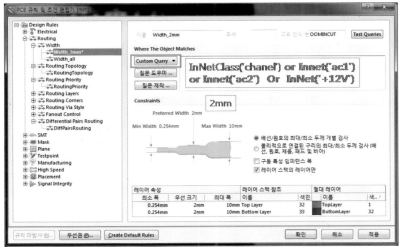

③ Routing Width(0.6mm)

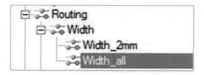

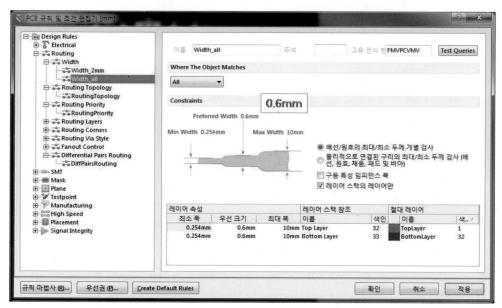

④ Routing Via Style

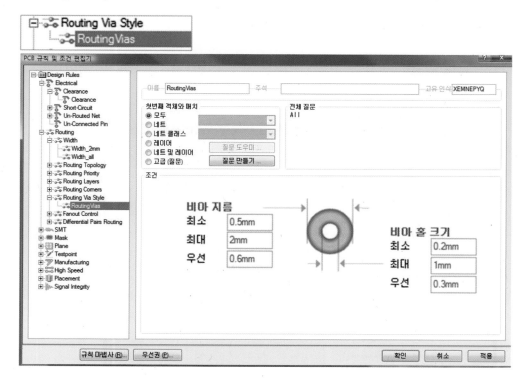

(9) Route 하기

① 일반적인 라우팅과 약간의 차이가 있는 것은 Chanel 안에 있는 Net를 기준으로 라우팅 작업을 하여야 한다.

② Room 안에 있는 Net를 라우팅하고 Room 밖으로 연결된 Net는 그냥 두면 된다. 이유는 Room 안에 있는 내용만 자동으로 다른 Chanel에 적용되기 때문이다.

③ 다음과 같이 라우팅을 완성하면 된다.

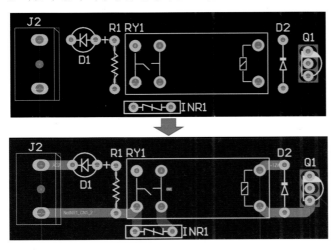

(10) 다른 Chanel에 적용하기

지금까지 기준 Chanel에서 작업한 내용을 다른 Chanel에 적용시키는 방법에 대해서 알아보도록 한다. 앞에서 작업한 배치, 실크정리, 라우팅, Room의 크기를 한 번에 작업할 수 있는 기능이다.

① Design > Rooms > Copy Room Formats을 클릭한다.

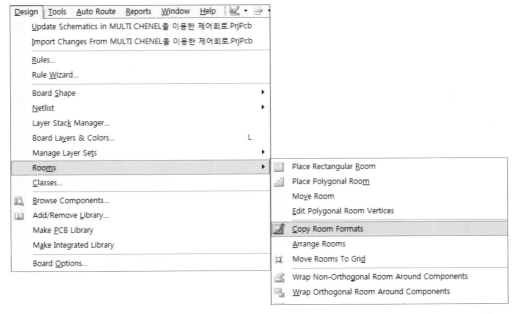

② 메뉴를 클릭하면 스크롤이 생성된다. 여기서 기준이 되는 작업이 다 되어 있는 Room을 마우스의 좌측 버튼으로 클릭한다. 스크롤이 그대로 있는 것을 볼 수 있다. 여기서 다른 Chanel 작업이 되어 있지 않은 Room을 마우스의 좌측 버튼으로 클릭한다.

㉠ 다음 그림과 같이 체크를 하고 확인을 클릭하면 자동으로 작업이 완료되는 것을 볼 수 있다.

㉡ [OK] 버튼을 클릭한다.

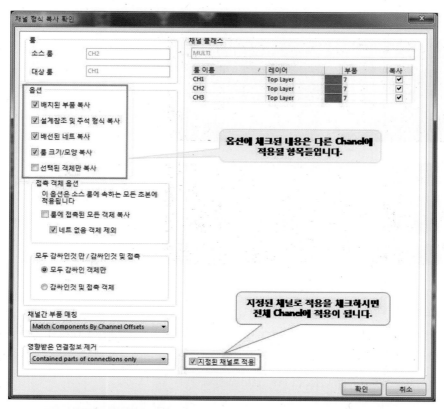

③ 다음 그림과 같이 작업이 완료된 것을 볼 수 있다. Room을 이동할 때는 Snap Grid를 지정한 후 작업하는 것이 편리하다. → G 키

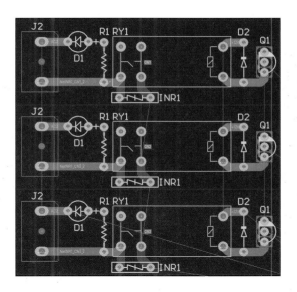

1 Mil
5 Mil
10 Mil
20 Mil
25 Mil
50 Mil
100 Mil
0.025 mm
0.100 mm
0.250 mm
0.500 mm
1.000 mm
2.500 mm
Set Snap Grid...   Ctrl+G
Snap Grid X ▶
Snap Grid Y ▶

(11) PCB 부품 배치하기

다음 그림과 같이 채널에 해당되는 부분은 Room 간격을 정확하게 두고 배치를 한다. 그리고 나머지 그림 맨 다음에 있는 부품을 배치하기 위해서 Main Room을 선택한 후 삭제하고, 보드 외곽에 있는 부품을 배치하도록 한다.

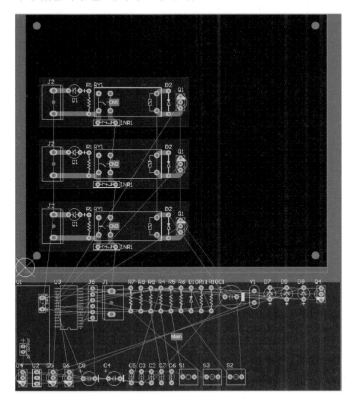

다음 그림은 Net 및 부품에 특성을 고려하여 배치한 모습이다. 이러한 형태의 배치를 완료한다.

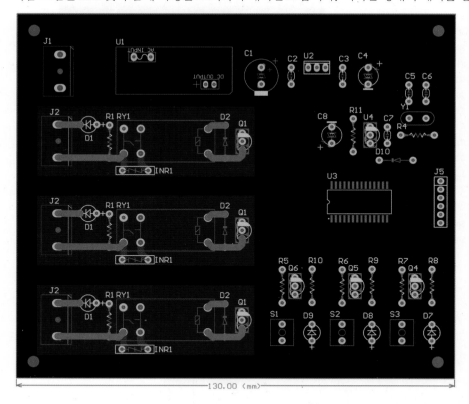

(12) Auto Route & Manual Routing [자동/수동 배선연결]

이 회로의 특성상 Analog에 해당되는 부분을 Manual Routing하고 나머지 회로에 대해서는 자동으로 연결시키는 작업에 대해서 알아보도록 하겠다.

앞으로 PCB Design에 해당되는 시간은 계속해서 줄어들 것이다. 그리고 회로개발에 대한 내용으로 다가갈 수 있도록 배선연결에 대한 정보도 중요하지만 회로의 완성도와 완성시기를 견주어 볼 때 회로개발자가 선행해야 되는 것은 완성시기라고 볼 수 있다.

① Manual Routing

이 회로에 Design Rules에 해당되는 내용 중 2mm로 라우팅 되는 부분이 있다. Analog에 해당되는 부분의 패턴이 두껍기 때문에 미리 Manual Routing으로 처리하는 방법을 알아보도록 하겠다.

㉠ 우선 Net를 기준으로 해서 작업할 수 있고, 앞에서 정한 Design Rules에서 Track Width에 해당 부분을 잡을 수 있다.

㉡ 여기서 두께로만 가지고 설정하는 방법에 대해서 알아보겠다. 다음 그림에서 PCB Panel을 열고 Rules를 선택하고 Width Constraint를 선택하면 다음 부분에 「Width_2mm」가 있다. 이것을 선택하면 우측 작업창에서처럼 해당 Net가 Highlight가 되는 것을 볼 수 있다. 이것을 보고 지금부터 Manual Routing을 하면 된다.

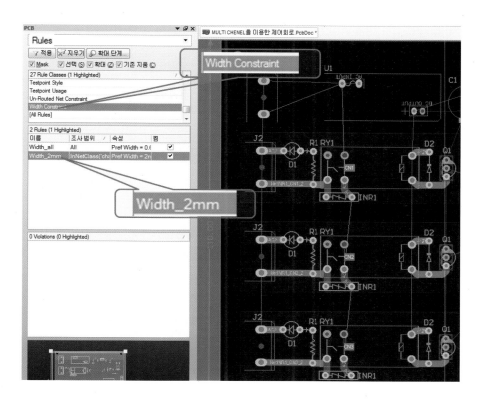

다음 그림과 같이 작업한 PCB를 볼 수 있다.

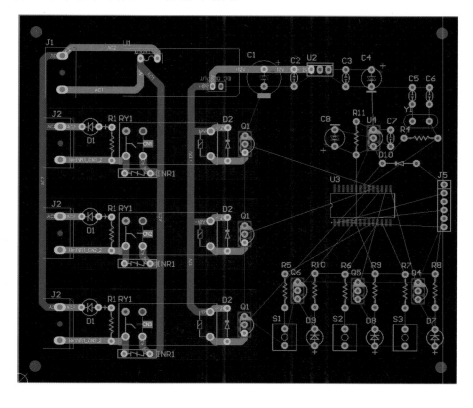

② Auto Routing

㉠ 메뉴에 보면 Auto Route 〉 All을 클릭한다.

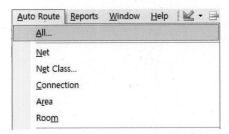

㉡ 다음 그림과 같이 「모든 기존 배선 잠금」에 체크하고 [Route All] 버튼을 클릭한다.

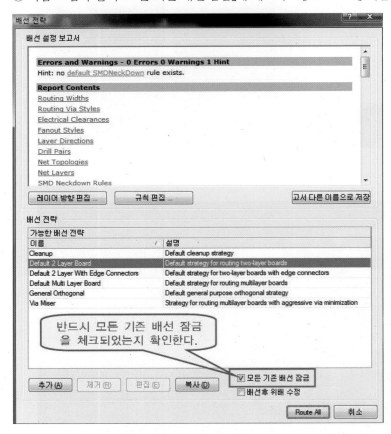

ⓒ 다음 그림과 같이 Auto Routing이 끝난 것을 볼 수 있다.

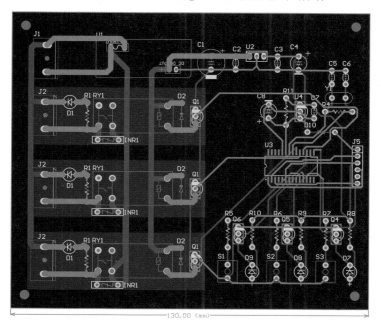

③ 패턴 수정 작업

앞에서 작업한 파일을 더 깔끔하게 수정하는 방법에 대해서 알아보도록 하겠다.

㉠ Shift + P 키를 누르면 Single Layer Mode로 들어간다. Top, Bottom Layer를 번갈아 가면서 해당 Layer를 수정한다.

㉡ 작업하는 방법은 Manual Routing과 흡사하다. 기존에 있는 Track을 그대로 둔 상태에서 새로이 그릴 Track을 그 위에 엎어서 그리면 된다.

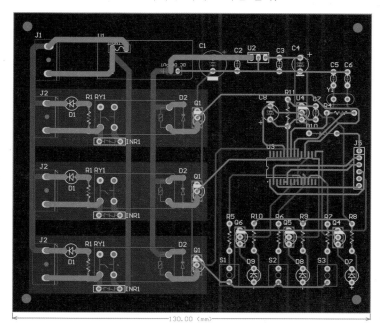

(13) Polygon Plane 작업하기

이 회로에 대해서 Analog를 제외한 Digital 회로에 대해서 Polygon Plane을 적용시켜 보겠다.

① Place 〉 Polygon Pour...를 클릭한다.

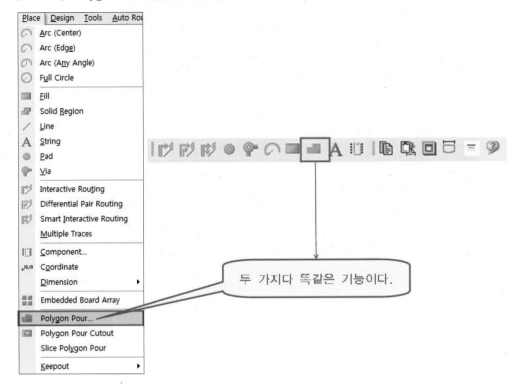

두 가지다 똑같은 기능이다.

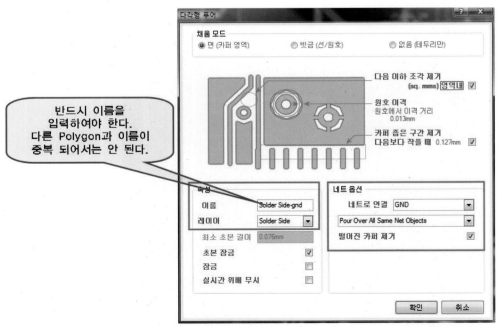

반드시 이름을 입력하여야 한다. 다른 Polygon과 이름이 중복 되어서는 안 된다.

위 그림에서 이름은 절대 중복이 되어서는 안 된다. 다음 그림은 해당 항목에 대한 설명이다.

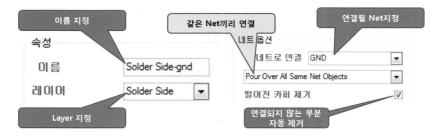

다음 그림과 같이 Top, Bottom Layer에 Polygon Plane을 씌운다.

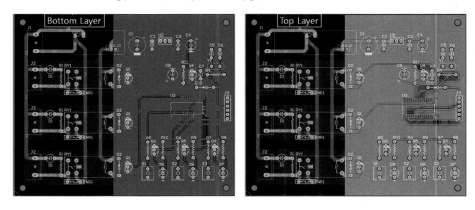

② Polygon 따내기

Polygon Plane을 따내는 방법에 대해서 알아보도록 한다.

일반적으로 Edit > Move > Polygon Vertices로 외곽에 점을 잡아서 수정하는 방법이 있지만 다음 그림과 같이 일부분을 도려내려고 할 때는 다음과 같은 방법이 용이하게 사용된다.

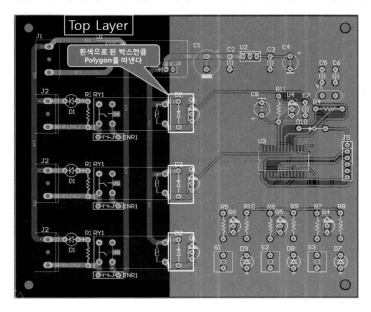

㉠ Shift + S 키를 누르면 Single Layer Mode로 들어간다. 우선 Top Layer를 수정하도록 하겠다. Tools > Polygon Pours > Shave 2 Polygon을 선택한다. 이 기능은 Polygon을 잠시 숨겨둔다. Polygon이 있으면 Cutout Line을 그리기가 힘들기 때문이다. 다시 Polygon을 보이게 하려면 Tools > Polygon Pours > Restore 2 Sheleved Polygon을 선택한다.

다음 그림과 같이 하얀색 라인으로 되어 있는 부분만 오려내도록 한다.

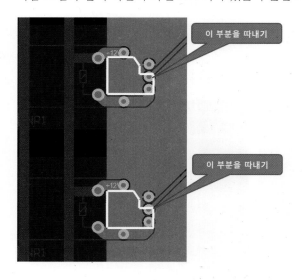

㉡ Place > Polygon Pour Cutout을 클릭한다.

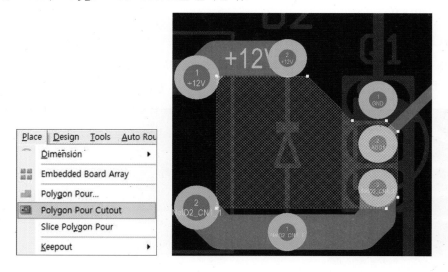

위의 우측에 있는 그림과 같이 따내야 할 영역을 설정한다. 이때도 마찬가지로 Grid를 잘 맞추어서 작업하는 것이 중요하다. 그리고 Polygon이 보이지 않기 때문에 Polygon 영역을 잘 알고 있어야 한다.

다음 그림과 같이 다른 곳도 마찬가지로 Cutout을 복사해서 붙여 넣어준다.

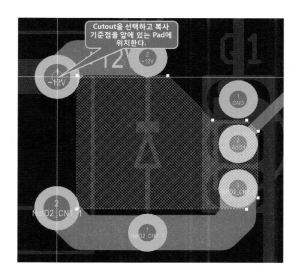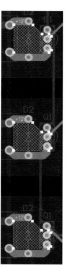

기준을 Pad에 준 것은 어느 한 기점을 가지고 있어야 한다. 다시 Polygon을 보이게 하기 위해서 Tools > Polygon Pours > Restore 2 Sheleved Polygon을 선택한다.

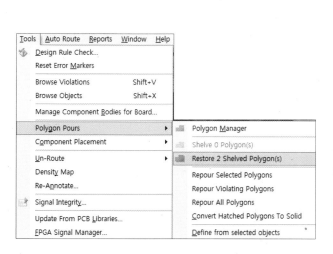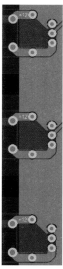

그리고 Polygon을 더블클릭하여 Repour해 주면 된다. 그럼 우측에 있는 그림과 같이 따져 있는 모양을 볼 수 있다.

(14) Polygon Clearance [다각형 푸어 이격거리 조정하기]

앞에서 작업한 Polygon Plane을 Clearance 값을 조정하여 원하는 이격거리를 지정하는 방법에 대해서 알아보도록 한다.

① Tools 〉 Polygon Pours 〉 Polygon Manager를 클릭한다.

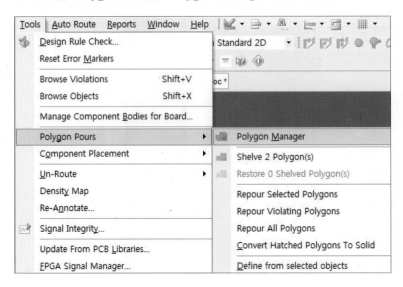

② 다음 그림에서 이격거리 규칙생성을 클릭하여 Clearance 값을 「0.6mm」로 입력한다.

이격거리 규칙 생성을 클릭하여
이격에 대한 거리를 입력한다.

③ 그림과 같이 Top, Bottom Layer를 똑같이 0.6mm로 지정한다.

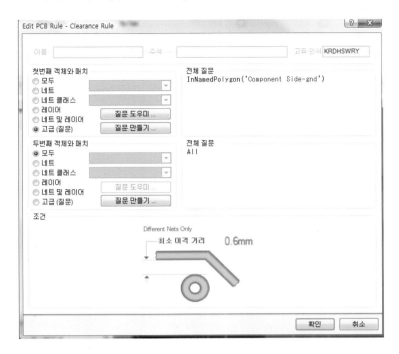

④ 그림과 같이 Repour를 실행한다.

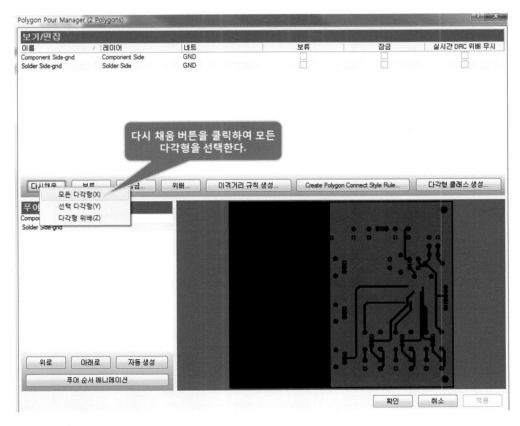

(15) 일괄 데이터 출력하기 [Output Job File]

PCB 작업이 다 끝나면 Output Data를 작성하여야 한다. 여러 가지의 데이터를 일괄적으로 뽑아주는 기능에 대해서 알아보고, 다음과 같은 파일만 뽑았을 경우에 대해서 살펴보기로 한다.

- Gerber Data
- Pick & Place
- NC Drill Data
- Bill of Materials

① File > New > Output job File을 클릭한다.

그림과 같이 Project에서 마우스 우측 버튼을 클릭하여 'Output Job File'을 생성할 수 있다.

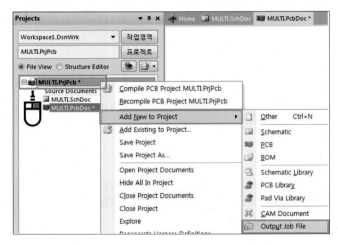

다음 그림과 같이 Output job File에 해당하는 화면을 볼 수 있다.

사용자가 원하는 것만 출력할 수 있는 기능에 대해서 알아보도록 하겠다.

② Output Job File 파일 생성하기

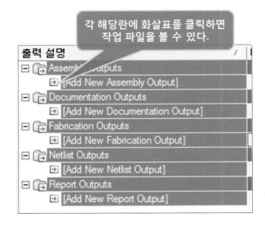

다음 그림과 같이 작업파일을 하나씩 선택해 준다.

a. Pick and Place Files(자삽 데이터 생성)

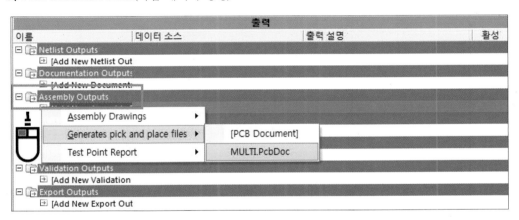

b. Gerber Files(각 레이어 필름 제작)

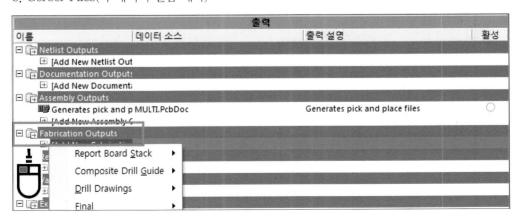

c. NC Drill Files(드릴 가공 데이터 생성)

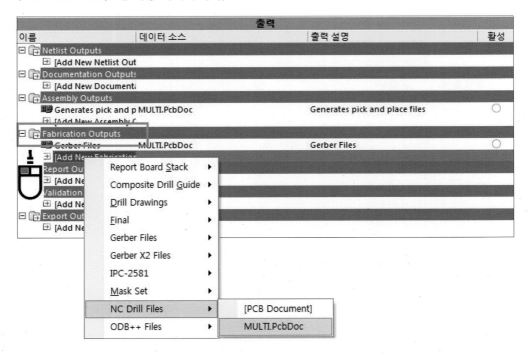

d. Bill Of Materials(자재(부품) 리스트 생성)

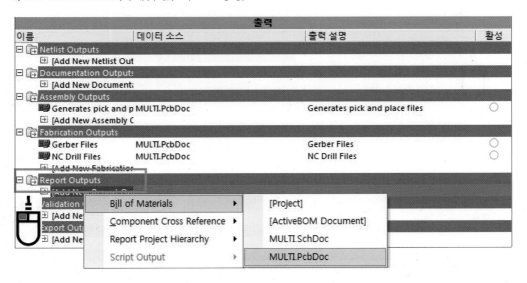

다음 그림은 출력할 항목에 대해서 볼 수 있다.

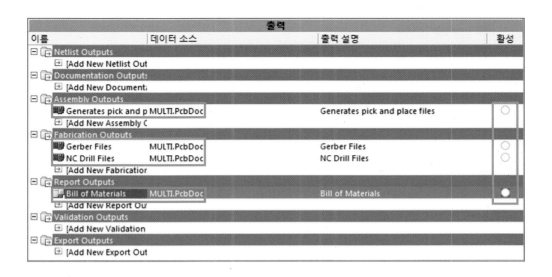

③ Output Job File 속성 입력하기

각 해당하는 Job File에서 마우스의 우측 버튼을 클릭한 후 Configure를 선택해서 각 데이터에 옵션을 선택한다.

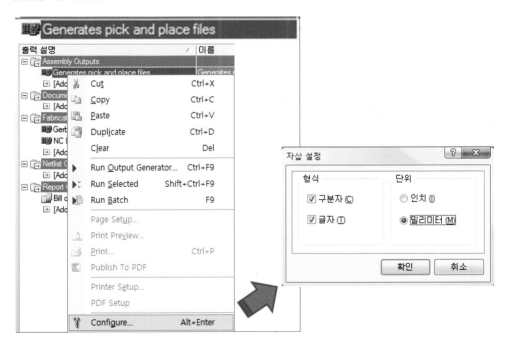

🔧 Gerber Files

🔧 Configure...   Alt+Enter

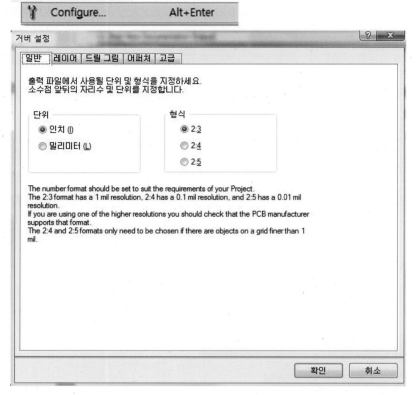

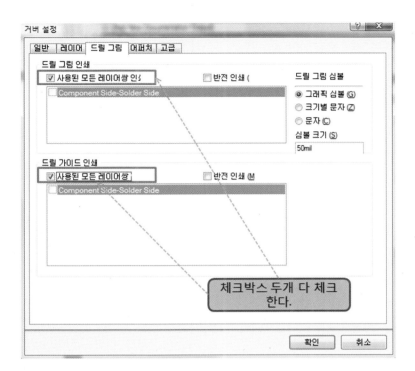

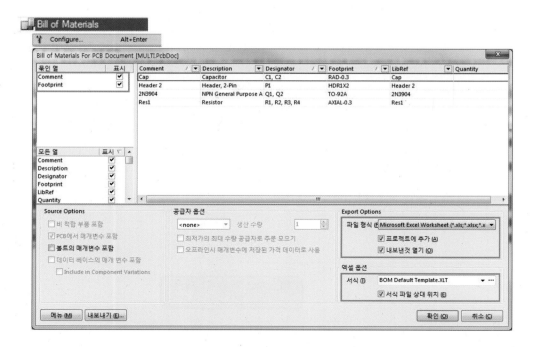

④ Output Job File 출력하기

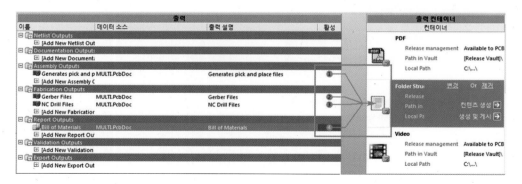

a. 출력파일 선택하기

위 그림에서 우측에 있는 「Folder Structure」를 선택하고 좌측에 원형으로 되어 있는 부분을 클릭하면 그림과 같이 숫자가 자동으로 기입된다. 여기서 숫자는 실행되는 순번이라 볼 수 있다.

b. 출력파일 설정하기

앞에서 설정한 Output Job File을 일괄적으로 뽑고 Gerber Data에 대해서는 CAMtastic에서 볼 수 있게 자동으로 Import한 후 View할 수 있는 설정을 알아보도록 한다.

CAMtastic에서 볼 수 있게 하기 위해서는 Tools 〉 Container Setup…을 클릭한다.

다음 그림에서 [Advanced] 버튼을 클릭한다.

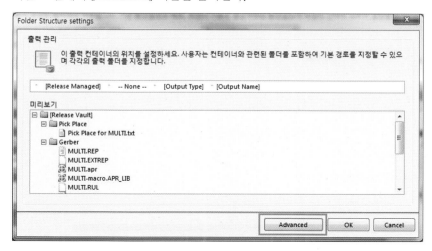

다음 그림에서 출력할 파일 중 CAMtastic에서 볼 File을 선택하여 CAM 파일을 자동으로 확인할 수 있다.

다음에 있는 내용을 「Folder Structure settings」 창에서 체크한다.

ⓐ 「거버 출력」

ⓑ 「NC 드릴 출력」

ⓒ 「생성 후 자동읽기 옵션 초기화」

c. 데이터 출력하기

일괄적으로 데이터를 출력하기 위해서 Tools > Run(F9 키)를 클릭한다.

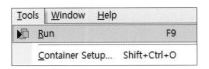

위 작업을 하게 되면 전체적으로 출력되는 것을 볼 수 있다.

(16) Output Job File 확인하기

위 작업을 하게 되면 전체적으로 출력되는 것을 볼 수 있다.

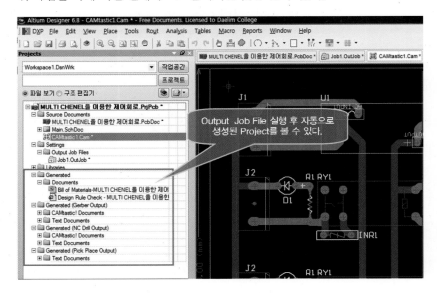

데이터를 직접 확인하기 위해서 Window에서 사용하는 탐색기를 불러오는 방법에 대해서 알아
보도록 한다.

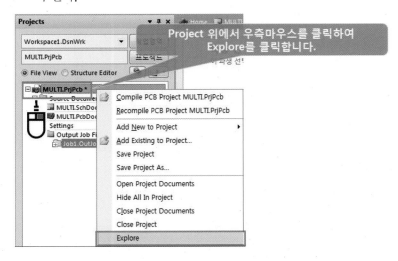

다음과 같이 탐색기를 살펴볼 수 있다.

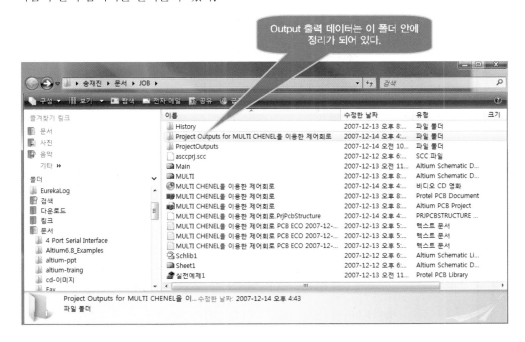

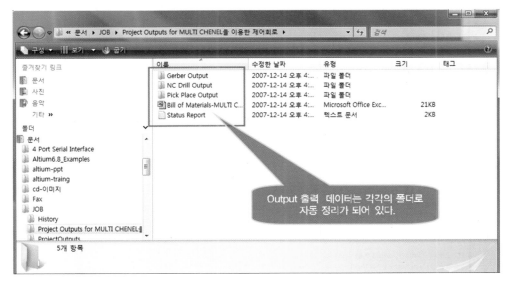

일반적으로 Altium Designer 사용자가 아니면 도면을 볼 수 없거나 본다고 하더라도 Altium Designer Viewer 버전을 설치하여야 볼 수 있는게 현실이다. 하지만 PDF 파일로 만들어 낸다면 얘기는 달라진다. Altium Designer에서는 이러한 기능을 지원하고 있다.

그럼 그 기능에 대해서 알아보도록 하겠다.

(1) PDF 문서 생성하기

File > Smart PDF...를 클릭한다.

(2) 저장할 장소 선택

(3) 프로젝트 파일 선택

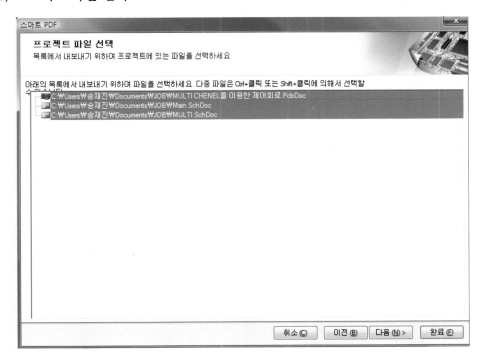

(4) PCB Design을 출력할 레이어 및 방식 선택

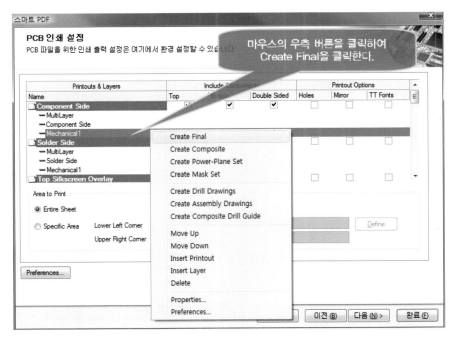

(5) 기타 추가 설정

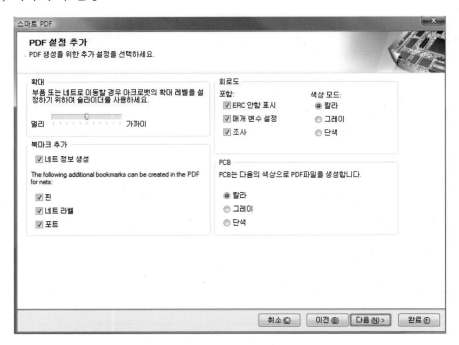

(6) 구조 설정

(7) 자동 PDF 출력 열기

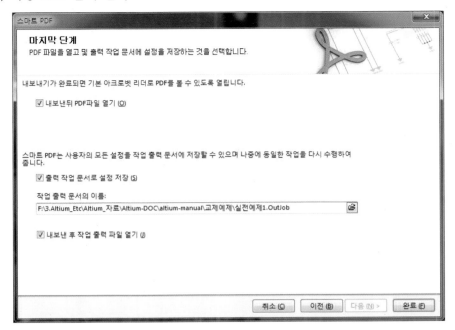

(8) AcroBat Reader에서 열어본 PDF 파일

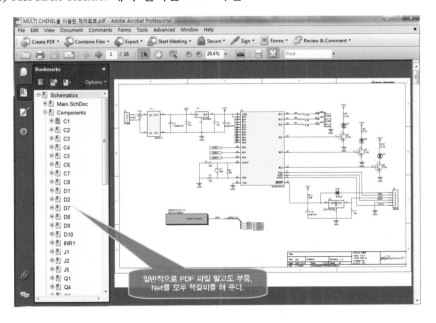

위에서 보는 것과 같이 아주 편리하게 PDF 파일을 만들어 보았다.

4 **전체 Project 백업하기**

모든 작업이 끝난 경우 데이터를 보관하는 방법에 대해서 알아보도록 하겠다. 완성된 작업파일을 압축하여 보관할 수 있으며 작업완료 날짜, 시간 등을 자동으로 기입하여 주는 기능이다.

(1) Project > Project Packager...를 클릭한다.

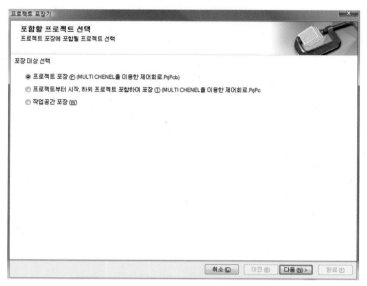

(2) 저장할 위치 지정

(3) 프로젝트 파일 선택

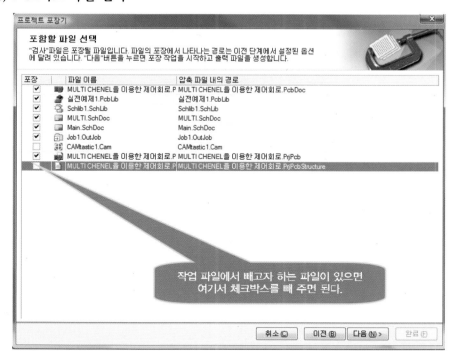

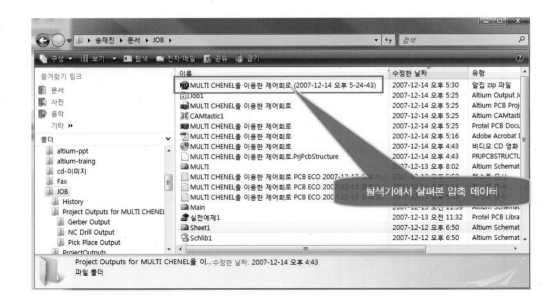

PCB ARTWORK

전자캐드기능사
실기 문제풀이

부록

학습 목표

Altium Designer를 활용하여 전자캐드기능사에 대한
문제풀이를 자세히 설명한다.

PCB ARTWORK 부록

Altium Designer를 활용하여 전자캐드기능사에 대한 문제풀이를 자세히 설명한다.

1 채점기준표

자격종목	전자캐드(CAD) 기능사			
작품명				
항목 번호	주요 항목	채점세부내용	항목별 채점방법 (모범 답안을 기준으로 한다.)	배점	종합
1	완성도	회로도 완성 여부	전체 도면을 완성하여 정상회로를 구성 (에러가 없음)	15	15
			전체 도면은 완성하였으나 에러가 있음	10	
			전체도면을 완성하지 못함	0	
2		PCB 설계완성 여부	전체 PCB를 완성하였고 에러가 없음	15	15
			PCB를 완성하였으나, 에러가 있음(요구 사항의 위배가 있는 경우)	10	
			PCB를 완성하지 못한 경우	0	
3	부품 배치 및 배선	회로도의 부품 배치 및 규격준수	회로도 보기 좋고 균형 있게 설계하였는가? 옳으면 3점, 틀리면 0점	3	15
			Title block 작성을 올바르게 하였는가? 옳으면 3점, 틀리면 0점	3	
			부품의 명칭 및 기호는 정확히 기재되었는가? 오류 건수당 -1점씩, 감점 최대 -4점	4	
			부품의 참조값 및 지정된 네트의 이름이 정확히 기재되었는가? 미작성 개소당 1점씩 감점, 최대 -5점 감점	5	
4		PCB의 부품배 치 및 패턴설계 의 규격준수	주요부품을 지시대로 배치하였고 부품을 균형 있게 배치하였는가? 상 : 2개소 이내 6점, 중 : 2~5개소 이내 3 점, 하 : 6개소 이상 0점	6	40
			직각배선 및 배선의 상태가 좋지 못한 경우 개소당 -1점씩 감점, 최대 -10점 감점	10	
			Via 생성 시 1개소 이내 7점, 2~3개소 이 내 3점, 4개소 이상 0점	7	
			SILK DATA가 알아보기 쉽고 정확하게 기입되었는가? 2개소 이내 4점, 3~5개소 이내 2점, 6개 소 이상 0점	4	
			Net 두께설정은 올바른가? 옳으면 5점, 틀리면 0점	5	
			부품은 정확하게 활용하였는가? 부정확한 부품 1개당 -2점씩 감점, 최대 -8점 감점	8	

5	출력	회로도의 출력	회로의 용지설정이 정확한가? 정확하면 3점, 부정확하면 0점	3	3
6		PCB의 출력	보드사이즈(치수보조선을 사용한 경우) 는 정확한가? 사용하면 4점, 미사용 0점	4	12
			PCB를 정확히 출력하였는가? 요구도면을 모두 정확하게 출력함 : 8점 불필요 도면 1개 출력 시 −2점씩 감점, 최 대 8점 감점	8	

2 실격 대상

(1) 회로의 동작이 불가능한 경우

회로도의 입력이 잘못되었거나 완성하지 못하여 회로로서 동작할 수 없는 경우

사례 1 회로의 입력이 일부만 완성된 경우

➡ 실격 : 회로의 입력이 완벽하지 않아 회로의 동작에 문제가 있음

사례 2 회로의 입력이 완성되었으나 네트이름을 잘못 입력한 경우

➡ 실격 : 네트의 연결이 올바르지 않아 회로의 동작에 문제가 있음

사례 3 회로의 입력이 완성되었으나 부분적으로 Junction Point의 입력을 누락

➡ 실격 : 회로의 오동작으로 실격

사례 4 부품의 전원 핀의 연결이 누락되거나 잘못 연결된 경우

➡ 실격 : 회로의 동작이 불가능하여 실격

(2) PCB의 제작이 불가능한 경우

PCB의 설계가 잘못되었거나 완성하지 못하여 PCB 제작이 불가능한 경우

사례 1 PCB의 일부만 완성된 경우

➡ PCB 생산이 불가능하여 실격

사례 2 출력 문서의 부족(Top, Bottom, Top solder mask, Bottom solder mask, Silk, Drill drawing)

➡ 1장이라도 부족하면 실격, 1장이라도 더 출력하면 −2점

사례 3 Silk에 들어갈 글자를 Top 혹은 Bottom 면에 넣은 경우

➡ PCB 생산 시 제품의 오동작을 초래하여 실격

사례 4 출력 문서에 다른 잉여 데이터가 들어간 경우

➡ 출력 문서에 필요 데이터 이외의 자료(예 Silk에 Pad 정보 등)를 넣은 경우 실격

3 감점 대상

(1) Copper pour

사례 Bottom 면에 Copper pour를 씌우지 않은 경우 혹은 GND와 Thermal이 처리되지 않은 경우 감점 대상

(2) Via

사례 Via를 사용한 경우
➡ 1곳당 1점 감점

(3) 치수보조선

사례 치수보조선을 사용하지 않았거나 일부만 사용한 경우
➡ 4점 감점

(4) 직각배선

사례 배선이 직각으로 배선되었거나 방향성이 없거나 내각이 90도 이하인 경우
➡ 1곳당 1점 감점

국가기술자격검정 실기시험문제

자격종목 및 등급	전자캐드(CAD) 기능사	작품명	Sound change Oscillation Circuit

○ 시험시간 : 표준시간 – 4시간, 연장시간 – 30분

1. 요구사항

과제1 **회로설계(Schematic)**

가. 주어진 회로의 동작원리를 분석해 보고 지급된(본인이 지참한) 전자캐드 소프트웨어를 사용하여 회로(Schematic)를 설계하시오.

나. 지급된 소프트웨어에 있는 라이브러리의 사용을 원칙으로 하고 필요 시 본인이 라이브러리를 작성한다.

다. 회로설계(Schematic)는 다음의 요구사항에 준하여 설계하시오.

　1) Page size는 inch(9.7×7.2), millimeter(297×210) [A4 Size]로 균형있게 작성한다.

　2) Title block의 작성

　　• title : 작품명 기재(크기 20) **예** Sound Change Oscillation Circuit

　　• document : Electronic CAD와 시행일자 기입(크기 10 **예** Electronic CAD, 2008.04.06

　　• revision : 1.0(크기 7)

풀이

① File 〉 New 〉 Project를 클릭한다.

　Project 창에서 마우스의 우측 버튼을 클릭하고 Add New Project 〉 PCB Project를 클릭한다.

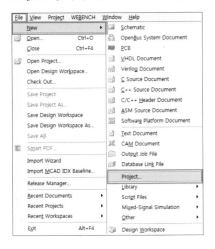

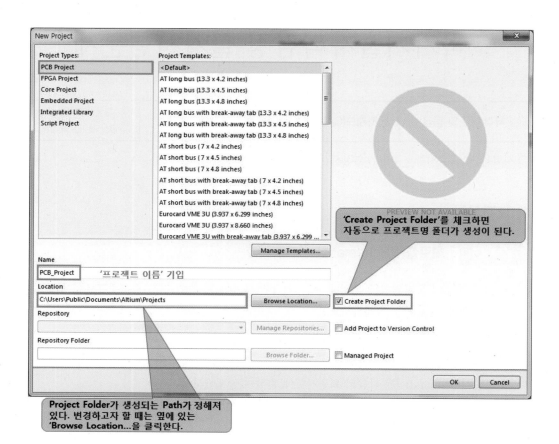

'Create Project Folder'를 체크하면
자동으로 프로젝트명 폴더가 생성이 된다.

'프로젝트 이름' 기입

Project Folder가 생성되는 Path가 정해져
있다. 변경하고자 할 때는 옆에 있는
'Browse Location...을 클릭한다.

Name에 해당하는 부분에 「Sound Change Oscillation Circuit」로 입력한다.

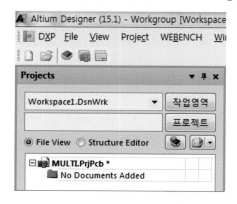

위와 같이 「Sound Change Oscillation Circuit.PrjPCB」가 추가 생성된 것을 확인할 수 있다.

② Schematic(회로도)을 만들기 위해서 File 〉 New 〉 Schematic을 클릭한다.

Projects 창에는 Sheet1.SchDoc가 생성된 것을 볼 수 있다. 화면 우측에 Schematic Sheet가 만들어진 것을 확인할 수 있다. 그리고 자동적으로 프로젝트와 연결된 것을 확인할 수 있다.

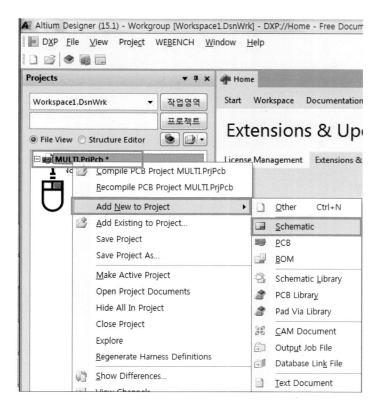

③ 회로도의 이름을 바꾸어 준다. File 〉 Save As를 클릭한다.

　「Sound Change Oscillation Circuit.SchDoc」로 수정하여 저장한다.

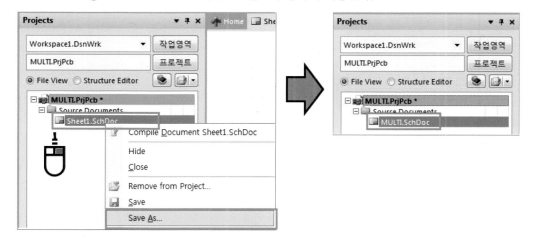

※ 주의 : 회로도 역시 Sound Change Oscillation Circuit 폴더 안에 프로젝트와 같이 저장한다.

④ 현재 도면에 Template을 적용시키는 방법

Design 〉 General Template 〉 A4를 클릭한다. (원하는 Sheet Size 선택)

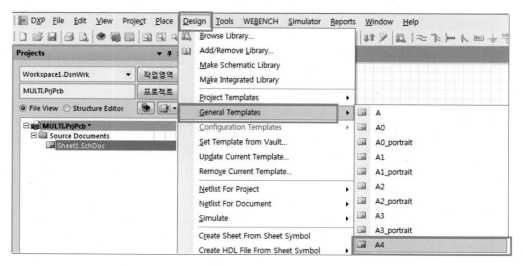

다음 그림에서는 「Just this document(이 문서만)」와 「Replace all matching parameters(매칭된 모든 매개 변수 바꾸기)」를 선택한 후 [OK] 버튼을 클릭한다.

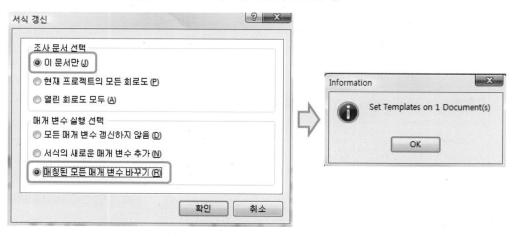

회로도 우측 하단의 Size를 보면 A4로 바뀐 것을 확인할 수 있다.

⑤ 다음 표에서 나열한 특수문자 종류는 표제란 사용 시 필수적인 것을 나열하였다. 사용하는 방법 및 수정하는 방법에 대해서 알아보도록 한다.

a. 특수문자 위치 및 종류

㉠ 다음의 특수문자는 Document Options 창의 내용과 연결되어 있다.

ORGANIZATION	회사이름 [학교이름]
ADDRESS1	주소1 [학과]
ADDRESS2	주소2 [학번]
ADDRESS3	주소3 [이름]
ADDRESS4	주소4 [삭제]
SHEETNUMBER	Sheet 번호
SHEETTOTAL	총 Sheet 수
TITLE	도면이름
DOCUMENTNUMBER	document 번호
REVISION	수정횟수

ⓛ 다음의 특수문자는 독립적으로 문서의 정보를 보여준다.

DOC_FILE_NAME	Sheet의 File 이름
DOC_FILE_NAME_NO_PATH	Sheet의 File path가 없이 도면이름만 보임
TIME	현재시간
DATE	현재날짜

b. 다음 그림과 같이 표제란을 수정하기 위해서는 Design 〉 Document Options를 클릭하여 두 번째 탭에 「매개변수」를 클릭하고 다음 그림과 같이 해당하는 필드에 내용을 입력한다.

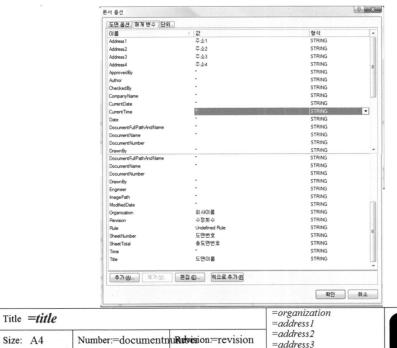

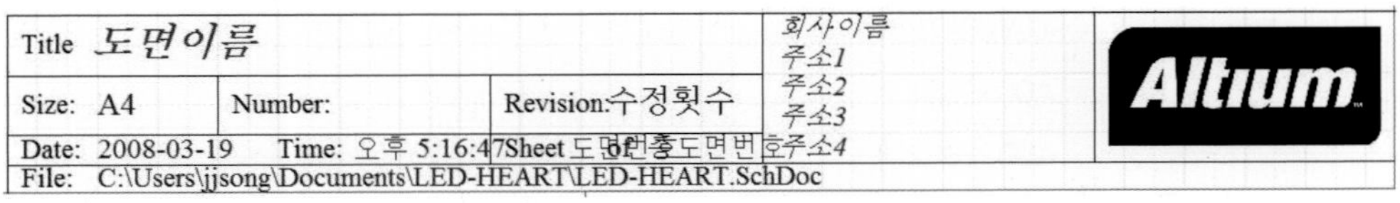
Title 도면이름
회사이름
주소1
주소2
주소3
주소4
Size: A4
Number:
Revision:수정횟수
Date: 2008-03-19
Time: 오후 5:16:47
Sheet 도면번호 of 총도면번호
File: C:\Users\jjsong\Documents\LED-HEART\LED-HEART.SchDoc
Altium

위와 같이 표제란에 특수문자를 표기하는 방법은 다음 그림과 같이 「특수 문자 변환」을 체크하면 Document Option에서 입력한 내용을 확인할 수 있다.

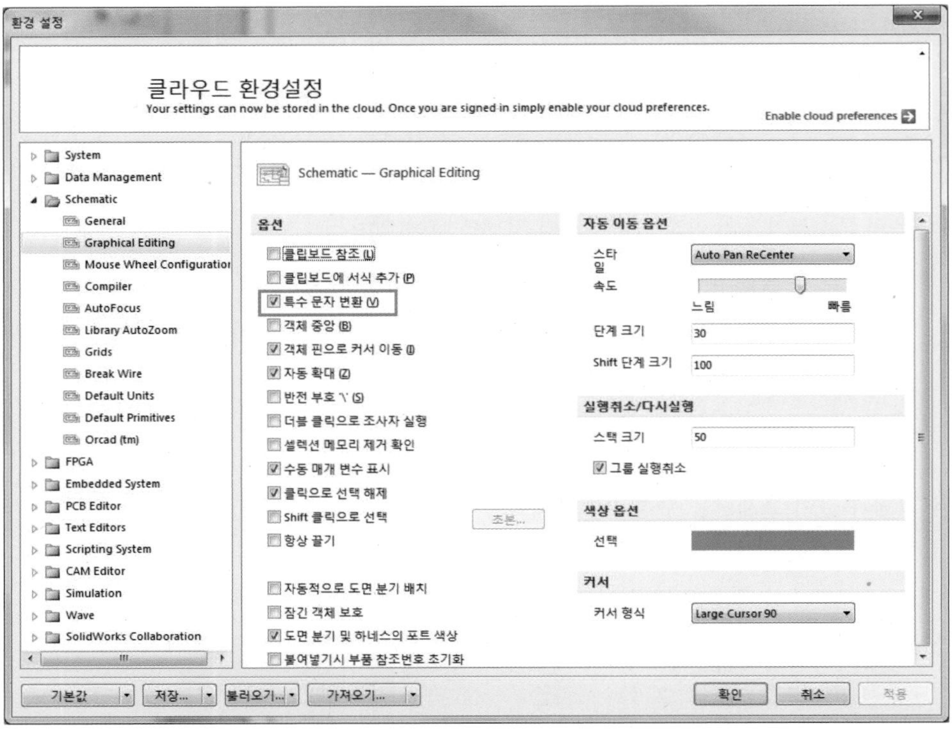
환경 설정
클라우드 환경설정
Your settings can now be stored in the cloud. Once you are signed in simply enable your cloud preferences.
Enable cloud preferences
System
Data Management
Schematic
General
Graphical Editing
Mouse Wheel Configuration
Compiler
AutoFocus
Library AutoZoom
Grids
Break Wire
Default Units
Default Primitives
Orcad (tm)
FPGA
Embedded System
PCB Editor
Text Editors
Scripting System
CAM Editor
Simulation
Wave
SolidWorks Collaboration
Schematic — Graphical Editing
옵션
클립보드 참조 (L)
클립보드에 서식 추가 (P)
특수 문자 변환 (V)
객체 중앙 (B)
객체 핀으로 커서 이동 (I)
자동 확대 (Z)
반전 부호 '\' (S)
더블 클릭으로 조사자 실행
셀렉션 메모리 제거 확인
수동 매개 변수 표시
클릭으로 선택 해제
Shift 클릭으로 선택
항상 끌기
자동적으로 도면 분기 배치
잠긴 객체 보호
도면 분기 및 하네스의 포트 색상
붙여넣기시 부품 참조번호 초기화
자동 이동 옵션
스타일
Auto Pan ReCenter
속도
느림
빠름
단계 크기
30
Shift 단계 크기
100
실행취소/다시실행
스택 크기
50
그룹 실행취소
색상 옵션
선택
커서
커서 형식
Large Cursor 90
기본값
저장...
불러오기...
가져오기...
확인
취소
적용

⑥ 회로도를 시작하기 전에 회로도(Schematic)를 저장한다. File 〉 Save를 그렇게 선택하여 준다.
→ F + S 키

3) 사용하지 않는 부품 및 핀들은 설계규칙 검사 시 에러를 유발하지 않도록 처리하시오.

풀이

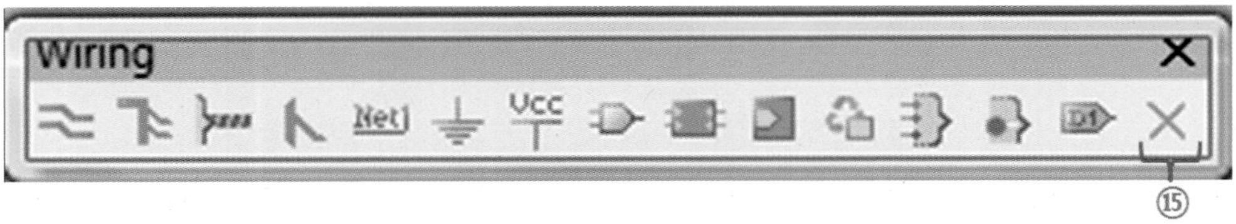
Wiring
Net
VCC
D1
⑮

IC를 사용 시 비어 있는 Pin이 있을 경우 No ERC 마크를 붙여 준다.

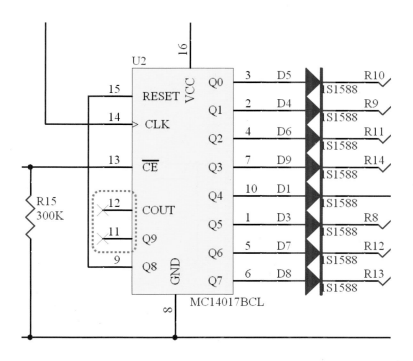

4) 네트의 이름이 정의된 경우에는 네트이름을 기입하도록 한다.

풀이

① Place 〉 Net Label을 클릭한다. → P + N 키

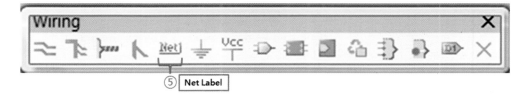

⑤ Net Label

② Net Name을 주어진 값으로 수정하기 위해 우측 그림과 같이 Net Label이 따라 다닐 때 키보드
의 ⇄(Tab) 키를 누른다.

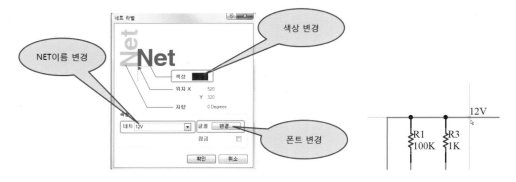

주의할 점은 반드시 Wire 위에 Net Label을 배치하여야 한다. 위 그림에서 보는 것과 같이 수정할 수 있는 것이 Net, Color, Font이다.

다음(주어진) 회로에 Net label 작업을 한다.

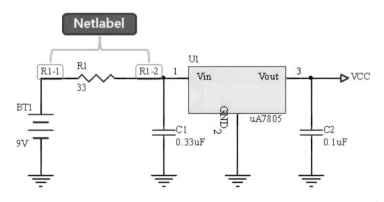

5) 지정하지 않은 설계조건은 일반적인 설계규칙(KS규격 등)을 적용하여 설계하며, 설계규칙 검사 항목은 기본값을 사용한다.

6) 설계가 완료되면 설계도면과 네트 리스트 파일을 생성하시오.

풀이

Design〉Netlist For Project〉Protel을 선택한다.

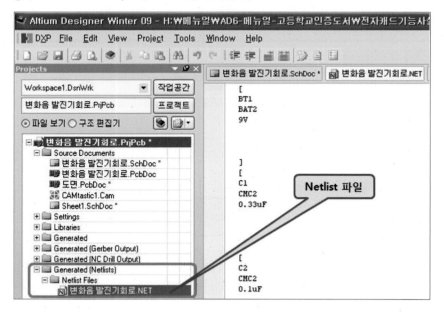

7) 새로운 부품(Part) 작성 시 라이브러리의 이름은 자신의 비밀번호로 명명하고, 반드시 생성한 라이브러리 안에 저장한다. (하나의 파일명으로 저장)

8) 지정하지 않은 사항은 일반적인 규칙(KS 규격 등)을 적용하여 설계한다.

　　라. 지급된 소프트웨어에 있는 에러체크(ERC : Electronic Rule Check) 기능을 이용하여 회로가 정상 동작되는 여부를 감독위원에게 확인을 받아야만 다음 순서의 작업을 진행하도록 하고, 에러체크 검사를 받지 않은 작품은 미완성으로 처리한다. (에러체크 파일을 디스크에 저장하시오.)

풀이

회로도에 대한 전기적인 결함이 있는지를 알아보는 기능이다. 우선 ERC Check를 실행하기 전에 다음에 있는 사항을 세팅한다.

① Project 〉 Project Options를 선택한다.

　　a. Error Reporting

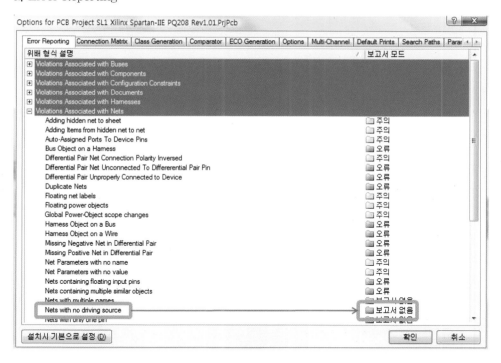

Option for Project 창에서 반드시 체크를 해 주어야 하는 것은 위 그림에서 보는 것과 같이 「Violations Associated with Nets」에서 「Nets with no driving source」를 반드시 「보고서 없음」으로 체크한다.

b. Setting up the Comparator

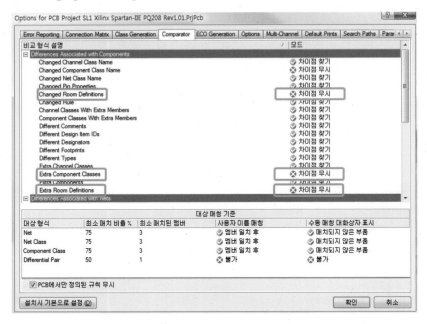

위 그림처럼 「Changed Room Definitions」, 「Extra Room Definitions」, 「Extra Component Classes」 3가지를 모두 「차이점 무시」로 바꾸어 준다.

Comparator를 설정하는 것은 PCB로 업데이트할 때 PCB에서 Place Room과 Component에 대한 사항을 변경할 수 있는 Option이다.

c. Options

다음 그림에서 「각 출력 형식을 위한 폴더를 분리하여 사용」을 체크한다.

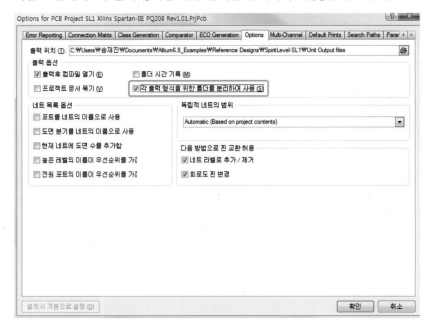

② ERC(Electronic Rule Check) 검사하기

    a. Sound Change Oscillation Circuit Project를 컴파일하기 위해 Project 〉 Compile PCB Project Sound Change Oscillation Circuit.PrjPcb를 선택한다.

    b. 프로젝트가 컴파일될 때, 만들어진 Error는 Messages Panel에 나타난다.

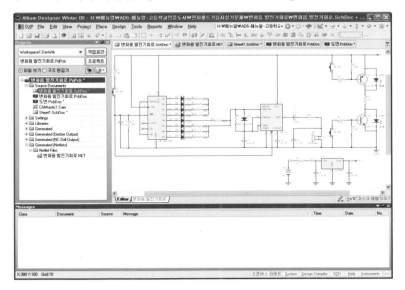

       회로가 정확하게 그려지면 위 그림처럼 Messages Panel은 공백이어야만 한다.

라. 에러가 있는 경우 틀린 회로를 수정하여 정상동작이 되도록 하시오.

마. 설계가 완료된 회로도면은 시험의 종료 시 프린터 또는 플로터로 제시된 용지의 규격과 동일하게 본인이 출력하여 제출한다.

풀이

다음 그림과 같이 [미리보기] 아이콘을 클릭하고 중앙 아랫부분에 있는 [인쇄] 버튼을 클릭한다.

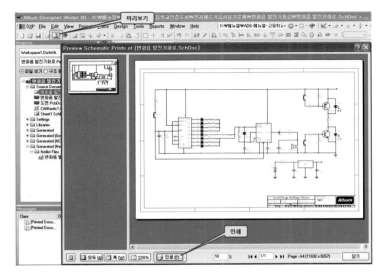

가. 과제1에서 설계한 회로(Schematic)의 동작원리를 분석하여, 지급된(본인이 지참한) 전자캐드 소프트웨어를 사용하여 인쇄회로기판(PCB)을 설계하시오.

나. 데이터시트가 제공된 부품은 본인이 작성하여야 하고, 그 외 부품은 지급된 소프트웨어에 있는 라이브러리의 부품을 사용하고 필요 시 본인이 부품을 작성한다.

다. 데이터시트로 제공된 부품 및 본인이 작성한 부품은 자신의 비번호로 명명하고, 반드시 생성한 라이브러리 파일 안에 저장한다. (지정된 비밀번호의 파일명으로 저장함)

라. PCB 설계(Layout)는 다음과 같이 하시오.

1) 설계환경 : 양면 PCB(2-Layer), (Top Layer / Bottom Layer)

2) 보드 사이즈 : 60mm(세로) × 100mm(가로)

   (치수보조선을 이용하여 반드시 보드 사이즈를 표시할 것)

풀이

(1) Files Panel을 열어서 맨 밑에 있는 「양식으로 새로만들기」 안에 있는 「PCB Board Wizard...」를 클릭한다.

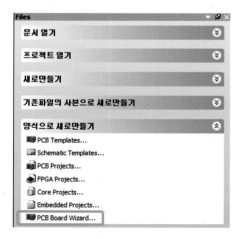

(2) 「PCB 기판 마법사」 창이 실행된다. [Next](다음) 버튼을 클릭한다.

(3) 사용자가 원하는 단위(mm)를 선택한다. [Next] 버튼을 클릭한다.

(4) 「Custom」을 체크하고 [Next](다음) 버튼을 클릭한다.

여기서는 사용자가 원하는 사이즈를 설계하기 위해서 Custom으로 선택하지만 밑으로는 여러 가지 보드설계가 된 것이 있다.

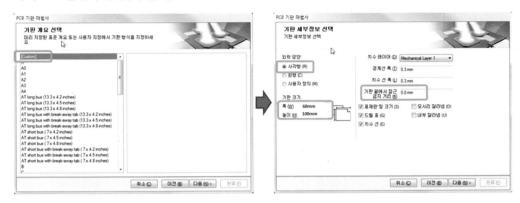

(5) 기판크기를 폭 60mm × 높이 100mm로 선택한다.

「기판끝에서 접근금지 거리」를 '0'으로 입력한다. 그리고 [Next] 버튼을 클릭한다. 타원형 보드를 설계할 경우 「Circular」를 선택하고 x, y 사이즈를 넣어 주면 된다.

Custom은 원형보드를 사용자가 원하는 사이즈로 변형하여 만들 수 있는 기능이다.

(6) 기판 레이어를 선택하는 창이다. 지금 여기서는 양면으로 설계한다.

「신호 레이어」는 「2」로 입력하고 「전원 플랜」은 「0」으로 입력한다.

(7) 신호 레이어가 2층이므로 「관통 비아만」을 체크한다.

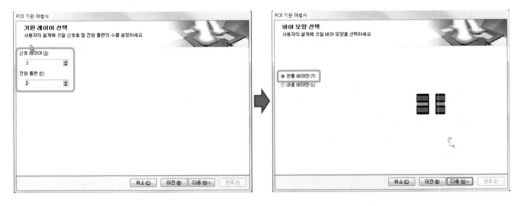

(8) 다음 좌측 그림에서는 「관통 홀 부품」으로 체크하고, 패턴을 1, 2, 3라인으로 원하는 메뉴를 선택한다. 여기서는 하나의 선으로 선택한다.

(9) 우측 그림은 Track, Via, Via Hole, Clearance를 조정하는 창이다. 이 부분은 따로 PCB에서 Design Rule을 설정하므로 무시하고 넘어간다.

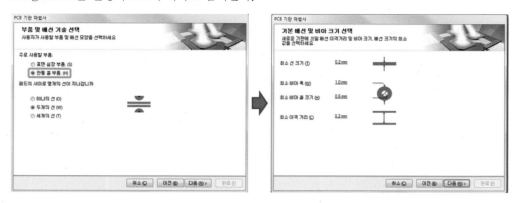

(10) 보드가 완성이 되었으면 화면을 전체적으로 보기 위하여 View 〉 Fit Board (V+F 키)를 선택한다.

단위가 mil로 표기될 경우에는 치수선을 한 번씩 클릭하여 mm로 변환한다.

(11) PCB File Project 삽입하기

좌측에 있는 그림과 같이 보드를 자동으로 생성한 경우에는 Free Document 안에 PCB가 생성되어 있다. 이것을 Project(PrjPCB) 안으로 이동하여야 한다. 방법은 「PCB1.PcbDoc」를 잡고 Project(PrjPCB) 안으로 드래그하면 된다.

우측 그림은 Project 안으로 이동하여 하나의 Project가 된 것을 확인할 수 있다.

(12) PCB의 이름을 「PCB1.PcbDoc」에서 「Sound Change Oscillation Circuit.PcbDoc」로 수정한다. File 〉 Save As를 선택한다.

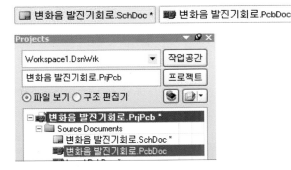

위 그림과 같이 Project에 완성된 Tree를 볼 수 있다. 모든 작업은 그림에서 보는 것과 같이 Tree를 구성하여야만 한다.

3) 부품배치

• 다음의 그림과 같이 위치가 지정된 부품(1번 핀이 기준 위치임)은 지정된 위치에 정확히 배치한다.

• 다음에서 배치된 부품은 정확한 위치에 배치한다. 그 외의 부품은 임의로 배치하시오. 단, IC의 방향은 한쪽 방향을 향하도록 배치한다.

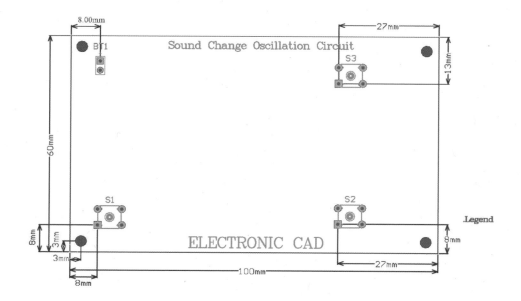

1) 기판 옵션

PCB Board를 설계하기 위해서는 여러 가지의 설정을 알고 있어야 한다.

모든 Grid를 설정하는 방법을 알아보도록 한다.

Design 〉 Board Option…을 선택한다. → [D]+[O] 키

2) 단위설정 및 물기 옵션

다음 그림에서 보면 Grid에 대한 설정을 이곳에서 설정할 수가 있다.

PCB 작업 시 사용하는 단위를 바꿀 경우에는 키보드 [Q] 키를 누르면 mil과 mm를 변경할 수가 있다. 또한 다음 그림과 같이 [기판 옵션]에서 단위를 변경하는 방법이 있다.

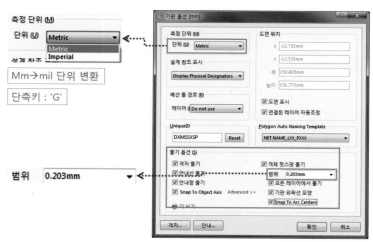

「물기 옵션」에서는 체크박스 모두 다 체크하여 사용한다. 전기적인 개체나 기구적인 개체 등 모두를 자동으로 끝 지점 또는 중앙에 해당하는 부분을 자동으로 잡아주는 기능이다.

3) Grids의 종류

(1) 부품을 움직이는 부품 격자(Component Grid)

(2) 패턴을 그릴 때 사용하는 격자 스냅(Snap Grid)

(3) 화면에 표기되는 격자 표시(Visible Grid)

4) 격자그리드(Visible) 설정 및 스냅그리드(Snap) 설정

(1) 부품 배치 시 그리드 : 50mil 또는 100mil

일반적으로 Dip Type에 Pin과 Pin 사이의 거리가 100mil로 되어 있다. 또한 트랜지스터(TR)는 50mil로 되어 있다.

(2) 라우팅 시 그리드 : 20mil 또는 25mil

Snap Grid, Visible Grid를 20mil과 25mil로 사용할 때 차이점을 확인할 수 있다.

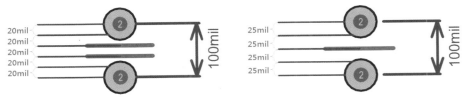

▲ 그림 Snap Grid 20mil　　　　　　▲ 그림 Snap Grid 25mil

20mil인 경우 : Track 2Line으로 작업
25mil인 경우 : Track 1Line으로 작업

이러한 기본적인 Grid가 설정이 되어야만 PCB Board를 설계하는 데 많은 도움이 된다.

부품 배치 및 Routing을 할 때 Snap Grid를 수시로 바꾸고자 할 경우에는 키보드 G 키를 누르면 수시로 바꿀 수가 있다.

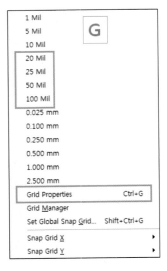

(3) Visible Grid의 종류는 Line과 Dot로 볼 수 있다.

배치 및 라우팅 시 Visible Grid를 바꿀 수 있다. 키보드 [Ctrl] + [G] 키를 클릭한다.

설정에 해당하는 사항은 다음과 같다.

배치 : Lines

라우팅 : Dots

미세, 거침을 똑같은 것으로 사용하는 것이 좋다.

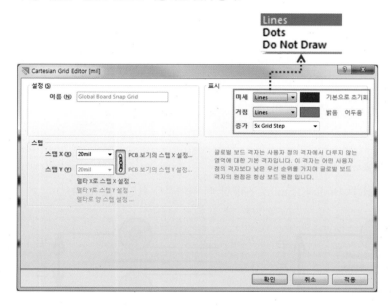

5) 보드 좌측 하단을 원점으로 설정한다. Utility Tools()를 이용한다.

다음 그림과 같이 원점표기를 이용하여 원점(0,0)을 표기한다.

① Utility Tools

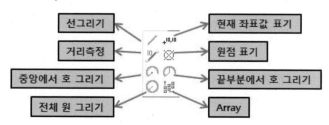

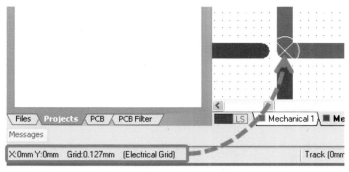

▲ 그림 원점이 지정된 모양

6) S1, S2, S3, BT1을 임의의 위치에 배치한다.

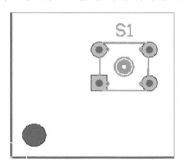

7) 유틸리티 아이콘 안에 있는 Place Dimension〉Linear를 이용하여 부품의 거리를 측정하여 표기
할 수 있다. 레이어를 'Mechanical3'으로 선택한다. 그리고 다음 그림과 같이 안에 있는 Linear
를 이용한다.

각 부품에 1번핀을 기준으로 Dimension Linear를 이용하여 거리를 측정한다. 다음 그림은
Dimension Linear를 측정하는 방법이다.

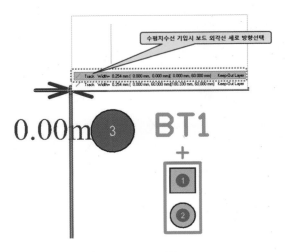

▲ 그림 Dimension 작성1

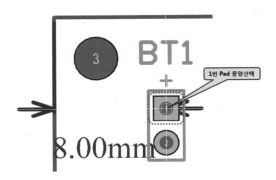

▲ 그림 Dimension 작성2

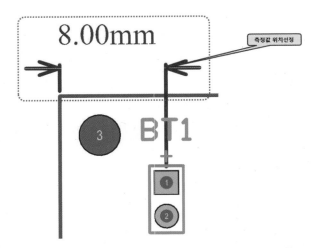

▲ 그림 Dimension 작성3

8) 각 부품에 Dimension Linear가 주어진 상태에서 부품을 이동하면 Dimension을 보면서 부품을 배치할 수 있다.

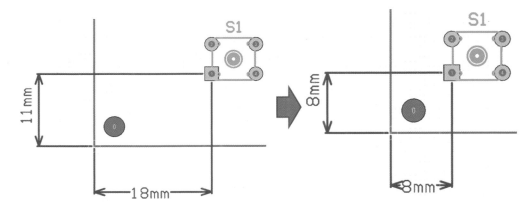

• 부품은 Top Layer에서만 실장하고, 배선은 양면 모두에서 진행하되, Top Layer(부품면)의 배선 방향이 수평이면 Bottom Layer(배선면)의 배선 방향은 수직[또는 Top Layer(부품면)으로, 배선 방향이 수직이면 Bottom Layer(배선면)의 배선 방향은 수평]으로 배선을 하시오.

풀이

Routing 작업 시 Top Layer는 수직으로, Bottom은 수평으로 하되 될 수 있는 한 기본 규칙을 지키면서 작업한다. 작업 요령은 일단 짧은 Net를 가진 것을 수평(Top)과 수직(Bottom)으로 미리 작업한다.

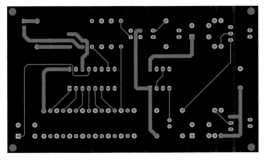

▲ Top Layer

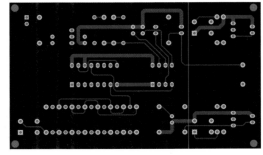

▲ Bottom Layer

• 부품의 실장 시 IC와 LED 등 극성이 있는 부품은 가급적 동일 방향으로 배열하도록 하고, 이 격거리를 계산하여 배치하도록 하시오.
• 특별히 지정하지 않은 사항은 일반적인 PCB 설계규칙에 준하여 설계하시오.

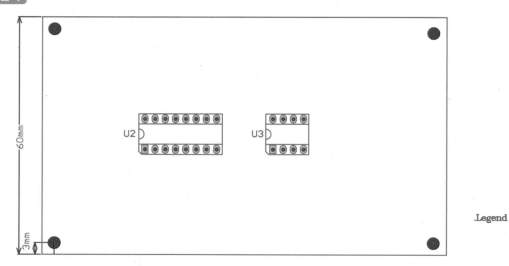

4) 부품의 생성

- 가급적 전자캐드 프로그램에서 제공하는 라이브러리를 사용하되 필요 시에는 부품을 작성하도록 하며, 부품의 생성 시 각 부품의 데이터에서 제공하는 규격에 맞게 작성하시오.

- 제공된 부품도를 참고하여 정확한 부품을 사용하도록 작성하시오.

부품명	단자 접속도	부품명	단자 접속도
MC14017BCL	Q5 1 · 16 V_DD Q1 2 15 RESET Q0 3 14 CLOCK Q2 4 13 CE Q6 5 12 C_out Q7 6 11 Q9 Q3 7 10 Q4 V_SS 8 9 Q8 Footprint = DIP16 (pitch:2.54mm)	2SA1015	Bottom View 1. EMITTER 2. COLLECTOR 3. BASE
		2SC1815	Bottom View 1. EMITTER 2. COLLECTOR 3. BASE

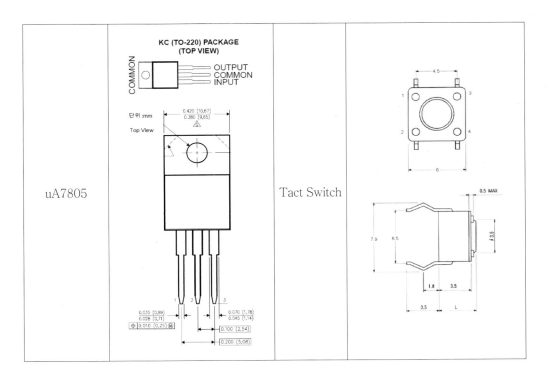

| uA7805 | Tact Switch |

5) 네트(Net)의 폭(두께) 설정

- 정의된 네트의 폭에 따라 설계하시오.

VCC, GND, R1−1, R1−2	1.5mm
일반선	0.4mm

(1) Design 〉 Rules...을 선택한다.

위 그림과 같이 Design Rules에 대한 내용을 볼 수가 있다.

왼쪽에 있는 것은 큰 단원으로 각각에 해당하는 명칭을 볼 수 있고, 오른쪽에 있는 것은 각 단원의 세부사항을 볼 수 있다.

(2) 설정하고자 하는 큰 단원을 더블클릭한다.

Routing 〉 Width 〉 Width를 선택한다.

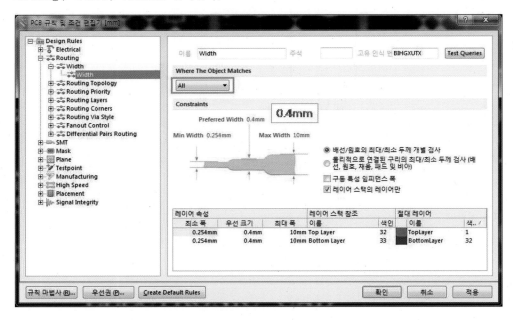

위 그림처럼 일반적인 Signal Track Size가 선정되어 있다.

(3) Routing Width Size를 'VCC, GND, R1-1, R1-2' 각각 1.5mm로 설정할 경우에 대해서 알아보도록 한다.

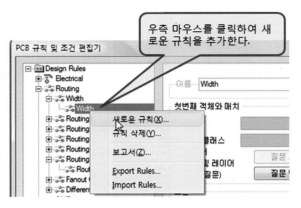

우선 Routing 〉 Width 안에서 마우스의 우측 버튼을 클릭하면 위 그림과 같은 메뉴가 나온다.

이때 새로운 규칙을 선택한다.

이름이 「Width_1」로 나와 있는 것을 클릭하여 다음 그림과 같이 'VCC, GND, R1-1, R1-2'를 하나씩 각각 설정한다.

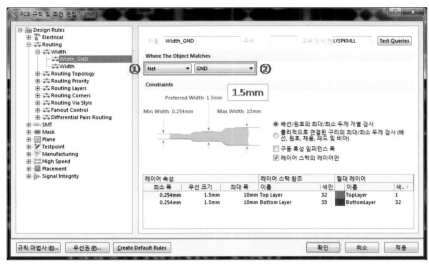

▲ 그림 GND Track Width Size

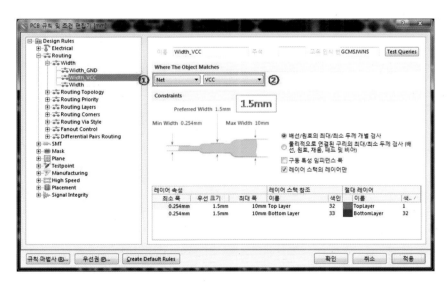

▲ 그림 VCC Track Width Size

또 하나의 방법은 「Custom Query)」을 클릭하여 Design Rule을 적용하는 방법이다.

「질문 제작…」 버튼을 클릭하면 Building Query from Board 창이 열린다. 「종류/연산자 상태」열에서 Belongs to Net를 선택하고 값 상태 열에서 원하는 Net를 선택하고 바로 밑 부분에 「OR」을 선택하면 된다.

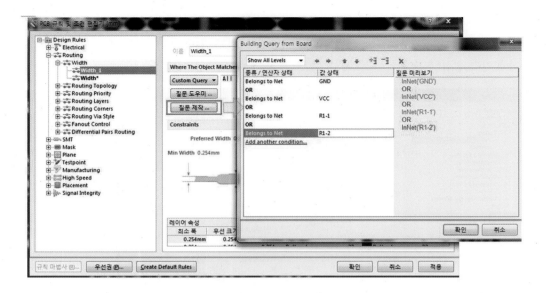

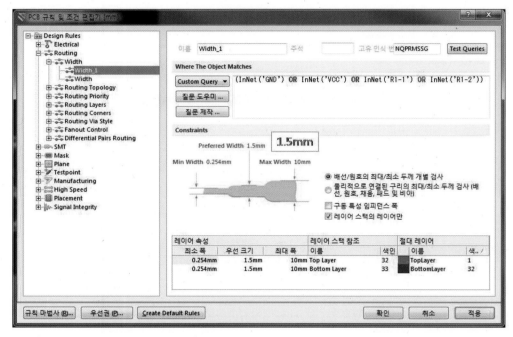

▲ 그림 완성된 Design Rule

6) 배선(Routing)

- 배선경로는 최대한 짧게 하되 100% 배선하며, 직각배선은 하지 않도록 한다.
- 자동배선(Auto Routing)은 사용할 수 없으며, 비아(Via)는 생성하지 않는다.

(1) Place 〉 Interactive Routing을 클릭한다.

Track을 시작할 곳을 클릭하고, 커서를 R1의 다음쪽 Pad로 이동한다.

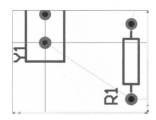

Connection Line은 원하는 곳으로 이동할 때 목적지를 가르쳐 준다.

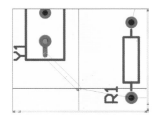

하나의 Segment는 배치된 상태이고, 커서를 이동시켜 R1의 Pad로 이동한다.

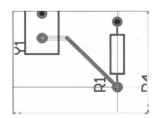

두 번째 Track Segment를 배치하기 위해 마우스의 왼쪽 버튼을 클릭한다.

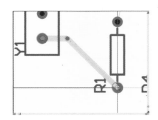

세 번째 클릭을 하여 두 번째 Track Segment를 배치하면, 이 Connection에 대한 Route를 끝낸 것이다.

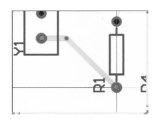

(2) Route Mode

Routing을 할 때 '45°, 90°, 90°Arc, Soft Arc'를 바꾸려고 할 때에는 [Shift] 키를 누른 상태에서 [Spacebar] 키를 한 번씩 눌러보면 모양이 바뀌는 것을 볼 수 있다.

Top에서 Bottom으로 Layer를 바꿀 경우 키보드 우측에 있는 [*] 키를 클릭하면 Layer가 바뀐다.

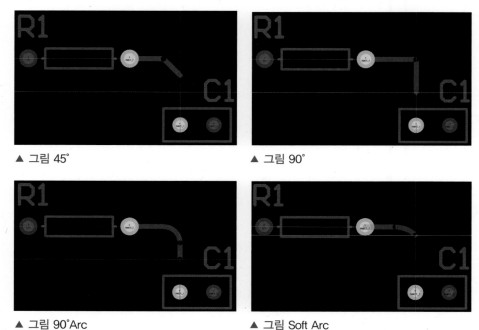

▲ 그림 45°　　　　　　　　　　　　　▲ 그림 90°

▲ 그림 90°Arc　　　　　　　　　　　▲ 그림 Soft Arc

그냥 [Spacebar] 키를 누를 경우에는 상하반전이 되는 것을 볼 수가 있다.

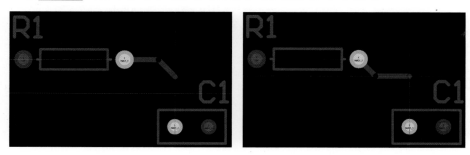

화면 맨 다음에 있는 Mask Level을 조정하면 라우팅하는 Net만 선명하게 볼 수 있다. 조정레벨을 밑으로 내릴수록 주변이 어두워진다.

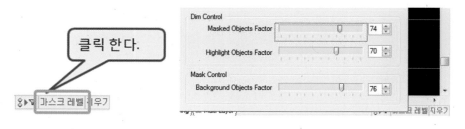

클릭 한다.

■ Interactive Routing Shortcuts

~ (tilde)	단축키의 표시
F1	도움말 표시
Ctrl + Click	끝 지점까지 자동배선 기능
Backspace	앞 작업으로 가기
ESC	명령 취소하기
Shift + A	트랙튜닝[길이조정 / 아코디언 작업] (interactive length tuning)
Shift + G	트랙 총길이 표시
Shift + H	상하 토글 및 허그모드 세팅
L	레이어 변경(비아 생성 안됨)
Shift + R	자동각도 및 상하반전 변경
Shift + V	자주 사용하는 Via를 대화창 보면서 선택
Shift + W	자주 사용하는 Track을 대화창 보면서 선택
, (comma)	Arc 라우팅 모드에서 Arc 각도 늘리기 조정
Shift + . (comma)	Arc 라우팅 모드에서 Arc 각도 늘리기 10× 조정
. (full stop / period)	Arc 라우팅 모드에서 Arc 각도 줄이기 조정
Shift + . (dot)	Arc 라우팅 모드에서 Arc 각도 줄이기 10× 조정
Enter	현재 위치에서 한 세그먼트 지정
+ (plus)	다음 레이어 변경−자동 비아 생성(numeric keyPad)
− (Minus)	이전 레이어 변경−자동 비아 생성(numeric keyPad)
* (Multiply)	다음 레이어 변경−자동 비아 생성(numeric keyPad)
Spacebar	상하반전
Shift + Spacebar	배선 각도 변경(45°, 90°, 90° Arc, Soft Arc)
Tab	트랙에 대한 속성창 보기
1	현재 레이어의 Via 추가 기능에서 Via 위치를 앞/뒤 선택
2	현재 레이어의 Via 추가 기능
3	사용했던 트랙 두께 선택
4	사용했던 Via 선택
7	서로 여러 개 연결된 Net를 원하는 하나의 Net 선택 시 사용
9	연결된 Net에 반대편 쪽으로 이동

7) 기구 홀(Mounting Hole)의 삽입

- 보드 외곽의 네 모서리에 직경 3Φ의 기구 홀을 삽입하되 각각의 모서리로부터 3mm 떨어진 지점에 배치하고(위 부품배치 그림 참고), 비전기적(non-electrical) 속성으로 정의하시오.

풀이

PCB Board 모서리 부분에 있는 Suport Hole을 삽입하는 방법이다.

Place 〉Pad를 이용하여 홀 크기(Hole Size)를 3mm로 세팅하고 각각의 모서리에 위치시킨다. 다음과 같이 Pad를 더블클릭하여 위치에 대한 값을 입력한다.

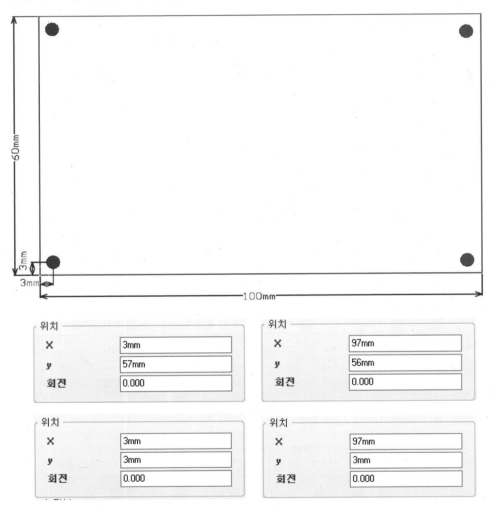

8) 실크데이터(Silk Data)

- 실크데이터의 부품번호는 한 방향으로 보기 좋게 정렬하고, 불필요한 데이터는 삭제하시오.
- 다음의 내용을 보드 상단 중앙에 위치하시오.

  (Sound Change Oscillation Circuit)

  (Line width : 0.254mm , height : 2mm)

- 다음의 내용을 보드 하단 중앙에 위치하시오.

  (Electronic CAD)

  (Line width : 0.254mm , height : 3mm)

풀이

PCB Board에 글자를 입력하는 방법이다. 주의할 사항은 레이어를 「Top Over Layer」로 선택한 후 작업하여야 한다.

(1) 벡터 글꼴

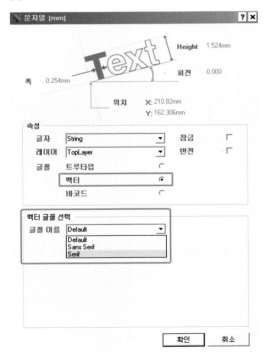

(2) 트루타입 글꼴

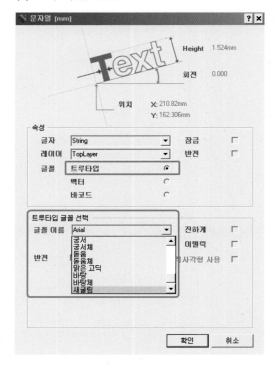

9) 카퍼의 설정

- 카퍼(Copper Pour)를 패턴면(Bottom Layer)에 보드 외곽선으로부터 0.6mm 이격을 두고, 내부 GND 네트에 대하여 카퍼 처리를 하되 모든 이격거리(Clearance)는 0.6mm로 설정하고, 단열판 (thermal) 처리 시 카퍼와 연결선의 두께는 0.4mm로 설정하시오.

풀이

(1) 카퍼 설정

넓은 면은 동박을 씌울 때 사용하고 똑같은 Net끼리 연결하고 다른 Net는 연결하지 않는다. 다양한 모양으로 Copper를 만들 수 있다.

다음 그림에서 주의할 사항은 Polygon의 이름이다. 다른 Polygon에도 이름이 똑같이 사용하지 않도록 주의하여야 한다.

우측 네트 옵션에서는 연결할 Net를 선정하고 「Pour Over All Same Net Objects」를 꼭 선택한다. 그리고 「떨어진 카퍼 제거」를 체크하여 연결되지 않는 부분은 자동으로 삭제한다.

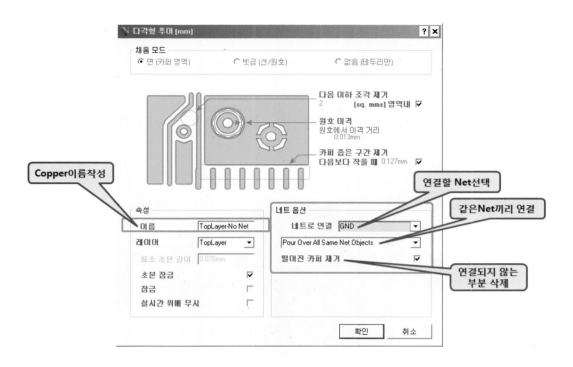

(2) Polygon Clearance(카퍼 이격거리 조정하기)

앞에서 작업한 Polygon Plane을 Clearance 값을 조정하여 원하는 이격거리를 지정하는 방법에 대해서 알아보도록 한다.

Tools 〉 Polygon Pours 〉 Polygon Manager를 클릭한다.

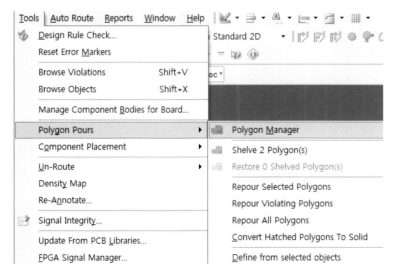

다음 그림에서 「이격거리 규칙생성」을 클릭하여 Clearance 값을 0.6mm로 입력한다.

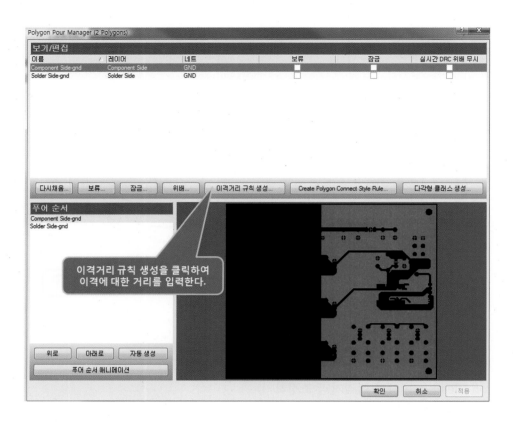

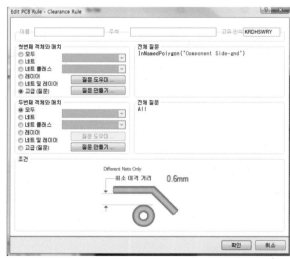

위 그림과 같이 Top, Bottom Layer를 똑같이 0.6mm로 지정한다. 위 그림 작업이 완료가 되었으면 다음 그림과 같이 Repour를 실행한다.

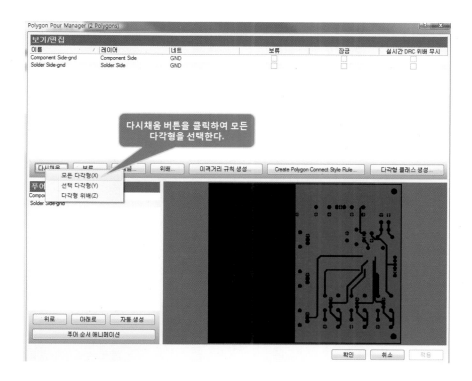

(3) 단열판(Thermal) 연결선 두께 설정

카퍼(Copper Pour)와 Pad를 연결하는 Track에 두께를 설정하는 방법이다.

Tools 〉 Polygon Pours 〉 Polygon Manager를 클릭한다.

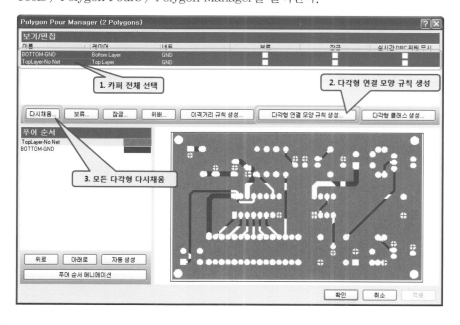

위 그림에서처럼 보기/편집에 있는 카퍼를 모두 선택한다. 다각형 연결모양 규칙생성 버튼을 클릭하여 다음 그림과 같이 연결될 Track에 두께를 설정한다.

다시 위 그림에서 [다시채움] 버튼을 클릭하여 카퍼가 설정한 값이 맞는지를 확인한다.

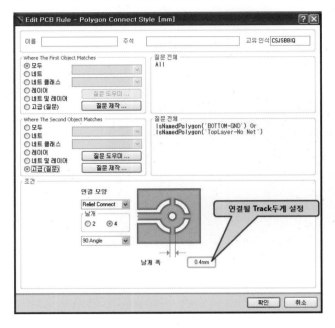

10) DRC(Design Rule Check)

- 모든 조건은 Default 값(clearance : 0.254mm)에 위배되지 않아야 한다.

풀이

Design Rule Check의 검증은 Design Rules 안에 설정한 값을 기반으로 체크한다.

(1) Design 〉 Board Layers & Color를 선택한다. → Ⓛ 키

DRC Error Markers를 찾아서 체크박스를 체크한다.

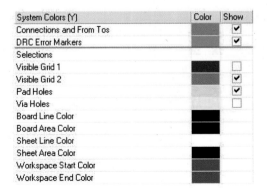

(2) Tools 〉 Design Rule Check를 선택한다. → T + D 키

(3) 설계 규칙 검사 창에서 「Rules To Check」를 클릭한다. 그리고 우측(Rule)에 있는 창에 마우스의 좌측 버튼을 한번 클릭하고 마우스의 우측 버튼을 클릭해 「실시간」과 「일괄」을 「사용한 것 켬」으로 선택한다.

(4) 좌측 하단에 [설계 규칙 검사 실행] 버튼을 클릭한다. Error가 있을 경우에는 Messages Panel에 리스트가 올라온다. 해당하는 Error를 더블클릭하면 Error가 난 위치로 자동으로 이동한다. 이러한 방법으로 Error를 수정한다. 또한 PCB에서 눈으로 확인할 수 있도록 녹색으로 강조되는 것을 알 수 있다.

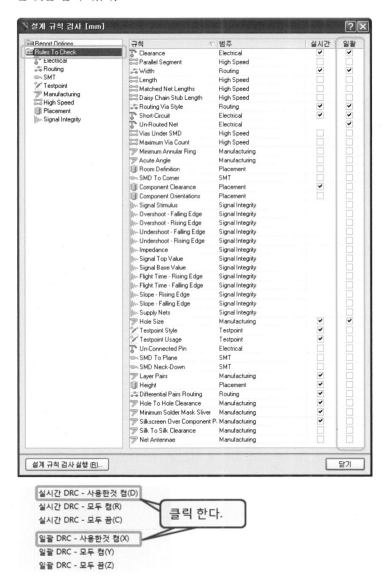

(5) 회로와 PCB가 서로 맞지 않는 경우에 나타나는 메시지를 볼 수 있다.

위와 같은 에러 메시지가 나오는 경우는 부품에 대한 링크가 맞지 않을 경우에 나타난다.

위 문구가 나오지 않을 경우에는 그냥 다음 순서로 넘어가면 된다. 하지만 에러가 있을 경우에는 부품에 대한 링크를 해 주어야 한다.

(6) Component Link 방법

Project 〉 Component Links...를 클릭한다.

위와 같이 Un-Match가 되는 부품이 있다면 좌측 하단에 있는 [다음에 일치한 쌍을 추가] 버튼을 클릭하여 Component Link를 한다. 그리고 우측 하단에 있는 [갱신하기] 버튼을 클릭한다. 다음과 같이 Component Link가 된 것을 볼 수 있다.

(7) 에러 메시지를 이용하여 작업파일의 에러 부분을 찾아 볼 수 있다.

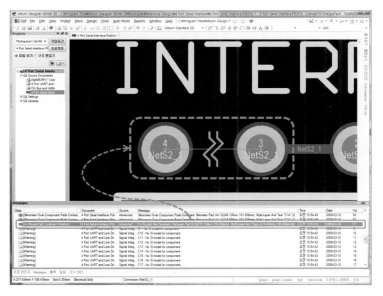

위와 같이 「Un-Routed Net Constrant Violation」 메시지를 더블클릭해서 확인하는 방법이다. 또 하나의 방법은 PCB Pannel을 이용하여 메시지를 찾아볼 수 있는 방법이다.

PCB Pannel에서 「Rules and Violation」을 체크하고 Violation 항목에서 원하는 에러를 더블클릭하여 [위배 세부사항] 메시지 창에서 점프를 클릭하여 찾는 방법이다.

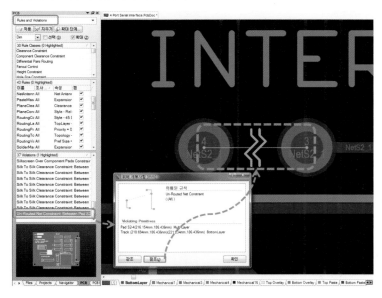

Design Rule Verification Report

Date	:	2009-04-17
Time	:	오전 10:23:02
Elapsed Time	:	00:00:01
Filename	:	H:\메뉴얼\AD6-메뉴얼-고등학교인증도서\전자캐드기능사실기문제\변화용 발진기회로\변화용 발진기회로.PcbDoc

Warnings : 0
Rule Violations : 0

Summary

Warnings	Count
Total	0

Rule Violations	Count
Short-Circuit Constraint (Allowed=No) (All),(All)	0
Un-Routed Net Constraint ((All))	0
Clearance Constraint (Gap=0.254mm) (All),(All)	0
Power Plane Connect Rule(Relief Connect)(Expansion=0.508mm) (Conductor Width=0.254mm) (Air Gap=0.254mm) (Entries=4) (All)	0
Width Constraint (Min=0.254mm) (Max=100mm) (Preferred=0.4mm) (All)	0
Routing Via (MinHoleWidth=0.7112mm) (MaxHoleWidth=0.7112mm) (PreferredHoleWidth=0.7112mm) (MinWidth=1.27mm) (MaxWidth=1.27mm) (PreferedWidth=1.27mm) (All)	0
Hole Size Constraint (Min=0.0254mm) (Max=10mm) (All)	0
Width Constraint (Min=0.254mm) (Max=100mm) (Preferred=1.5mm) ((InNet('GND') OR InNet('R1-1') OR InNet('R1-2') OR InNet('VCC')))	0
Clearance Constraint (Gap=0.762mm) (InNamedPolygon('BOTTOM-GND')),(All)	0
Total	0

위 문서와 같이 Warnings / Rule Violations에 '0'이 표기가 된 것을 확인한다. 보드에 대한 결함이 없다는 것을 문서로 확인할 수 있다.

11) 거버 데이터의 생성

• 거버 데이터의 포맷은 RS274-X로 설정하여, PCB 제작에 필요한 파일을 빠짐없이 생성하고 디스켓에 저장한다.

• 지급된 소프트웨어에 있는 에러 체크 기능을 이용하여 PCB 회로의 정상제작 여부를 감독위원에게 확인을 받고, 디스켓에 저장하여, 감독자 PC로 이동하여 회로도와 PCB 거버 데이터를 실물과 같이 1:1로 출력한다.

풀이

(1) Gerber Data 출력하기

Gerber Data는 PCB 기판을 만들기 위한 데이터로 PCB Film을 생성하는 것과 같다.

주의할 사항은 총 6장의 필름을 작성하여야 한다. 작성한 데이터가 하나라도 빠지게 되면 실격처리가 되므로 신중하게 작업하여야 할 부분이다.

'Top, Bottom, Top solder mask, Bottom solder mask, Silk, Drill drawing'

File 〉 Fabrication Outputs을 클릭하여 다음과 같이 작업한다.

① Generating Gerber Files

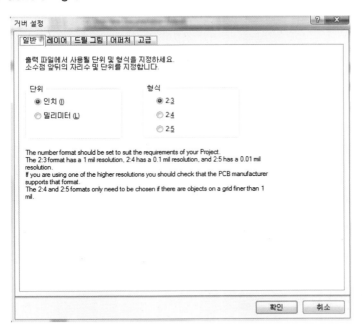

'Top, Bottom, Top solder mask, Bottom solder mask, Silk'가 설정되었는지 꼼꼼히 확인한다. 다음 표에 있는 레이어는 다 체크가 되어야 한다.

Gerber Data에 대한 확장자 설명

- PCBDesignName.GTO : Top Overlay 'Silk'
- PCBDesignName.GTL : Top Layer
- PCBDesignName.GBL : Bottom Layer
- PCBDesignName.GTS : Top Solder Mask
- PCBDesignName.GBS : Bottom Solder Mask
- PCBDesignName.GDD : Drill Drawing
- PCBDesignName.GKO : Keep Out Layer

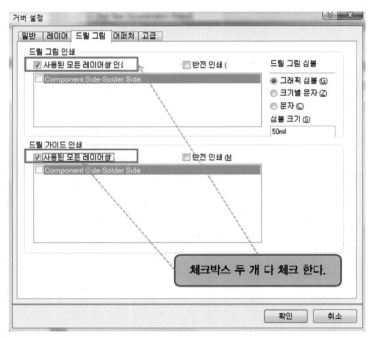

▲ 그림 Drill drawing

위 그림에서처럼 「사용된 모든 레이어쌍 인쇄」, 「사용된 모든 레이어쌍 인쇄」를 반드시 체크한다.

Gerber File이 자동으로 폴더에 저장이 되고 CAMtastic이 자동으로 실행되면서 Gerber Data를 눈으로 확인할 수가 있다.

② Nc Drill Files

　㉠ File 〉 Fabrication Outputs 〉 NC Drill Files을 선택한다.

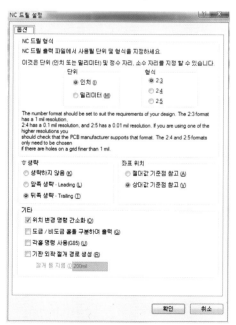

NC Drill Setup 창에서 Unit과 Format의 형식을 Gerber Data와 동일하게 맞춰주면 된다. 여기서 NC Drill과 Gerber Data에 데이터가 맞지 않을 경우에 PCB 작업이 진행이 안 될 수 있다.

ⓒ NC Drill Files은 자동으로 폴더에 저장이 되고 CAMtastic이 자동으로 뜨면서 NC Drill Data를 눈으로 확인할 수 있다.

(2) Gerber Data 인쇄하기

Altium Designer에서는 Gerber 또는 NC Drill을 뽑을 경우 자동으로 CAMtastic이 실행된다. Gerber를 바로 볼 수 있어서 사용자가 편리하게 Gerber를 수정할 수 있다. 내가 원하는 Layer를 선택하여 출력하는 방법에 대해서 알아보도록 한다.

① CAMtastic Panel에서 Layer 위에서 마우스의 우측 버튼을 클릭한다. 그림처럼 「All OFF」를 클릭하여 체크를 다 빼 준다.

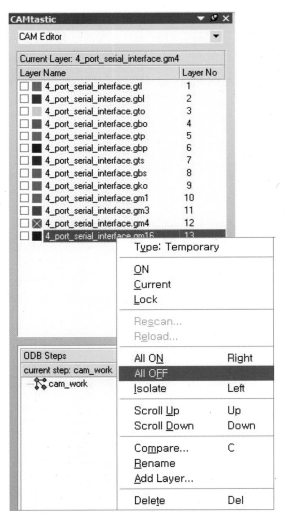

② 출력할 Layer를 선택한다.

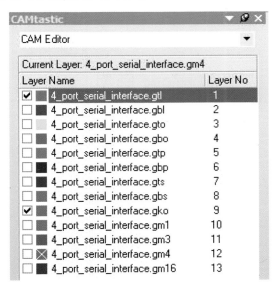

위 그림은 「gko」와 「gtl」을 선택한 모습이다.

③ 보드 외곽과 Top Layer을 출력하기 위해서 프린트 미리보기(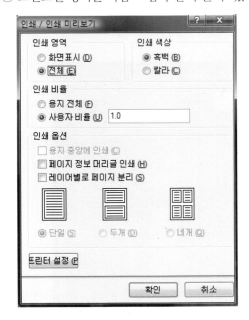를 클릭한다.

④ 인쇄 영역에서 「전체」로 체크한다.

⑤ 인쇄비율을 「사용자 비율」로 체크한다. 사용자 비율은 반드시 '1.0'이어야 한다. [확인] 버튼을 클릭한다.

⑥ 프린트될 영역을 다음 그림과 같이 볼 수 있다.

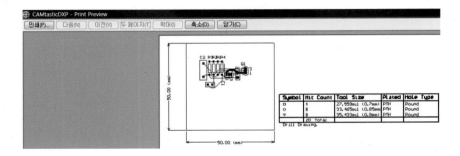

⑦ 각각 레이어를 선택하여 지금과 같은 방법으로 출력하면 된다.

(3) 전자캐드기능사 PCB 실기문제 출력하기

Gerber Data에 대한 확장자 설명

- PCBDesignName.GTO : Top Overlay
- PCBDesignName.GTL : Top Layer
- PCBDesignName.GBL : Bottom Layer
- PCBDesignName.GTS : Top Solder Mask
- PCBDesignName.GBS : Bottom Solder Mask
- PCBDesignName.GKO : Keep Out Layer

위와 같이 기본적인 Gerber 확장자를 알아두면 출력하기 편리하다.

① Camtastic Pannel에서 마우스의 우측 버튼을 클릭하여 「All OFF」를 선택한다. 레이어를 다 Hide한 상태에서 작업한다.

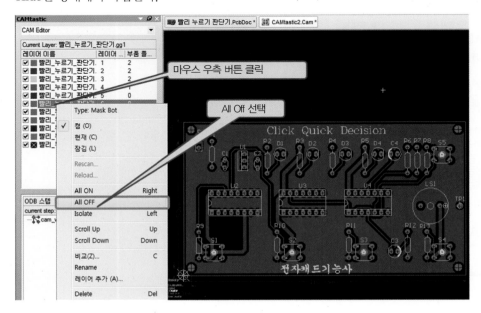

② Top Layer 출력하기

PCBDesignName.GTL : Top Layer + PCBDesignName.GKO : Keep Out Layer

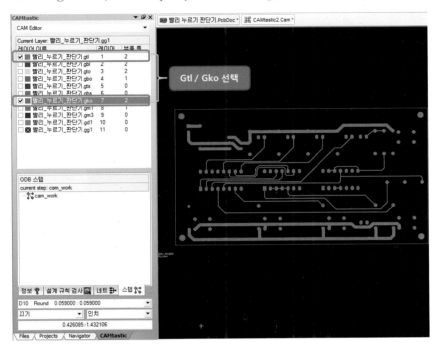

③ Bottom Layer 출력하기

PCBDesignName.GBL : Bottom Layer + PCBDesignName.GKO : Keep Out Layer

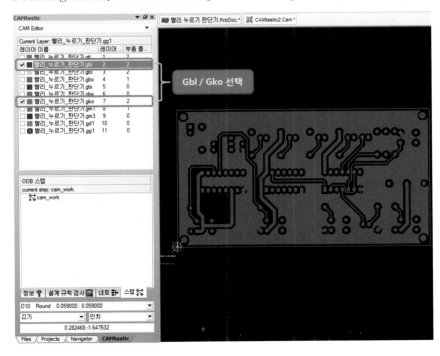

④ Solder Mask Top Layer 출력하기

PCBDesignName.GTS : Top Solder Mask + PCBDesignName.GKO : Keep Out Layer

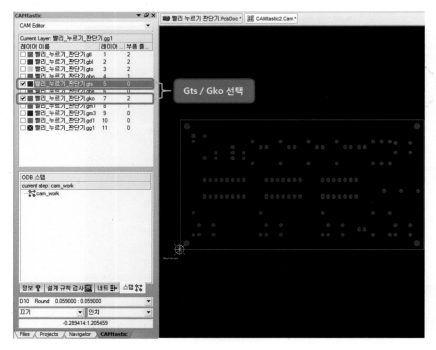

⑤ Solder Mask Bottom Layer 출력하기

PCBDesignName.GBS : Bottom Solder Mask + PCBDesignName.GKO : Keep Out Layer

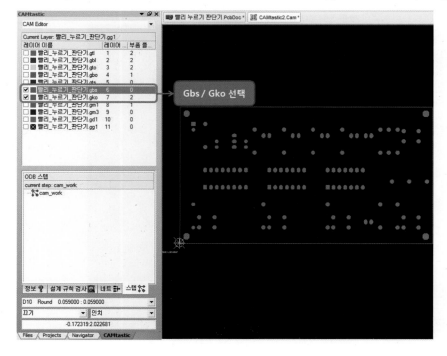

⑥ Silk Screen 출력하기

[기능사 시험 준비생들은 반드시 실크에 보드사이즈 및 부품의 거리 측정표기를 실크에 올려야 한다.]

PCBDesignName.GTO : Top Overlay + PCBDesignName.GKO : Keep Out Layer

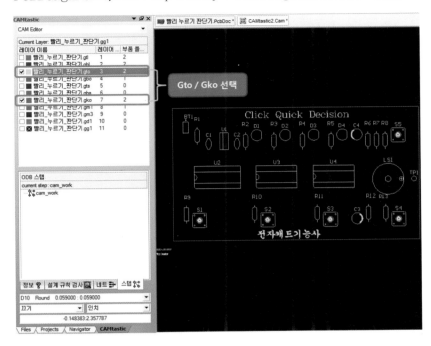

⑦ Drill Drawing 출력하기

PCBDesignName.GG1 + PCBDesignName.GD1 + PCBDesignName.GKO : Keep Out Layer

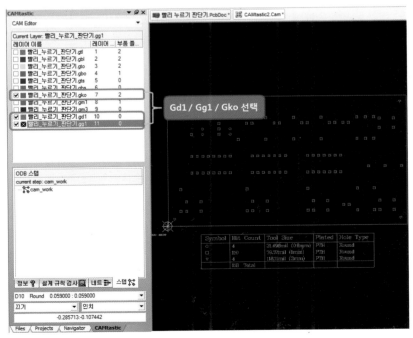

마. 에러가 있는 경우 틀린 회로를 수정하여 정상동작이 되도록 하시오.

바. 데이터시트를 제공하는 부품을 (특별히 데이터시트가 필요한 경우에 제공) 참고하여 설계하시오.

2. 수검자 유의사항

1) 미리 작성된 라이브러리 또는 회로도 등은 일체 사용을 금한다.

2) 시험위원의 지시에 따라 실행순서를 준수하고, 시험위원의 지시가 있기 전에 전원을 ON-Off 시키거나 검정시스템을 임의로 조작하여서는 안 된다.

3) 시험 중 디스켓을 주고받는 행위나 대화 등은 부정행위로 처리하며 시험 종료 후 하드 디스크에서 작업내용을 삭제해야 한다.

4) 출력물을 확인하여 동일 작품이 발견될 경우 모두 부정행위로 처리한다.

5) 만일의 장비고장으로 인한 자료손실을 방지하기 위하여 20분에 1회씩 저장(Save)한다.

6) 도면에서 표시되지 않은 규격은 데이터 북에서 가장 적당한 것을 선정하여 해당규격으로 설계한다.

7) 다음 사항에 해당하는 작품은 채점하지 아니하고 불합격 처리한다.

- 표준시간 +30분 이내 작업을 완료하지 못한 수검자(시험시간=표준시간+30분까지)

- 장비조작 미숙으로 파손 및 고장을 일으킬 염려가 있거나, 출력시간이 10분을 초과할 경우는 감독위원 합의하에 실격되니 유의한다.

- 부정행위를 한 수검자(작업내용을 무단 복사하여 외부로 반출하려는 행위, 제출한 파일내용과 출력물의 내용이 다른 경우, 출력과정에서 작품내용을 수정할 경우 등)

- 완성도의 점수가 0점이거나, 부품의 배치 및 배선이 0점인 작품 또는 주어진 배선 방향조건을 무시하고 배선한 경우로 방향위배에 해당하는 개소가 4개 이상인 경우(단 45° 배선 제외)

- PCB를 설계하고, 거버 데이터를 생성하지 못한 경우

- PCB를 설계하고, 1개의 도면도 출력을 못하는 경우

- 주어진 설계조건 중 지정 레이어(층 : Layer)와 다른 설계를 실시한 경우

- PCB의 설계 시 주어진 부품의 수보다 많거나 적게 부품이 실장된 경우(부품을 초과하거나 누락하여 배치한 경우)

- 출력 결과물(데이터)을 이용하여 PCB의 제조가 불가능한 경우

- 회로도면의 설계 내용이 요구조건과 다른 경우(회로의 설계 시 접점의 누락 및 네트의 누락 등)

- 출력 결과물(데이터)이 요구사항에 위배되어 PCB의 제조 시 불량의 원인이 되는 중대한 결함이 발생한 경우(예 부품 데이터와 핀의 배열이 다르게 적용한 경우, PCB에 전원공급이 되지 않는 경우 등)

- 요구사항의 실격에 해당하는 경우

8) 표준시간 내에 작품을 제출하여야 감점이 없으며, 연장시간 사용 시 허용 연장시간 범위 내에서 매 10분마다 5점씩 감점한다.

9) 시험과 관련된 파일을 디스켓에 저장하고, 출력물과 함께 제출한다. (단, 작업의 인쇄 출력물마다 수검번호와 성명을 우측 상단에 기재한 후 감독위원의 확인(날인)을 꼭 받는다.)

10) 답안 출력이 완료되면 '수검진행사항 점검표'의 답안지 매수란에 수검자가 매수를 확인하여 기록하고, 감독위원의 확인을 꼭 받는다.

11) 요구한 작업을 완료하고 파일 저장 디스켓과 인쇄 출력물을 지정한 순서에 의거 편철하여 제출할 경우에만 채점대상에 해당된다.

12) 특별히 지정한 것 이외에는 일반적인 상식에 준한다.

13) 문제는 비번호(등번호) 기재 후 반드시 제출한다.

3. 도면

과제1   Sound Change Oscillation Circuit

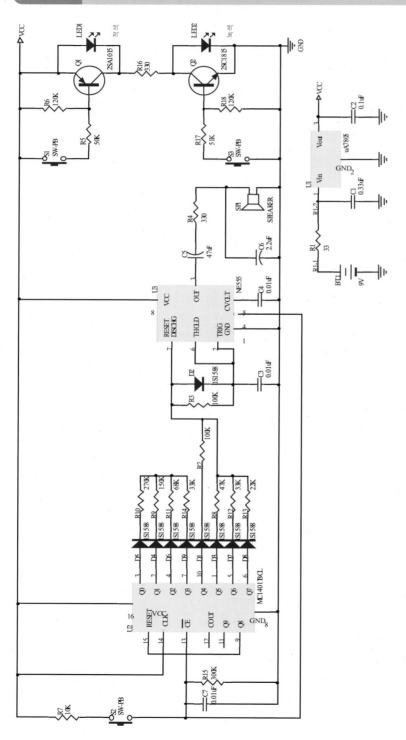

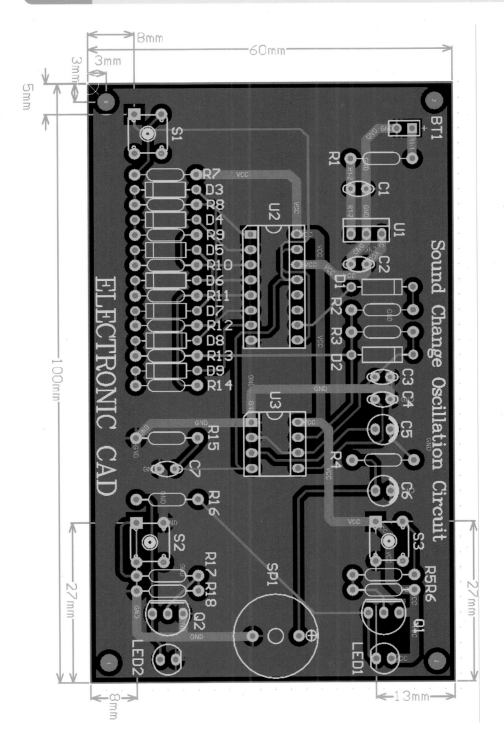

■ 화면출력 2(거버 데이터)

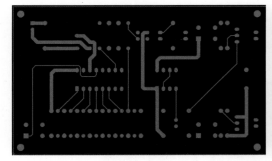

▲ Top Layer

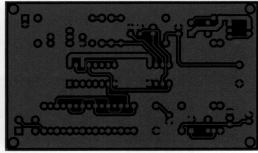

▲ Bottom Layer

▲ Solder Mask Top Layer

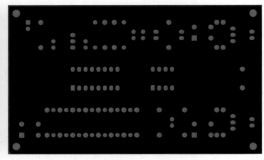

▲ Solder Mask Bottom Layer

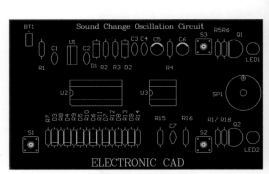

▲ Slik Screen

▲ Drill Drawing

국가기술자격검정 실기시험문제

자격종목 및 등급	전자캐드(CAD) 기능사	작품명	Power Supply

○ 시험시간 : 표준시간 − 4시간, 연장시간 − 30분

1. 요구사항

과제1 회로설계(Schematic)

가. 주어진 회로의 동작원리를 분석해 보고 지급된(본인이 지참한) 전자캐드 소프트웨어를 사용하여 회로(Schematic)를 설계하시오.

나. 지급된 소프트웨어에 있는 라이브러리의 사용을 원칙으로 하고 필요 시 본인이 라이브러리를 작성한다.

다. 회로설계는 다음의 요구사항에 준하여 설계하시오.

1) Page size는 inch(9.7×7.2), millimeter(297×210)로 균형 있게 작성한다.

2) Title block의 작성

- title : 과제명 기재(크기 12) 예 Power Supply

- document : Electronic CAD와 시행일자(크기 10) 예 Electronic CAD, 2004.5.2

- revision : 1.0(크기 8)

3) 사용하지 않는 부품 및 핀들은 설계규칙 검사 시 에러를 유발하지 않도록 처리하시오.

4) 네트의 이름이 정의된 경우에는 네트이름을 기입하도록 한다.

부품의 지정 핀	네트의 이름
J1 커넥터의 1번 핀	VCC
J2 커넥터의 1번 핀	+15V
J2 커넥터의 2번 핀	0V

5) 지정하지 않은 설계조건은 일반적인 설계규칙(KS규격 등)을 적용하여 설계하며, 설계규칙 검사항목은 기본값을 사용한다.

6) 설계가 완료되면 설계도면과 네트 리스트 파일을 생성하시오.

7) 새로운 부품(Part) 작성 시 라이브러리의 이름은 자신의 비번호로 명명하고, 반드시 생성한 라이브러리 안에 저장한다. (하나의 파일명으로 저장)

8) 지정하지 않은 사항은 일반적인 규칙(KS 규격 등)을 적용하여 설계한다.

라. 지급된 소프트웨어에 있는 에러체크(ERC : Electronic Rule Check) 기능을 이용하여 회로가 정상 동작되는 여부를 감독위원에게 확인을 받아야만 다음 순서의 작업을 진행하도록 하고, 에러체크 검사를 받지 않은 작품은 미완성으로 처리된다. (에러체크 파일을 디스크에 저장하시오.)

마. 에러가 있는 경우 틀린 회로를 수정하여 정상동작이 되도록 하시오.

바. 설계가 완료된 회로도면은 시험의 종료 시 프린터 또는 플로터로 제시된 용지의 규격과 동일하게 본인이 출력하여 제출한다.

과제2 PCB 설계(Layout)

가. 과제1에서 설계한 회로(Schematic)의 동작원리를 분석하여, 지급된(본인이 지참한) 전자캐드 소프트웨어를 사용하여 인쇄회로기판(PCB)을 설계하시오.

나. 데이터시트가 제공된 부품은 본인이 작성하여야 하고, 그 외 부품은 지급된 소프트웨어에 있는 라이브러리의 부품을 사용하고 필요 시 본인이 부품을 작성한다.

다. 데이터시트로 제공된 부품 및 본인이 작성한 부품의 자신의 비번호로 명명하고, 반드시 생성한 라이브러리 파일 안에 저장한다. (하나의 파일명으로 저장함)

라. PCB 설계(Layout)는 다음과 같이 하시오.

1) 설계환경 : 양면 PCB

2) 보드 사이즈(40mm×70mm) : 치수보조선을 이용하여 표시하시오.

3) 부품배치 : 주요 부품은 다음의 그림과 같이 배치하고, 그 외는 임의대로 배치한다.

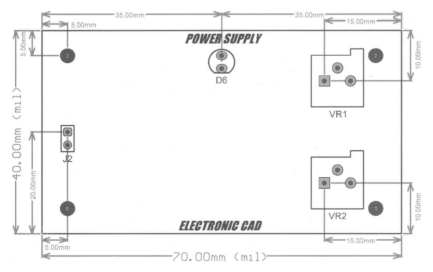

- 부품은 Top Layer에서만 실장하고, 배선은 Top Layer와 Bottom Layer에서 진행하시오.
- 부품의 실장 시 IC와 LED 등 극성이 있는 부품은 가급적 동일 방향으로 배열하도록 하고, 이 격거리를 계산하여 배치하도록 하시오.
- 특별히 지정하지 않은 사항은 일반적인 PCB 설계규칙에 준하여 설계하시오.

4) 부품의 생성

- 가급적 전자캐드 프로그램에서 제공하는 라이브러리를 사용하되 필요 시에는 부품을 작성하 도록 하며, 부품의 생성 시 각 부품의 데이터에서 제공하는 규격에 맞게 작성하시오.
- 제공된 부품도를 참고하여 정확한 부품을 사용하도록 하시오.

부품명	단자 접속도	부품명	단자 접속도
LF356		LM7812	
TIP42C		A1015	
C1815			

5) 네트(Net)의 폭(두께) 설정

- 정의된 네트의 폭에 따라 설계하시오.

+12V, +15V, GND	1mm
일반선	0.4mm

6) 배선(Routing)

- 배선경로는 최대한 짧게 하되 100% 배선하며, 직각배선은 하지 않도록 한다.

- 자동배선(Auto Routing)은 사용할 수 없으며, Via는 생성하지 않는다.

7) 기구 홀(Mounting Hole)의 삽입
- 보드 외곽의 네 모서리에 직경 3Φ의 기구 홀을 삽입하되 각각의 모서리로부터 5mm 떨어진 지점에 배치하고(위 그림 참고), 비전기적(non-electrical) 속성으로 정의하시오.

8) 실크 데이터(Silk Data)
- 실크 데이터의 부품번호는 한 방향으로 보기 좋게 정렬하고, 불필요한 데이터는 삭제하시오.
- 다음의 내용을 보드 상단 중앙에 위치하시오. (Power Supply)(Line width : 30, height : 120)
- 다음의 내용을 보드 하단 중앙에 위치하시오. (HRD KOREA)(Line width : 20 , height : 100)

9) DRC(Design Rule Check)
- 모든 조건은 Default 값(clearance : 0.254mm)에 위배되지 않아야 한다.

10) 거버 데이터의 생성
- 거버 데이터의 포맷은 RS274-X로 설정하여, PCB 제작에 필요한 파일을 빠짐없이 생성하고 디스켓에 저장한다.
- 지급된 소프트웨어에 있는 에러체크 기능을 이용하여 PCB 회로가 정상제작 여부를 감독위원에게 확인을 받고, 디스켓에 저장하여, 감독자 PC로 이동하여 회로설계와 PCB 설계의 거버 파일을 실물과 같이 1 : 1로 출력한다.

마. 에러가 있는 경우 틀린 회로를 수정하여 정상동작이 되도록 하시오.

바. 데이터시트를 제공하는 부품을(특별히 데이터시트가 필요한 경우에 제공) 참고하여 설계하시오.

2. 수검자 유의사항

1) 미리 작성된 라이브러리 또는 회로도 등은 일체 사용을 금한다.

2) 시험위원의 지시에 따라 실행순서를 준수하고, 시험위원의 지시가 있기 전에 전원을 ON-Off 시키거나 검정시스템을 임의로 조작하여서는 안 된다.

3) 시험 중 디스켓을 주고받는 행위나 대화 등은 부정행위로 처리하며 시험 종료 후 하드 디스크에서 작업내용을 삭제해야 한다.

4) 출력물을 확인하여 동일 작품이 발견될 경우 모두 부정행위로 처리한다.

5) 만일의 장비고장으로 인한 자료손실을 방지하기 위하여 20분에 1회씩 저장(Save)한다.

6) 도면에서 표시되지 않은 규격은 데이터 북에서 가장 적당한 것을 선정하여 해당규격으로 설계한다.

7) 다음 사항에 해당하는 작품은 채점하지 아니하고 불합격 처리한다.

- 표준시간 +30분 이내 작업을 완료하지 못한 수검자(시험시간=표준시간+30분까지)
- 장비조작 미숙으로 파손 및 고장을 일으킬 염려가 있거나, 출력시간이 10분을 초과할 경우는 감독위원 합의하에 실격되니 유의한다.
- 부정행위를 한 수검자(작업내용을 무단 복사하여 외부로 반출하려는 행위, 제출한 파일내용과 출력물의 내용이 다른 경우, 출력과정에서 작품내용을 수정할 경우 등)
- 완성도의 점수가 0점이거나, 부품의 배치 및 배선이 0점인 작품 또는 주어진 배선 방향조건을 무시하고 배선한 경우로 방향위배에 해당하는 개소가 4개 이상인 경우(단 45° 배선 제외)
- PCB를 설계하고, 거버 데이터를 생성하지 못한 경우
- PCB를 설계하고, 1개의 도면도 출력을 못하는 경우
- 주어진 설계조건 중 지정 레이어(층 : Layer)와 다른 설계를 실시한 경우
- PCB의 설계 시 주어진 부품의 수보다 많거나 적게 부품이 실장된 경우(부품을 초과하거나 누락하여 배치한 경우)
- 출력 결과물(데이터)을 이용하여 PCB의 제조가 불가능한 경우
- 회로도면의 설계내용이 요구조건과 다른 경우(회로의 설계 시 접점의 누락 및 네트의 누락 등)
- 출력 결과물(데이터)이 요구사항에 위배되어 PCB의 제조 시 불량의 원인이 되는 중대한 결함이 발생한 경우(예 부품 데이터와 핀의 배열이 다르게 적용한 경우, PCB에 전원공급이 되지 않는 경우 등)
- 요구사항의 실격에 해당하는 경우

8) 표준시간 내에 작품을 제출하여야 감점이 없으며, 연장시간 사용 시 허용 연장시간 범위 내에서 매 10분마다 5점씩 감점한다.

9) 시험과 관련된 파일을 디스켓에 저장하고, 출력물과 함께 제출한다. (단, 작업의 인쇄 출력물마다 수검번호와 성명을 우측 상단에 기재한 후 감독위원의 확인(날인)을 꼭 받는다.)

10) 답안출력이 완료되면 '수검진행사항 점검표'의 답안지 매수란에 수검자가 매수를 확인하여 기록하고, 감독위원의 확인을 꼭 받는다.

11) 요구한 작업을 완료하고 파일 저장 디스켓과 인쇄 출력물을 지정한 순서에 의거 편철하여 제출할 경우에만 채점대상에 해당된다.

12) 특별히 지정한 것 이외에는 일반적인 상식에 준한다.

13) 문제는 비번호(등번호) 기재 후 반드시 제출한다.

3. 도면

Power Supply

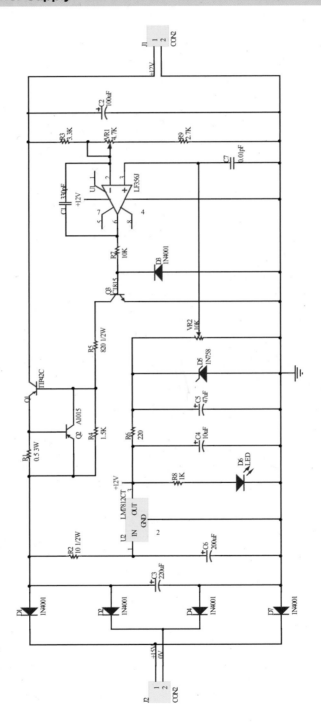

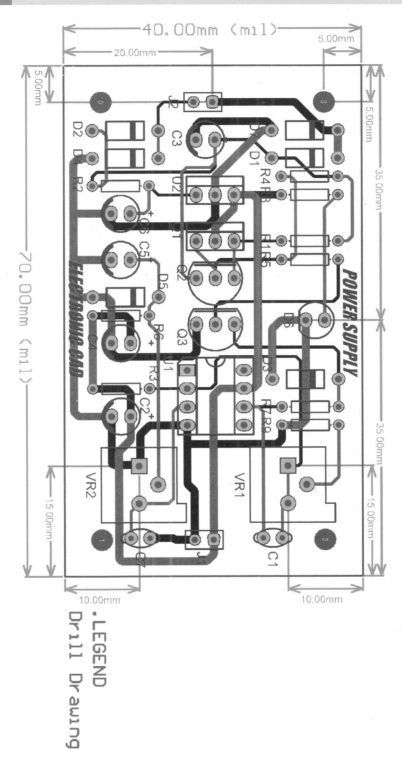

■ 화면출력 2(거버 데이터)

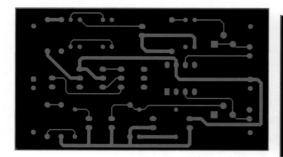

▲ Top Layer

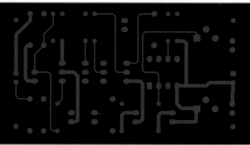

▲ Bottom Layer

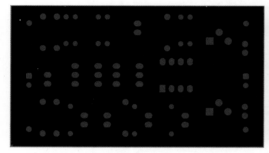

▲ Solder Mask Top Layer

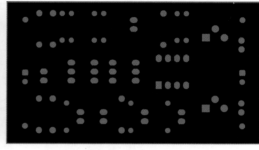

▲ Solder Mask Bottom Layer

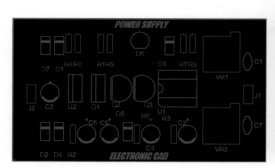

▲ Slik Screen

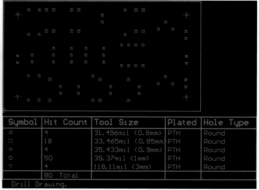

▲ Drill Drawing

Symbol	Hit Count	Tool Size	Plated	Hole Type
¤	4	31.496mil (0.8mm)	PTH	Round
□	18	33.465mil (0.85mm)	PTH	Round
◇	4	35.433mil (0.9mm)	PTH	Round
○	50	39.37mil (1mm)	PTH	Round
▽	4	118.11mil (3mm)	PTH	Round
	80 Total			

Drill Drawing.

국가기술자격검정 실기시험문제

자격종목 및 등급	전자캐드(CAD) 기능사	작품명	Preset Table Count

○ 시험시간 : 표준시간 − 4시간, 연장시간 − 30분

1. 요구사항

과제1   회로설계(Schematic)

가. 주어진 회로의 동작원리를 분석해 보고 지급된(본인이 지참한) 전자캐드 소프트웨어를 사용하여 회로(Schematic)를 설계하시오.

나. 지급된 소프트웨어에 있는 라이브러리 사용을 원칙으로 하고 필요 시 본인이 라이브러리를 작성한다.

다. 회로설계(Schematic)는 다음의 요구사항에 준하여 설계하시오.

   1) Page size는 inch(9.7×7.2), millimeter(297×210) [A4 Size]로 균형 있게 작성한다.

   2) Title block의 작성

     • title : 작품명 기재(크기 20) **예** Preset Table Count

     • document : Electronic CAD와 시행일자 기입(크기 10) **예** Electronic CAD, 2008.04.06

     • revision : 1.0(크기 7)

   3) 사용하지 않는 부품 및 핀들은 설계규칙 검사 시 에러를 유발하지 않도록 처리하시오.

   4) 네트의 이름이 정의된 경우에는 네트이름을 기입하도록 한다.

   5) 지정하지 않은 설계조건은 일반적인 설계규칙(KS규격 등)을 적용하여 설계하며, 설계규칙 검사항목은 기본값을 사용한다.

   6) 설계가 완료되면 설계도면과 네트 리스트 파일을 생성하시오.

   7) 새로운 부품(Part) 작성 시 라이브러리의 이름은 자신의 비번호로 명명하고, 반드시 생성한 라이브러리 안에 저장한다. (하나의 파일명으로 저장)

   8) 지정하지 않은 사항은 일반적인 규칙(KS 규격 등)을 적용하여 설계한다.

라. 지급된 소프트웨어에 있는 에러체크(ERC : Electronic Rule Check) 기능을 이용하여 회로가 정상 동작되는 여부를 감독위원에게 확인을 받아야만 다음 순서의 작업을 진행하도록 하고, 에러체크 검사를 받지 않은 작품은 미완성으로 처리한다. (에러체크 파일을 디스크에 저장하시오.)

마. 에러가 있는 경우 틀린 회로를 수정하여 정상동작이 되도록 하시오.

바. 설계가 완료된 회로도면은 시험의 종료 시 프린터 또는 플로터로 제시된 용지의 규격과 동일하게 본인이 출력하여 제출한다.

과제2 PCB 설계(Layout)

가. 과제1에서 설계한 회로(Schematic)의 동작원리를 분석하여, 지급된(본인이 지참한) 전자캐드 소프트웨어를 사용하여 인쇄회로기판(PCB)을 설계하시오.

나. 데이터시트가 제공된 부품은 본인이 작성하여야 하고, 그 외 부품은 지급된 소프트웨어에 있는 라이브러리의 부품을 사용하고 필요 시 본인이 부품을 작성한다.

다. 데이터시트로 제공된 부품 및 본인이 작성한 부품의 자신의 비번호로 명명하고, 반드시 생성한 라이브러리 파일 안에 저장한다. (지정된 비번호의 파일명으로 저장함)

라. PCB 설계(Layout)는 다음과 같이 하시오.

1) 설계환경 : 양면 PCB

2) 보드 사이즈(60[세로]×110[가로] (mm)) : 치수보조선을 이용하여 표시하고, 다음의 그림과 같이 설계하시오.

3) 부품배치 : 다음의 그림과 같이 위치가 지정된 부품(1번 핀이 기준 위치임)은 지정된 위치에 정확히 배치하고, 그 외의 부품은 임의로 배치하시오.

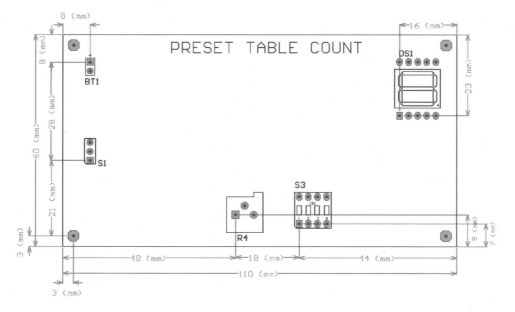

- 부품은 Top Layer에서만 실장하고, 배선은 양면 모두에서 진행하되, Top Layer(부품면)의 배선 방향이 수평이면 Bottom Layer(배선면)의 배선 방향은 수직[또는 Top Layer(부품면)으로, 배선 방향이 수직이면 Bottom Layer(배선면)의 배선 방향은 수평]으로 배선을 하시오.
- 부품의 실장 시 IC와 LED 등 극성이 있는 부품은 가급적 동일 방향으로 배열하도록 하고, 이격 거리를 계산하여 배치하도록 하시오.
- 특별히 지정하지 않은 사항은 일반적인 PCB 설계규칙에 준하여 설계하시오.

4) 부품의 생성

- 가급적 전자캐드 프로그램에서 제공하는 라이브러리를 사용하되 필요 시에는 부품을 작성하도록 하며, 부품의 생성 시 각 부품의 데이터에서 제공하는 규격에 맞게 작성하시오.
- 제공된 부품도를 참고하여 정확한 부품을 사용하도록 하시오.

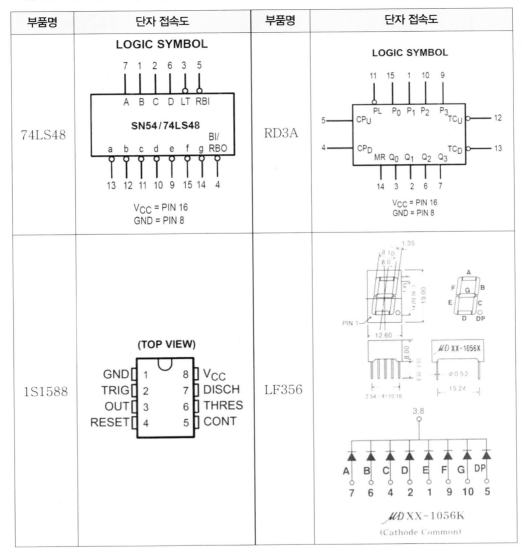

부품명	단자 접속도	부품명	단자 접속도
74LS48	LOGIC SYMBOL	RD3A	LOGIC SYMBOL
1S1588	(TOP VIEW)	LF356	

5) 네트(Net)의 폭(두께) 설정

- 정의된 네트의 폭에 따라 설계하시오.

VCC	1mm
일반선	0.4mm

6) 배선(Routing)

- 배선경로는 최대한 짧게 하되 100% 배선하며, 직각배선은 하지 않도록 한다.
- 자동배선(Auto Routing)은 사용할 수 없으며, 비아(Via)는 생성하지 않는다.

7) 기구 홀(Mounting Hole)의 삽입

- 보드 외곽의 네 모서리에 직경 3Φ의 기구 홀을 삽입하되 각각의 모서리로부터 3mm 떨어진 지점에 배치하고(위 부품배치 그림 참고), 비전기적(non-electrical) 속성으로 정의하시오.

8) 실크 데이터(Silk Data)

- 실크 데이터의 부품번호는 한 방향으로 보기 좋게 정렬하고, 불필요한 데이터는 삭제하시오.
- 다음의 내용을 보드 상단 중앙에 위치하시오. (Preset Table Count)(Line width : 0.254mm, height : 3mm)
- 다음의 내용을 보드 하단 중앙에 위치하시오. (Electronic CAD)(Line width : 0.254mm, height : 3mm)

9) 카퍼(Copper Pour)의 설정

- 카퍼를 패턴면(Bottom Layer)에 보드 외곽선으로부터 0.762mm 이격을 두고, 내부 GND 네트에 대하여 카퍼 처리를 하되 모든 이격거리(Clearance)는 0.762mm로 설정하고, 단열판(thermal) 처리 시 카퍼와 연결선의 두께는 0.4mm로 설정하시오.

10) DRC(Design Rule Check)

- 모든 조건은 Default 값(clearance : 0.254mm)에 위배되지 않아야 한다.

11) 거버 데이터의 생성

- 거버 데이터의 포맷은 RS274-X로 설정하여, PCB 제작에 필요한 파일을 빠짐없이 생성하고 디스켓에 저장한다.
- 지급된 소프트웨어에 있는 에러체크 기능을 이용하여 PCB 회로의 정상제작 여부를 감독위원에게 확인을 받고 디스켓에 저장하여, 감독자 PC로 이동하여 회로도와 PCB 거버 데이터를 실물과 같이 1 : 1로 출력한다.

마. 에러가 있는 경우 틀린 회로를 수정하여 정상동작이 되도록 하시오.

바. 데이터시트를 제공하는 부품을(특별히 데이터시트가 필요한 경우에 제공) 참고하여 설계하시오.

2. 수검자 유의사항

1) 미리 작성된 라이브러리 또는 회로도 등은 일체 사용을 금한다.

2) 시험위원의 지시에 따라 실행순서를 준수하고, 시험위원의 지시가 있기 전에 전원을 ON-Off 시키거나 검정시스템을 임의로 조작하여서는 안 된다.

3) 시험 중 디스켓을 주고받는 행위나 대화 등은 부정행위로 처리하며 시험 종료 후 하드 디스크에서 작업내용을 삭제해야 한다.

4) 출력물을 확인하여 동일 작품이 발견될 경우 모두 부정행위로 처리한다.

5) 만일의 장비고장으로 인한 자료손실을 방지하기 위하여 20분에 1회씩 저장(Save)한다.

6) 도면에서 표시되지 않은 규격은 데이터 북에서 가장 적당한 것을 선정하여 해당규격으로 설계한다.

7) 다음 사항에 해당하는 작품은 채점하지 아니하고 불합격 처리한다.

- 표준시간 +30분 이내 작업을 완료하지 못한 수검자(시험시간=표준시간+30분까지)
- 장비조작 미숙으로 파손 및 고장을 일으킬 염려가 있거나, 출력시간이 10분을 초과할 경우는 감독위원 합의하에 실격되니 유의한다.
- 부정행위를 한 수검자(작업내용을 무단 복사하여 외부로 반출하려는 행위, 제출한 파일내용과 출력물의 내용이 다른 경우, 출력과정에서 작품내용을 수정할 경우 등)
- 완성도의 점수가 0점이거나, 부품의 배치 및 배선이 0점인 작품 또는 주어진 배선 방향조건을 무시하고 배선한 경우로 방향위배에 해당하는 개소가 4개 이상인 경우(단 45° 배선 제외)
- PCB를 설계하고, 거버 데이터를 생성하지 못한 경우
- PCB를 설계하고, 1개의 도면도 출력을 못하는 경우
- 주어진 설계조건 중 지정 레이어(층 : Layer)와 다른 설계를 실시한 경우
- PCB의 설계 시 주어진 부품의 수보다 많거나 적게 부품이 실장 된 경우(부품을 초과하거나 누락하여 배치한 경우)
- 출력 결과물(데이터)을 이용하여 PCB의 제조가 불가능한 경우
- 회로도면의 설계내용이 요구조건과 다른 경우(회로의 설계 시 접점의 누락 및 네트의 누락 등)
- 출력 결과물(데이터)이 요구사항에 위배되어 PCB의 제조 시 불량의 원인이 되는 중대한 결함이 발생한 경우(**예** 부품 데이터와 핀의 배열이 다르게 적용한 경우, PCB에 전원공급이 되지 않는 경우 등)
- 요구사항의 실격에 해당하는 경우

8) 표준시간 내에 작품을 제출하여야 감점이 없으며, 연장시간 사용 시 허용 연장시간 범위 내에서 매 10분마다 5점씩 감점한다.

9) 시험과 관련된 파일을 디스켓에 저장하고, 출력물과 함께 제출한다. (단, 작업의 인쇄 출력물마다 수검번호와 성명을 우측 상단에 기재한 후 감독위원의 확인(날인)을 꼭 받는다.)

10) 답안출력이 완료되면 '수검진행사항 점검표'의 답안지 매수란에 수검자가 매수를 확인하여 기록하고, 감독위원의 확인을 꼭 받는다.

11) 요구한 작업을 완료하고 파일 저장 디스켓과 인쇄 출력물을 지정한 순서에 의거 편철하여 제출할 경우에만 채점대상에 해당된다.

12) 특별히 지정한 것 이외에는 일반적인 상식에 준한다.

13) 문제는 비번호(등번호) 기재 후 반드시 제출한다.

3. 도면

Preset Table Count

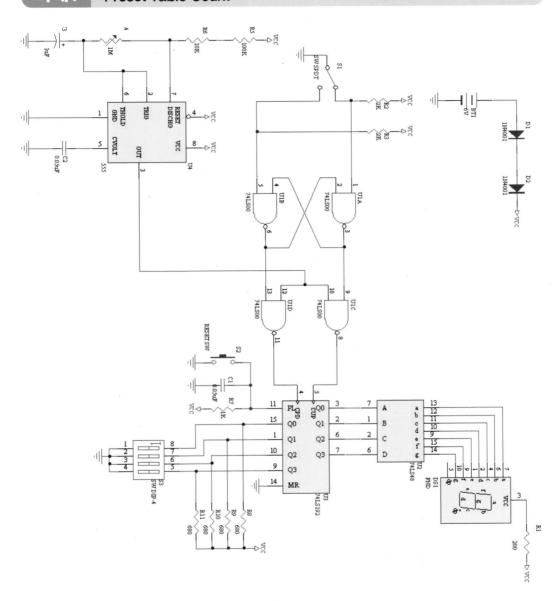

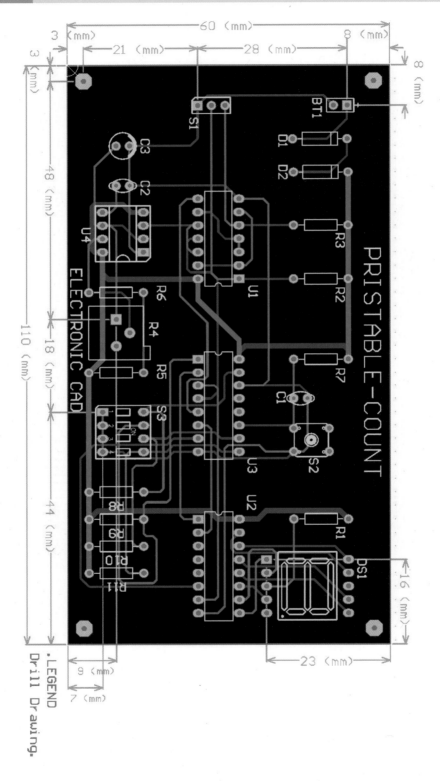

■ 화면출력 2(거버 데이터)

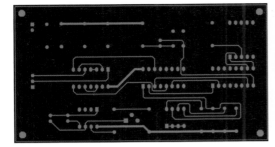

▲ Top Layer

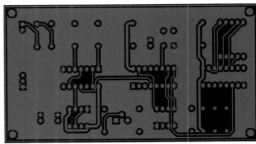

▲ Bottom Layer

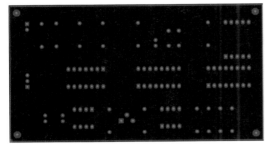

▲ Solder Mask Top Layer

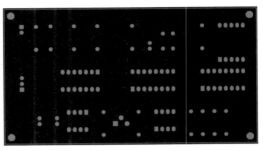

▲ Solder Mask Bottom Layer

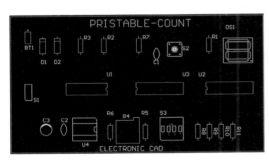

▲ Slik Screen

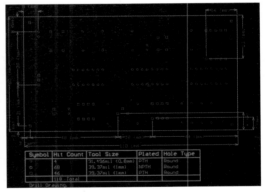

▲ Drill Drawing

국가기술자격검정 실기시험문제

자격종목 및 등급	전자캐드(CAD) 기능사	작품명	Pulse Circuit

○ 시험시간 : 표준시간 − 4시간, 연장시간 − 30분

1. 요구사항

과제1 회로설계(Schematic)

가. 주어진 회로의 동작원리를 분석해 보고 지급된(본인이 지참한) 전자캐드 소프트웨어를 사용하여 회로를 설계하시오.

나. 지급된 소프트웨어에 있는 라이브러리 사용을 원칙으로 하고 필요 시 본인이 라이브러리를 작성한다.

다. 회로설계(Schematic)는 다음의 요구사항에 준하여 설계하시오.

1) Page size는 inch(9.7×7.2), millimeter(297×210) [A4 Size]로 균형있게 작성한다.

2) Title block의 작성

• title : 작품명 기재(크기 20) **예** Pulse Circuit

• document : Electronic CAD와 시행일자 기입(크기 10) **예** Electronic CAD, 2006.06.02

• revision : 1.0(크기 7)

3) 사용하지 않는 부품 및 핀들은 설계규칙 검사 시 에러를 유발하지 않도록 처리하시오.

4) 네트의 이름이 정의된 경우에는 네트이름을 기입하도록 한다.

부품의 지정 핀	네트의 이름
J1 커넥터의 1번 핀	IN
J2 커넥터의 1번 핀	OUT

5) 지정하지 않은 설계조건은 일반적인 설계규칙(KS규격 등)을 적용하여 설계하며, 설계규칙 검사 항목은 기본값을 사용한다.

6) 설계가 완료되면 설계도면과 네트리스트 파일을 생성하시오.

7) 새로운 부품(Part) 작성 시 라이브러리의 이름은 자신의 비번호로 명명하고, 반드시 생성한 라이브러리 안에 저장한다. (하나의 파일명으로 저장)

8) 지정하지 않은 사항은 일반적인 규칙(KS 규격 등)을 적용하여 설계한다.

라. 지급된 소프트웨어에 있는 에러체크(ERC : Electronic Rule Check) 기능을 이용하여 회로가 정상 동작되는 여부를 감독위원에게 확인을 받아야만 다음 순서의 작업을 진행하도록 하고, 에러체크 검사를 받지 않은 작품은 미완성으로 처리한다. (에러체크 파일을 디스크에 저장하시오.)

마. 에러가 있는 경우 틀린 회로를 수정하여 정상동작이 되도록 하시오.

바. 설계가 완료된 회로도면은 시험의 종료 시 프린터 또는 플로터로 제시된 용지의 규격과 동일하게 본인이 출력하여 제출한다.

과제2 PCB 설계(Layout)

가. 과제1에서 설계한 회로(Schematic)의 동작원리를 분석하여, 지급된(본인이 지참한) 전자캐드 소프트웨어를 사용하여 인쇄회로기판(PCB)를 설계하시오.

나. 데이터시트가 제공된 부품은 본인이 작성하여야 하고, 그 외 부품은 지급된 소프트웨어에 있는 라이브러리의 부품을 사용하고 필요 시 본인이 부품을 작성한다.

다. 데이터시트로 제공된 부품 및 본인이 작성한 부품의 자신의 비번호로 명명하고, 반드시 생성한 라이브러리 파일 안에 저장한다. (지정된 비번호의 파일명으로 저장함)

라. PCB 설계(Layout)는 다음과 같이 하시오.

1) 설계환경 : 양면 PCB

2) 보드 사이즈(40[세로] × 60[가로] (mm)) : 치수보조선을 이용하여 표시하고, 다음의 그림과 같이 설계하시오.

3) 부품배치 : 다음의 그림과 같이 위치가 지정된 부품(1번 핀이 기준 위치임)은 지정된 위치에 정확히 배치하고, 그 외의 부품은 임의로 배치하시오.

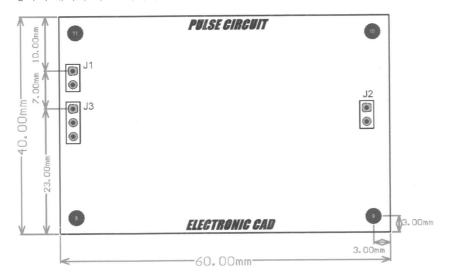

- 부품은 Top Layer에서만 실장하고, 배선은 양면 모두에서 진행하되, Top Layer(부품면)의 배선 방향이 수평이면, Bottom Layer(배선면)의 배선 방향은 수직[또는 Top Layer(부품면)으로, 배선 방향이 수직이면, Bottom Layer(배선면)의 배선 방향은 수평]으로 배선을 하시오.
- 부품의 실장 시 IC와 LED 등 극성이 있는 부품은 가급적 동일 방향으로 배열하도록 하고, 이 격 거리를 계산하여 배치하도록 하시오.
- 특별히 지정하지 않은 사항은 일반적인 PCB 설계규칙에 준하여 설계하시오.

4) 부품의 생성

- 가급적 전자캐드 프로그램에서 제공하는 라이브러리를 사용하되 필요 시에는 부품을 작성하 도록 하며, 부품의 생성 시 각 부품의 데이터에서 제공하는 규격에 맞게 작성하시오.
- 제공된 부품도를 참고하여 정확한 부품을 사용하도록 하시오.

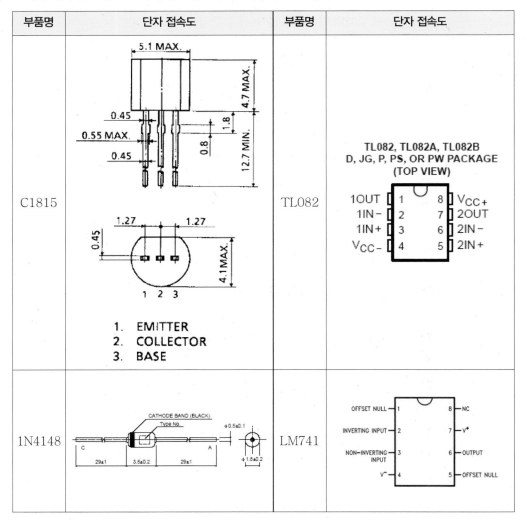

부품명	단자 접속도	부품명	단자 접속도
C1815		TL082	
1N4148		LM741	

5) 네트(Net)의 폭(두께) 설정

• 정의된 네트의 폭에 따라 설계하시오.

+12V, −12V, GND	1mm
일반선	0.4mm

6) 배선(Routing)

• 배선경로는 최대한 짧게 하되 100% 배선하며, 직각배선은 하지 않도록 한다.

• 자동배선(Auto Routing)은 사용할 수 없으며, 비아(Via)는 생성하지 않는다.

7) 기구 홀(Mounting Hole)의 삽입

• 보드 외곽의 네 모서리에 직경 3Φ의 기구 홀을 삽입하되 각각의 모서리로부터 3mm 떨어진 지점에 배치하고(위 부품배치 그림 참고), 비전기적(non-electrical) 속성으로 정의하시오.

8) 실크 데이터(Silk Data)

• 실크 데이터의 부품번호는 한 방향으로 보기 좋게 정렬하고, 불필요한 데이터는 삭제하시오.

• 다음의 내용을 보드 상단 중앙에 위치하시오.

(Pulse Circuit)

(Line width : 15 , height : 120)

• 다음의 내용을 보드 하단 중앙에 위치하시오.

(Electronic CAD)

(Line width : 15 , height : 100)

9) 카퍼(Copper Pour)의 설정

• 카퍼를 패턴 면(Bottom Layer)에 보드 외곽선으로부터 5mm 이격을 두고, 내부 GND 네트에 대하여 카퍼 처리를 하되 모든 이격거리(Clearance)는 0.8mm로 설정하고, 단열판(Thermal) 처리 시 카퍼와 연결선의 두께는 0.5mm로 설정하시오.

10) DRC(Design Rule Check)

• 모든 조건은 Default 값(clearance : 0.3mm)에 위배되지 않아야 한다.

11) 거버 데이터의 생성

• 거버 데이터의 포맷은 RS274-X로 설정하여, PCB 제작에 필요한 파일을 빠짐없이 생성하고 디스켓에 저장한다.

• 지급된 소프트웨어에 있는 에러체크 기능을 이용하여 PCB 회로의 정상제작 여부를 감독위원에게 확인을 받고 디스켓에 저장하여, 감독자 PC로 이동하여 회로도와 PCB 거버 데이터를 실물과 같이 1:1로 출력한다.

마. 에러가 있는 경우 틀린 회로를 수정하여 정상동작이 되도록 하시오.

바. 데이터시트를 제공하는 부품을(특별히 데이터시트가 필요한 경우에 제공) 참고하여 설계하시오.

2. 수검자 유의사항

1) 미리 작성된 라이브러리 또는 회로도 등은 일체 사용을 금한다.

2) 시험위원의 지시에 따라 실행순서를 준수하고, 시험위원의 지시가 있기 전에 전원을 ON-Off 시키거나 검정시스템을 임의로 조작하여서는 안 된다.

3) 시험 중 디스켓을 주고받는 행위나 대화 등은 부정행위로 처리하며 시험 종료 후 하드 디스크에서 작업내용을 삭제해야 한다.

4) 출력물을 확인하여 동일작품이 발견될 경우 모두 부정행위로 처리한다.

5) 만일의 장비고장으로 인한 자료손실을 방지하기 위하여 20분에 1회씩 저장(Save)한다.

6) 도면에서 표시되지 않은 규격은 데이터 북에서 가장 적당한 것을 선정하여 해당규격으로 설계한다.

7) 다음 사항에 해당하는 작품은 채점하지 아니하고 불합격 처리한다.

- 표준시간 +30분 이내 작업을 완료하지 못한 수검자(시험시간=표준시간+30분까지)
- 장비조작 미숙으로 파손 및 고장을 일으킬 염려가 있거나, 출력시간이 10분을 초과할 경우는 감독위원 합의하에 실격되니 유의한다.
- 부정행위를 한 수검자(작업 내용을 무단 복사하여 외부로 반출하려는 행위, 제출한 파일내용과 출력물의 내용이 다른 경우, 출력과정에서 작품내용을 수정할 경우 등)
- 완성도의 점수가 0점이거나, 부품의 배치 및 배선이 0점인 작품, 또는 주어진 배선 방향조건을 무시하고 배선한 경우로 방향위배에 해당하는 개소가 4개 이상인 경우(단 45° 배선 제외)
- PCB를 설계하고, 거버 데이터를 생성하지 못한 경우
- PCB를 설계하고, 1개의 도면도 출력을 못하는 경우
- 주어진 설계조건 중 지정 레이어(층:Layer)와 다른 설계를 실시한 경우
- PCB의 설계 시 주어진 부품의 수보다 많거나 적게 부품이 실장된 경우(부품을 초과하거나 누락하여 배치한 경우)
- 출력 결과물(데이터)을 이용하여 PCB의 제조가 불가능한 경우
- 회로도면의 설계내용이 요구조건과 다른 경우(회로의 설계 시 접점의 누락 및 네트의 누락 등)
- 출력 결과물(데이터)이 요구사항에 위배되어 PCB의 제조 시 불량의 원인이 되는 중대한 결함이 발생한 경우(부품 데이터와 핀의 배열이 다르게 적용한 경우, PCB에 전원공급이 되지 않는 경우 등)
- 요구사항의 실격에 해당하는 경우

8) 표준시간 내에 작품을 제출하여야 감점이 없으며, 연장시간 사용 시 허용 연장시간 범위 내에서 매 10분마다 5점씩 감점한다.

9) 시험과 관련된 파일을 디스켓에 저장하고, 출력물과 함께 제출한다. (단, 작업의 인쇄 출력물마다 수검번호와 성명을 우측 상단에 기재한 후 감독위원의 확인(날인)을 꼭 받으시오.)

10) 답안출력이 완료되면 '수검진행사항 점검표'의 답안지 매수란에 수검자가 매수를 확인하여 기록하고, 감독위원의 확인을 꼭 받는다.

11) 요구한 작업을 완료하고 파일 저장 디스켓과 인쇄 출력물을 지정한 순서에 의거 편철하여 제출할 경우에만 채점대상에 해당된다.

12) 특별히 지정한 것 이외에는 일반적인 상식에 준다.

13) 문제는 비번호(등번호) 기재 후 반드시 제출한다.

3. 도면

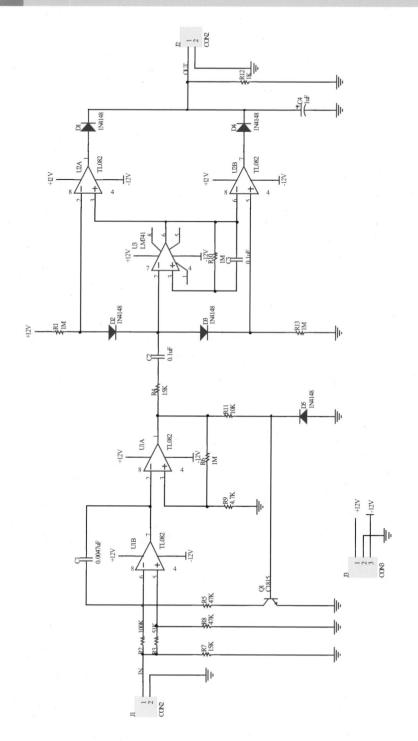

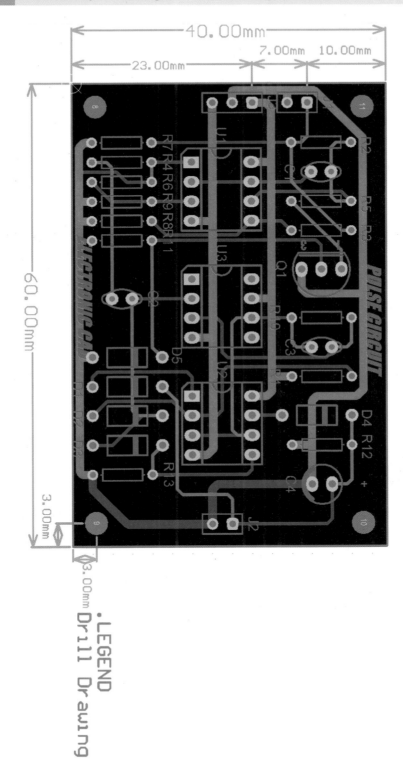

■ 화면출력 2(거버 데이터)

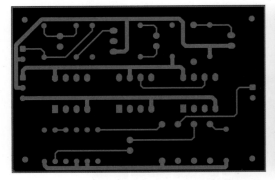

▲ Top Layer

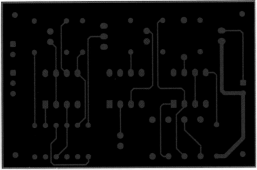

▲ Bottom Layer

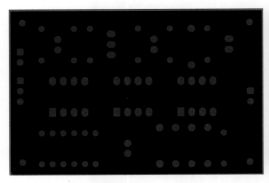

▲ Solder Mask Top Layer

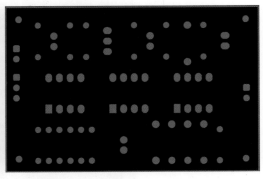

▲ Solder Mask Bottom Layer

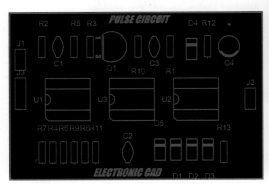

▲ Slik Screen

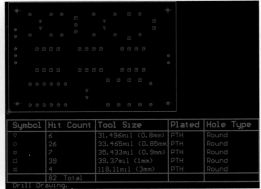

▲ Drill Drawing

Symbol	Hit Count	Tool Size	Plated	Hole Type
▽	6	31.496mil (0.8mm)	PTH	Round
○	26	33.465mil (0.85mm)	PTH	Round
☆	7	35.433mil (0.9mm)	PTH	Round
□	39	39.37mil (1mm)	PTH	Round
※	4	118.11mil (3mm)	PTH	Round
	82 Total			

Drill Drawing.

국가기술자격검정 실기시험문제

자격종목 및 등급	전자캐드(CAD) 기능사	작품명	V-F Convertor

○ 시험시간 : 표준시간 – 4시간, 연장시간 – 30분

1. 요구사항

과제1　**회로설계(Schematic)**

가. 주어진 회로의 동작원리를 분석해 보고 지급된(본인이 지참한) 전자캐드 소프트웨어를 사용하여 회로(Schematic)를 설계하시오.

나. 지급된 소프트웨어에 있는 라이브러리 사용을 원칙으로 하고 필요 시 본인이 라이브러리를 작성한다.

다. 회로설계(Schematic)는 다음의 요구사항에 준하여 설계하시오.

1) Page size는 inch(9.7×7.2), millimeter(297×210) [A4 Size]로 균형있게 작성한다.

2) Title block의 작성

- title : 작품명 기재(크기 20) **예** V-F Convertor
- document : Electronic CAD와 시행일자 기입(크기 12) **예** Electronic CAD, 2006.06.02
- revision : 1.0(크기 7)

3) 사용하지 않는 부품 및 핀들은 설계규칙 검사 시 에러를 유발하지 않도록 처리하시오.

4) 네트의 이름이 정의된 경우에는 네트 이름을 기입하도록 한다.

부품의 지정 핀	네트의 이름
J1 커넥터의 2번 핀	OUT

5) 지정하지 않은 설계조건은 일반적인 설계규칙(KS 규격 등)을 적용하여 설계하며, 설계규칙 검사 항목은 기본값을 사용한다.

6) 설계가 완료되면 설계도면과 네트 리스트 파일을 생성하시오.

7) 새로운 부품(Part) 작성 시 라이브러리의 이름은 자신의 비번호로 명명하고, 반드시 생성한 라이브러리 안에 저장한다. (하나의 파일명으로 저장)

8) 지정하지 않은 사항은 일반적인 규칙(KS 규격 등)을 적용하여 설계한다.

라. 지급된 소프트웨어에 있는 에러체크(ERC : Electronic Rule Check) 기능을 이용하여 회로가 정상 동작되는 여부를 감독위원에게 확인을 받아야만 다음 순서의 작업을 진행하도록 하고, 에러체크 검사를 받지 않은 작품은 미완성으로 처리한다. (에러체크 파일을 디스크에 저장하시오.)

마. 에러가 있는 경우 틀린 회로를 수정하여 정상동작이 되도록 하시오.

바. 설계가 완료된 회로도면은 시험의 종료 시 프린터 또는 플로터로 제시된 용지의 규격과 동일하게 본인이 출력하여 제출한다.

과제2 PCB 설계(Layout)

가. 과제1에서 설계한 회로(Schematic)의 동작원리를 분석하여, 지급된(본인이 지참한) 전자캐드 소프트웨어를 사용하여 인쇄회로기판(PCB)을 설계하시오.

나. 데이터시트가 제공된 부품은 본인이 작성하여야 하고, 그 외 부품은 지급된 소프트웨어에 있는 라이브러리의 부품을 사용하고 필요 시 본인이 부품을 작성한다.

다. 데이터시트로 제공된 부품 및 본인이 작성한 부품의 자신의 비번호로 명명하고, 반드시 생성한 라이브러리 파일 안에 저장한다. (지정된 비번호의 파일명으로 저장함)

라. PCB 설계(Layout)는 다음과 같이 하시오.

1) 설계환경 : 양면 PCB

2) 보드 사이즈(40[세로]×75[가로](mm)) : 치수보조선을 이용하여 표시하고, 다음의 그림과 같이 설계하시오.

3) 부품배치 : 다음의 그림과 같이 위치가 지정된 부품(1번 핀이 기준 위치임)은 지정된 위치에 정확히 배치하고, 그 외의 부품은 임의로 배치하시오.

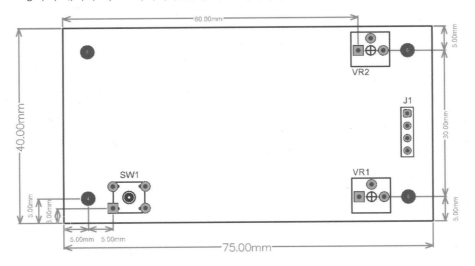

- 부품은 Top Layer에서만 실장하고, 배선은 양면 모두에서 진행하되, Top Layer(부품면)의 배선 방향이 수평이면 Bottom Layer(배선면)의 배선 방향은 수직[또는 Top Layer(부품면)으로, 배선 방향이 수직이면 Bottom Layer(배선면)의 배선 방향은 수평]으로 배선을 하시오.
- 부품의 실장 시 IC와 LED 등 극성이 있는 부품은 가급적 동일 방향으로 배열하도록 하고, 이격거리를 계산하여 배치하도록 하시오.
- 특별히 지정하지 않은 사항은 일반적인 PCB 설계규칙에 준하여 설계하시오.

4) 부품의 생성

- 가급적 전자캐드 프로그램에서 제공하는 라이브러리를 사용하되 필요 시에는 부품을 작성하도록 하며, 부품의 생성 시 각 부품의 데이터에서 제공하는 규격에 맞게 작성하시오.
- 제공된 부품도를 참고하여 정확한 부품을 사용하도록 하시오.

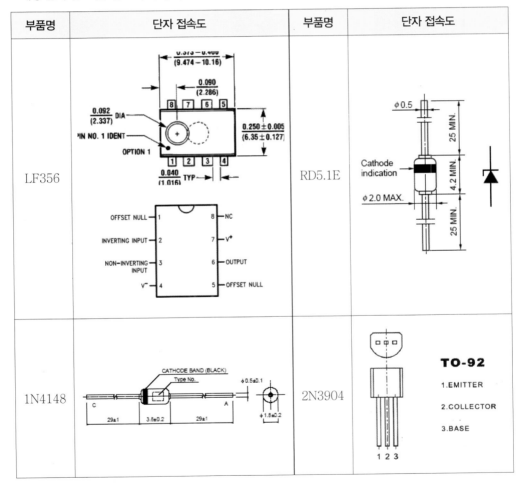

부품명	단자 접속도	부품명	단자 접속도
LF356		RD5.1E	
1N4148		2N3904	

5) 네트(Net)의 폭(두께) 설정

- 정의된 네트의 폭에 따라 설계하시오.

+12V, −12V, GND	1mm
일반선	0.4mm

6) 배선(Routing)

- 배선경로는 최대한 짧게 하되 100% 배선하며, 직각배선은 하지 않도록 한다.
- 자동배선(Auto Routing)은 사용할 수 없으며, 비아(Via)는 생성하지 않는다.

7) 기구 홀(Mounting Hole)의 삽입

- 보드 외곽의 네 모서리에 직경 3Φ의 기구 홀을 삽입하되 각각의 모서리로부터 5mm 떨어진 지점에 배치하고(위 부품배치 그림 참고), 비전기적(non−electrical) 속성으로 정의하시오.

8) 실크 데이터(Silk Data)

- 실크 데이터의 부품번호는 한 방향으로 보기 좋게 정렬하고, 불필요한 데이터는 삭제하시오.
- 다음의 내용을 보드 상단 중앙에 위치하시오.

(V/F Convertor)

(Line width : 0.5mm , height : 4mm)

- 다음의 내용을 보드 하단 중앙에 위치하시오.

(Electronic CAD)

(Line width : 0.5mm , height : 4mm)

9) 카퍼(Copper Pour)의 설정

- 카퍼를 패턴 면(Bottom Layer)에 보드 외곽선을 기준으로 내부 GND 네트에 대하여 카퍼 처리를 하되 모든 이격거리(Clearance)는 0.5mm로 설정하고, 단열판(thermal) 처리 시 카퍼와 연결선의 두께는 0.5mm로 설정하시오.

10) DRC(Design Rule Check)

- 모든 조건은 Default 값(clearance : 0.254mm)에 위배되지 않아야 한다.

11) 거버 데이터의 생성

- 거버 데이터의 포맷은 RS274−X로 설정하여, PCB 제작에 필요한 파일을 빠짐없이 생성하고 디스켓에 저장한다.
- 지급된 소프트웨어에 있는 에러체크 기능을 이용하여 PCB 회로의 정상제작 여부를 감독위원

에게 확인을 받고, 디스켓에 저장하여, 감독자 PC로 이동하여 회로도와 PCB 거버 데이터를 실물과 같이 1 : 1로 출력한다.

마. 에러가 있는 경우 틀린 회로를 수정하여 정상동작이 되도록 하시오.

바. 데이터시트를 제공하는 부품을(특별히 데이터시트가 필요한 경우에 제공) 참고하여 설계하시오.

2. 수검자 유의사항

1) 미리 작성된 라이브러리 또는 회로도 등은 일체 사용을 금한다.

2) 시험위원의 지시에 따라 실행순서를 준수하고, 시험위원의 지시가 있기 전에 전원을 ON-Off 시키거나 검정시스템을 임의로 조작하여서는 안 된다.

3) 시험 중 디스켓을 주고받는 행위나 대화 등은 부정행위로 처리하며 시험종료 후 하드 디스크에서 작업내용을 삭제해야 한다.

4) 출력물을 확인하여 동일작품이 발견될 경우 모두 부정행위로 처리한다.

5) 만일의 장비고장으로 인한 자료손실을 방지하기 위하여 20분에 1회씩 저장(Save)한다.

6) 도면에서 표시되지 않은 규격은 데이터 북에서 가장 적당한 것을 선정하여 해당규격으로 설계한다.

7) 다음 사항에 해당하는 작품은 채점하지 아니하고 불합격 처리한다.

- 표준시간 +30분 이내 작업을 완료하지 못한 수검자(시험시간=표준시간+30분까지)
- 장비조작 미숙으로 파손 및 고장을 일으킬 염려가 있거나, 출력시간이 10분을 초과할 경우는 감독위원 합의하에 실격되니 유의한다.
- 부정행위를 한 수검자(작업내용을 무단 복사하여 외부로 반출하려는 행위, 제출한 파일내용과 출력물의 내용이 다른 경우, 출력과정에서 작품내용을 수정할 경우 등)
- 완성도의 점수가 0점이거나, 부품의 배치 및 배선이 0점인 작품 또는 주어진 배선 방향조건을 무시하고 배선한 경우로 방향위배에 해당하는 개소가 4개 이상인 경우(단 45° 배선 제외)
- PCB를 설계하고, 거버 데이터를 생성하지 못한 경우
- PCB를 설계하고, 1개의 도면도 출력을 못하는 경우
- 주어진 설계조건 중 지정 레이어(층 : Layer)와 다른 설계를 실시한 경우
- PCB의 설계 시 주어진 부품의 수보다 많거나 적게 부품이 실장된 경우(부품을 초과하거나 누락하여 배치한 경우)
- 출력 결과물(데이터)을 이용하여 PCB의 제조가 불가능한 경우
- 회로도면의 설계내용이 요구조건과 다른 경우(회로의 설계 시 접점의 누락 및 네트의 누락 등)

- 출력 결과물(데이터)이 요구사항에 위배되어 PCB의 제조 시 불량의 원인이 되는 중대한 결함이 발생한 경우(**예** 부품 데이터와 핀의 배열이 다르게 적용한 경우, PCB에 전원공급이 되지 않는 경우 등)
- 요구사항의 실격에 해당하는 경우

8) 표준시간 내에 작품을 제출하여야 감점이 없으며, 연장시간 사용시 허용 연장시간 범위 내에서 매 10분마다 5점씩 감점한다.

9) 시험과 관련된 파일을 디스켓에 저장하고, 출력물과 함께 제출하시오. (단 작업의 인쇄 출력물마다 수검번호와 성명을 우측 상단에 기재한 후 감독위원의 확인(날인)을 꼭 받는다.)

10) 답안출력이 완료되면 '수검진행사항 점검표'의 답안지 매수란에 수검자가 매수를 확인하여 기록하고, 감독위원의 확인을 꼭 받는다.

11) 요구한 작업을 완료하고 파일 저장 디스켓과 인쇄 출력물을 지정한 순서에 의거 편철하여 제출할 경우에만 채점대상에 해당된다.

12) 특별히 지정한 것 이외에는 일반적인 상식에 준한다.

13) 문제는 비번호(등번호) 기재 후 반드시 제출한다.

3. 도면

V-F Convertor

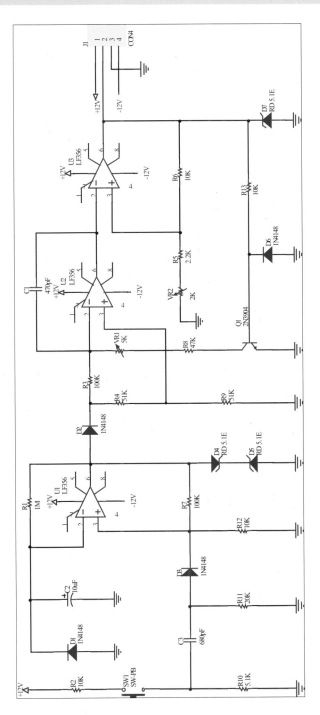

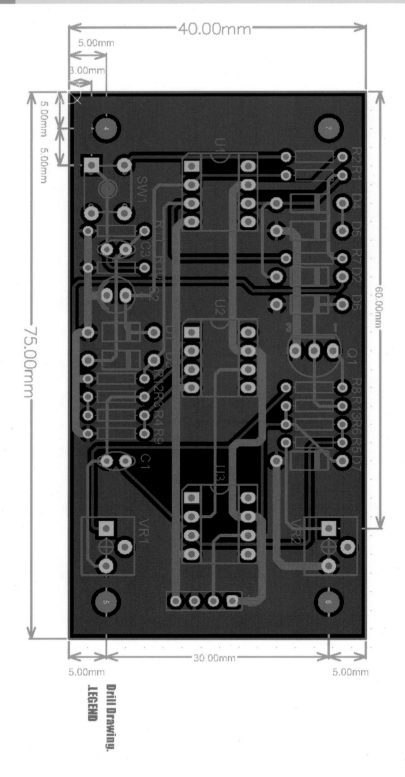

■ 화면출력 2(거버 데이터)

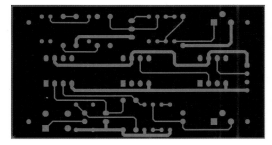

▲ Top Layer

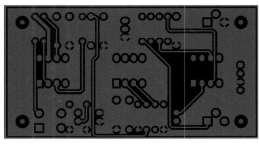

▲ Bottom Layer

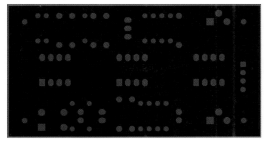

▲ Solder Mask Top Layer

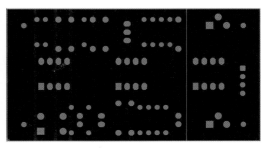

▲ Solder Mask Bottom Layer

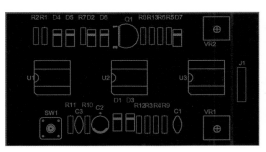

▲ Slik Screen

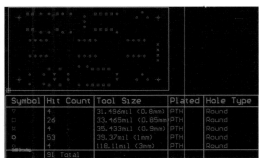

▲ Drill Drawing

Symbol	Hit Count	Tool Size	Plated	Hole Type
▽	4	31.496mil (0.8mm)	PTH	Round
□	26	33.465mil (0.85mm)	PTH	Round
✕	4	35.433mil (0.9mm)	PTH	Round
○	53	39.37mil (1mm)	PTH	Round
◇	4	118.11mil (3mm)	PTH	Round
	91 Total			

Foreign Copyright:
Joonwon Lee
Address: 13F,127, Yanghwa-ro, Mapo-gu, Seoul, Republic of
　　　　　Korea 3rd Floor
Telephone: 82-2-3142-4151
E-mail: jwlee@cyber.co.kr

Altium Designer를 활용한 3D PCB 설계

PCB Artwork

2009.　8.　5. 초 판 1쇄 발행
2015.　3. 27. 초 판 9쇄 발행
2016.　8. 25. 개정증보 1판 1쇄 발행
2020.　6.　2. 개정증보 1판 3쇄 발행
2021.　7. 30. 개정증보 1판 4쇄 발행

지은이 | 송재진, 김은원, 김송민, 이상학
펴낸이 | BM (주)도서출판 성안당
주소 | 04032 서울시 마포구 양화로 127 첨단빌딩 3층(출판기획 R&D 센터)
　　　 10881 경기도 파주시 문발로 112 파주 출판 문화도시(제작 및 물류)
전화 | 02) 3142-0036
　　　 031) 950-6300
팩스 | 031) 955-0510
등록 | 1973. 2. 1. 제406-2005-000046호
출판사 홈페이지 | **www.cyber.co.kr**
ISBN | 978-89-315-5673-5 (13000)
정가 | 33,000원

이 책을 만든 사람들
책임 | 최옥현
진행 | 최창동, 방세근
본문 디자인 | 인투
표지 디자인 | 박현정
홍보 | 김계향, 유미나, 서세원
국제부 | 이선민, 조혜란, 권수경
마케팅 | 구본철, 차정욱, 나진호, 이동후, 강호묵
마케팅 지원 | 장상범, 박지연
제작 | 김유석